高等职业教育"十三五"创新型特色规划教材·汽车类

# 汽车机械基础

主　编　王桂珍　李士凯　王希保
副主编　唐琳琳　徐群杰　曲英杰　袁　燕
主　审　孙泽涛

北京理工大学出版社
BEIJING INSTITUTE OF TECHNOLOGY PRESS

图书在版编目（CIP）数据

汽车机械基础 / 王桂珍，李士凯，王希保主编 . —北京：北京理工大学出版社，2018.8（2018.9 重印）

ISBN 978-7-5682-6080-0

Ⅰ. ①汽⋯ Ⅱ. ①王⋯ ②李⋯ ③王⋯ Ⅲ. ①汽车-机械学 Ⅳ. ①U463

中国版本图书馆 CIP 数据核字（2018）第 184894 号

出版发行 / 北京理工大学出版社有限责任公司
社　　址 / 北京市海淀区中关村南大街 5 号
邮　　编 / 100081
电　　话 /（010）68914775（总编室）
　　　　　（010）82562903（教材售后服务热线）
　　　　　（010）68948351（其他图书服务热线）
网　　址 / http：//www.bitpress.com.cn
经　　销 / 全国各地新华书店
印　　刷 / 三河市天利华印刷装订有限公司
开　　本 / 787 毫米 × 1092 毫米　1/16
印　　张 / 14.5　　　　　　　　　　　　　　　　责任编辑 / 封　雪
字　　数 / 341 千字　　　　　　　　　　　　　　 文案编辑 / 封　雪
版　　次 / 2018 年 8 月第 1 版　2018 年 9 月第 2 次印刷　责任校对 / 杜　枝
定　　价 / 38.00 元　　　　　　　　　　　　　　　责任印制 / 李　洋

图书出现印装质量问题，请拨打售后服务热线，本社负责调换

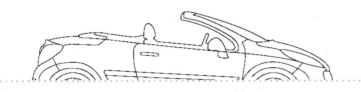 

# 前言

随着我国汽车工业的高速发展，汽车的结构越来越复杂、性能越来越优越，因此对汽车检测与维修人员的知识和能力要求越来越高。汽车作为一个机电一体化的产品，对其机械结构和原理的学习可以为汽车后续相关专业课程的学习打下基础。

本书是根据高等职业教育汽车检测与维修专业技能型紧缺人才培养方案，紧密结合新形势下社会对汽车类高等工程技术人才培养的要求进行内容组织和编写的，始终围绕汽车检测与维修专业，统筹规划、深浅适当，注重知识的实用性和应用性，既有深度，也有广度，可以作为高职院校汽车检测与维修类专业的技术基础课教材，也可作为汽车从业人员的技术参考书。

本书共分为5个项目：汽车材料及性能、汽车常用机构、汽车机械传动装置、汽车典型机械零件、汽车液压传动系统。每个项目又分为若干任务，具体介绍了汽车常用金属材料、非金属材料及其在汽车上的应用；常见平面四杆机构和凸轮机构及其在汽车中的应用；带传动、链传动、齿轮传动和蜗轮蜗杆传动的相关知识及其在汽车中的应用；轴、轴承、联轴器、离合器、制动器和常用连接件的基础知识及其在汽车中的应用；液压传动的基本原理、基本元件和典型汽车液压系统。

本书由山东劳动职业技术学院王桂珍、李士凯、王希保任主编，王桂珍负责统稿和定稿，山东劳动职业技术学院唐琳琳、徐群杰、曲英杰、袁燕任副主编，山东劳动职业技术学院孙泽涛任主审。本书5个项目的具体编写分工如下：项目一由王桂珍、李士凯编写，项目二由唐琳琳编写，项目三由王希保编写，项目四由徐群杰、袁燕编写，项目五由王桂珍、曲英杰编写，参加编写的人员还有山东劳动职业技术学院李志善、谭逸萍、邢敏，济南睿达汽车有限公司梁文星，山东润华集团李绪升。

在本书的编写过程中，我们参考了大量的技术资料和文献，在此向原作者一并表示由衷的感谢。

由于编写时间仓促，加之编者水平有限，书中难免存在错误和不当之处，敬请广大读者批评指正。

编 者

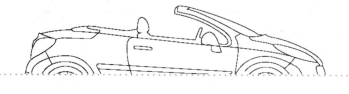

# 目 录
CONTENTS

## 项目一 汽车材料及性能

**任务一 汽车常用金属材料性能** ················· 3
(一) 金属材料的力学性能 ················· 3
(二) 金属材料的物理、化学性能 ················· 7
(三) 金属材料的工艺性能 ················· 9

**任务二 钢铁材料及其在汽车上的应用** ················· 12
(一) 铁碳合金基本知识 ················· 12
(二) 钢的热处理 ················· 14
(三) 钢的分类及应用 ················· 17
(四) 铸铁的分类及应用 ················· 24

**任务三 有色金属材料及其在汽车上的应用** ················· 28
(一) 铝及铝合金 ················· 28
(二) 铜及铜合金 ················· 31
(三) 滑动轴承合金 ················· 33

**任务四 非金属材料及其在汽车上的应用** ················· 36
(一) 塑料 ················· 36
(二) 橡胶 ················· 39
(三) 复合材料 ················· 41

**思考与练习** ················· 41

## 项目二 汽车常用机构

**任务一 机构概述** ················· 47

（一）平面机构相关概念 ······ 47
（二）平面机构运动副和运动简图 ······ 50

**任务二　汽车平面四杆机构** ······ 55
（一）平面四杆机构的类型及判别 ······ 56
（二）平面四杆机构的急回特性 ······ 61
（三）平面四杆机构在汽车上的应用 ······ 63

**任务三　汽车凸轮机构** ······ 65
（一）凸轮和凸轮机构 ······ 66
（二）凸轮机构的工作过程 ······ 67
（三）从动件常见的运动规律 ······ 68
（四）凸轮机构在汽车上的其他应用 ······ 69

**思考与练习** ······ 70

## 项目三
## 汽车机械传动装置

**任务一　带传动** ······ 77
（一）带传动 ······ 78
（二）V 带的结构和型号 ······ 79
（三）带传动的张紧、安装和维护 ······ 80

**任务二　链传动** ······ 83
（一）链传动的类型、特点和应用 ······ 84
（二）滚子链和链轮 ······ 85
（三）链传动的布置、张紧和润滑 ······ 87

**任务三　齿轮传动** ······ 89
（一）齿轮传动的特点及分类 ······ 90
（二）渐开线标准直齿圆柱齿轮各部分名称和主要参数 ······ 92
（三）齿轮常见的失效形式 ······ 95
（四）轮系 ······ 97

**任务四　蜗轮蜗杆传动** ······ 100
（一）蜗杆传动的特点和类型 ······ 101
（二）蜗杆传动的主要参数及正确啮合条件 ······ 101
（三）蜗杆传动旋转方向判定 ······ 103
（四）蜗杆传动的结构、材料和失效形式 ······ 104

**思考与练习** ······ 105

## 项目四
## 汽车典型机械零件

**任务一 轴** ················································································· 113
 （一）轴的分类 ········································································ 114
 （二）轴的材料选择 ·································································· 115
 （三）轴的结构设计 ·································································· 117
**任务二 轴承** ················································································ 122
 （一）滑动轴承 ········································································ 123
 （二）滚动轴承 ········································································ 129
**任务三 联轴器、离合器与制动器** ····················································· 142
 （一）联轴器 ··········································································· 142
 （二）离合器 ··········································································· 147
 （三）制动器 ··········································································· 151
**任务四 常用连接件** ······································································· 154
 （一）螺纹连接 ········································································ 155
 （二）键连接 ··········································································· 161
 （三）销连接 ··········································································· 166
 （四）弹簧 ·············································································· 167
**思考与练习** ················································································ 169

## 项目五
## 汽车液压传动系统

**任务一 液压传动概述** ···································································· 177
 （一）液压传动的组成及特点 ······················································ 178
 （二）液压传动的工作原理 ·························································· 179
**任务二 认识液压元件** ···································································· 181
 （一）液压泵 ··········································································· 182
 （二）液压缸 ··········································································· 187
 （三）液压控制阀 ····································································· 189
 （四）液压辅助元件 ·································································· 203
**任务三 汽车典型液压系统** ······························································ 213
 （一）汽车液压助力转向系统 ······················································ 213
 （二）汽车液压制动系统 ···························································· 215
**思考与练习** ················································································ 218
**参考文献** ··················································································· 221

# 项目一

## 汽车材料及性能

# 任务一
## 汽车常用金属材料性能

### 任务导入

汽车由成千上万个零件组成，而这些零件是用不同的材料制成的，其中金属材料是汽车制造的基本材料，在汽车制造与维修中，为了能正确地加工和合理选用金属材料，就必须充分了解和掌握金属材料的性能。那什么是金属材料的性能，金属材料的性能又主要包括哪些方面呢？

### 任务分析

汽车金属材料包括黑色金属材料和有色金属材料两大类，其性能包括使用性能和工艺性能。金属的使用性能是指金属材料在使用过程中所表现出来的性能，主要有物理性能、化学性能、力学性能等；金属的工艺性能是指金属材料在加工过程中表现出来的性能，即金属材料对不同加工方法的适应性，主要有铸造性能、焊接性能、压力加工性能、切削加工性能、热处理性能等。

### 学习目标

1. 掌握金属材料力学性能的概念及衡量指标；
2. 熟悉金属材料的物理性能及化学性能；
3. 熟悉常见金属材料的加工方法及工艺性能。

 相关知识

 （一）金属材料的力学性能

金属材料在载荷作用下抵抗破坏的性能称为力学性能（或机械性能）。金属材料的力学性能是零件设计和选材时的主要依据，也是评价金属材料质量的重要依据。通常以强度、塑性、硬度、冲击韧性、抗疲劳性等性能指标衡量金属材料的力学性能。

**1. 强度**

强度是金属材料在外力作用下抵抗塑性变形和断裂的能力。

根据外力的性质和作用方式的不同，外加载荷可分为静载荷、冲击载荷和交变载荷等。金属材料的强度可分为抗拉强度、抗压强度、抗弯强度、抗扭强度、抗剪切强度等，通常以拉伸试验测得的强度指标应用最为广泛。在拉伸外力的作用下，金属材料常用的强度指标主要有屈服强度、抗拉强度等。

拉伸试验：采用万能材料试验机，给拉伸试件缓慢施加拉力，测出拉力与变形量之间的关系。拉伸试验可用于测量材料在拉力作用下的强度和塑性。

**1) 拉伸试样**

国家标准对拉伸试样的形状、尺寸及加工要求均有明确规定，通常采用圆柱形拉伸试样。如图 1-1 所示，$L_0 = 10d_0$ 时称为长试样，$L_0 = 5d_0$ 时称为短试样。

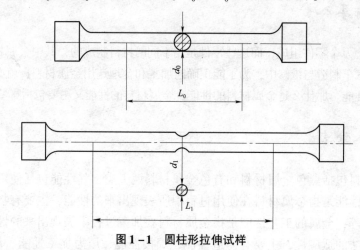

图 1-1 圆柱形拉伸试样

**2) 拉伸过程分析**

将低碳钢试样装在拉伸试验机上，缓慢加大拉伸载荷 $F$，试样将出现弹性变形、微量永久变形、屈服变形、均匀（大量永久）变形、缩颈与断裂几个阶段，如图 1-2 所示。

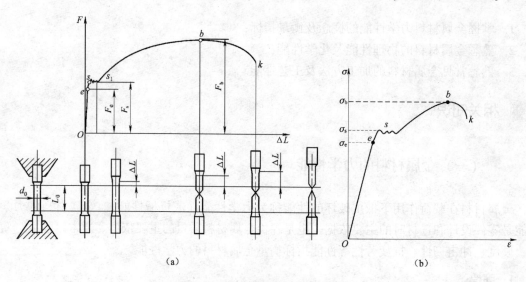

图 1-2 低碳钢的拉伸曲线示意图

(a) $F—\Delta L$ 曲线；(b) $\sigma—\varepsilon$ 曲线

载荷 $F$ 与伸长量 $\Delta L$ 之间的关系曲线图称为拉伸曲线图。金属材料受外力作用时，单位横截面积上的内力称为应力，用 $\sigma$ 表示；单位伸长量称为应变，用 $\varepsilon$ 表示。因此，金属材料的 $F$—$\Delta L$ 曲线也可用 $\sigma$—$\varepsilon$ 曲线来表示。

（1）$Oe$——弹性变形阶段。

（2）$es$——屈服阶段。

（3）$sb$——冷变形强化阶段。

（4）$bk$——缩颈与断裂阶段。

汽车上使用的金属材料通常没有明显的屈服现象，有些脆性材料不仅没有屈服现象，也不会产生"缩颈"，如高碳钢、铸铁等材料。

**3）强度指标**

金属材料常用的强度指标有屈服强度、抗拉强度等。

屈服强度 $\sigma_s$：塑性材料产生屈服时的应力，表示材料发生明显塑性变形时的最低应力值。对脆性材料，试样卸除载荷后，其标距部分的残余伸长率达到试样标距长度的 0.2% 时的应力，用符号 $\sigma_{0.2}$ 表示。

零件工作时不允许产生明显的塑性变形，因此 $\sigma_s$ 和 $\sigma_{0.2}$ 是汽车零件设计和选材的主要依据。

抗拉强度 $\sigma_b$：材料在拉断前所承受的最大应力。零件在拉伸条件下所承受的应力值超过抗拉强度时将断裂报废，因此它也是汽车零件设计和选材的主要依据。

## 2. 塑性

金属材料在断裂前发生塑性变形的能力，称为塑性。它常用金属材料拉断后的伸长率和断面收缩率表示。

**1）断后伸长率 $\delta$**

断后伸长率是指试样拉断后标距的伸长量与原始标距的百分比，是反映材料塑性变形能力大小的指标。

**2）断面收缩率 $\psi$**

断面收缩率是指试样拉断后缩颈处横截面积的最大缩减量与原始横截面积的百分比，也是反映材料塑性变形能力的一个指标。

断后伸长率 $\delta$ 和断面收缩率 $\psi$ 越大，说明材料的塑性越好，越容易进行压力加工。

## 3. 硬度

金属材料受压时抵抗局部变形，特别是塑性变形、压痕和划痕的能力，称为硬度。经常用来表示硬度的指标有两种：一是布氏硬度；二是洛氏硬度。

**1）布氏硬度（HB）**

布氏硬度指在布氏硬度试验机上测得的材料的硬度。如图 1-3 所示，使用一定直径的淬火钢球或

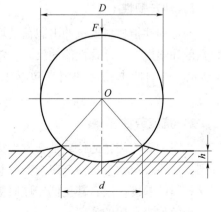

**图 1-3 布氏硬度试验示意图**

硬质合金球做压头，在规定载荷作用下压入被测金属的表面，按规定保持一定时间后卸除载荷，金属表面留下的压痕单位表面积上所受的平均压力即为材料的布氏硬度。

布氏硬度测量数值准确稳定，但是所测压痕面积大，易损坏成品件表面，常用于测量退火、正火、调质钢、铸铁及非金属等原材料或半成品的硬度，不宜测量成品及薄小的金属件。

### 2）洛氏硬度（HR）

洛氏硬度指在洛氏硬度试验机上测得的材料的硬度。如图1-4所示，以顶角为120°金刚石圆锥体作为压头，在初试验力和主试验力的先后作用下压入金属材料表面，保持规定时间后卸除主试验力，在保留初试验力的情况下，根据测得的压痕深度计算得到材料的洛氏硬度值，并规定每压入0.002 mm的压痕深度为一个硬度单位，用符号HR表示。洛氏硬度没有单位，可以从硬度计的刻度盘上直接读出。

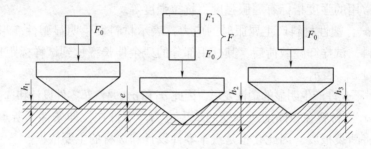

图1-4　洛氏硬度试验示意图

为了测定不同金属材料的硬度值，需采用不同的压头与试验力组成不同的硬度标尺，常用HRA、HRB、HRC表示。洛氏硬度试验操作简单迅速，压痕小，有利于保护成品件的表面，且硬度测量范围广，可测试从极软到极硬的金属材料，测试时可以直接读出硬度值，但精确度差，通常对零件进行多次测量取平均值。

### 4. 冲击韧性和抗疲劳性

强度、塑性和硬度是在静载荷作用下测得的金属材料的力学性能指标。但在实际的工作条件下，汽车零部件（如曲轴、连杆、齿轮等）经常承受冲击载荷或交变载荷的作用，其破坏力远大于静载荷，所以零件设计时必须充分考虑冲击韧性和抗疲劳性。

### 1）冲击韧性

冲击韧性指材料抵抗冲击载荷破坏的能力，用冲击吸收功或冲击韧度表示，也可视为材料强度和塑性二者综合性能的反映，常采用一次摆锤冲击弯曲试验方法进行测定，如图1-5所示。影响冲击韧度的因素包括工件的表面质量、材料内部质量、加载速度及工作温度等。

### 2）抗疲劳性

汽车中高速旋转的传动轴会发生突然断裂，使用频繁的弹簧会脆断，气缸盖上的螺栓会断裂，这些现象常常是由金属疲劳引起的。在交变应力作用下，虽然零件所承受的应力远低于该材料的强度极限，甚至低于屈服极限，但经过长时间的工作也会产生裂纹或突然断裂，这种现象称为金属的疲劳。

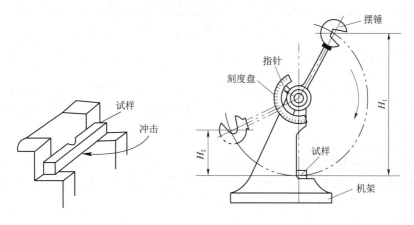

图 1-5　冲击试验示意图

零件抵抗疲劳破坏的能力称为金属材料的抗疲劳性。当交变应力低于某一特定值时，材料经无数次应力循环而不断裂，此应力值称为疲劳极限，也叫疲劳强度。图 1-6 为疲劳试验原理及疲劳曲线图。

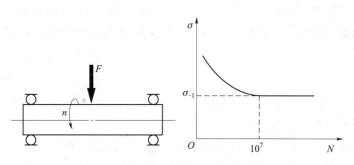

图 1-6　疲劳试验原理及疲劳曲线图

### （二）金属材料的物理、化学性能

#### 1. 金属材料的物理性能

材料的物理性能指的是材料在物理方面的特征，即材料固有的属性。金属的物理性能包括密度、熔点、电性能、热性能及磁性能等。

**1）密度**

在一定的温度下，单位体积物质的质量称为密度。常用金属材料的密度如表 1-1 所示。密度的大小很大程度上决定了工件的自重，对于要求质轻的工件，宜采用密度较小的材料（如铝、镁、钛等）。根据密度的大小，金属可分为轻金属和重金属，密度小于 5 g/cm³ 的金属为轻金属，密度大于 5 g/cm³ 的金属为重金属。例如钢铁材料是重金属，铝镁材料是轻金属。

表 1-1　常用金属材料的密度（20℃）

| 材料 | 铅 | 铜 | 铁 | 钛 | 铝 | 锡 | 钨 |
|---|---|---|---|---|---|---|---|
| 密度/（g·cm$^{-3}$） | 11.3 | 8.9 | 7.8 | 4.5 | 2.7 | 7.28 | 19.3 |

在汽车工业中，为了增加有效载荷的质量，钢铁占整车质量的 70% 左右，而某些高速运动的零件（如活塞），要求尽量减小质量，以减小惯性，因而多用铝合金等轻金属。

**2）熔点**

金属或合金在加热过程中从固态转变为液态的温度称为熔点，常以摄氏度来表示。金属等晶体材料一般具有固定的熔点，而高分子材料等非金属材料一般没有固定的熔点。常用金属材料的熔点如表 1-2 所示。

表 1-2　常用金属材料的熔点

| 材料 | 钨 | 钼 | 钛 | 铁 | 铜 | 铝 | 铅 | 锡 | 铸铁 | 碳钢 | 铝合金 |
|---|---|---|---|---|---|---|---|---|---|---|---|
| 熔点/℃ | 3 380 | 2 630 | 1 677 | 1 538 | 1 083 | 660 | 327 | 231 | 1 148~1 279 | 1 450~1 500 | 447~575 |

金属的熔点是热加工的重要工艺参数，对选材有影响，不同熔点的金属具有不用的应用场合，高熔点的金属材料适合制作耐高温的零件，低熔点的金属材料适合制作焊接钎料、熔丝等。

**3）电阻率**

金属能够传导电流的性能称为导电性。导电性由电阻率 $\rho$ 表示，电阻率是单位长度、单位截面积的电阻值，其单位是 $\Omega\cdot m$。

电阻率是设计导电材料和绝缘材料的主要依据。材料的电阻率越小，导电性能越好。常用的金属材料中，银的导电性能最好，铜与铝次之。通常，金属的纯度越高，其导电性能越好，合金的导电性比纯金属差，高分子材料和陶瓷材料一般都是绝缘体。导电器材常选用导电性良好的材料，以减少损耗；而加热元件、电阻丝则选用导电性差的材料制作，以提高功率。例如，在汽车零部件的制造中，轿车仪表中的电阻元件一般采用镍、铬等具有很高电阻率的合金材料。

**4）热导率**

金属传热的效率称为热导率，又称导热系数，用 $\lambda$ 表示。其含义是在单位厚度金属温差为 1℃ 时每秒从单位断面通过的热量。单位为 W/（m·K）或 W/（m·℃）。表 1-3 列出了常用金属的热导率。

表 1-3　常用金属的热导率

| 材料 | 银 | 铜 | 铝 | 铁 | 灰铸铁 | 碳钢 |
|---|---|---|---|---|---|---|
| 热导率/（W·m$^{-1}$·K） | 419 | 393 | 222 | 75 | 约 63 | 67（100℃） |

金属具有良好的导热性，尤其是银、铜、铝的导热性很好；一般纯金属具有良好的导热性，合金的成分越复杂，其导热性越差。

热导率是传热设备和元件应考虑的主要性能，对热加工工艺性能也有影响。散热器等传热元件应采用导热性良好的材料制造，保温器材应采用导热性差的材料制造。热加工工艺与导热性有密切关系，在热处理、铸造、锻造、焊接过程中，若材料的导热性差，则会使工件内外产生大的温差而出现较大的内应力，导致工件变形或开裂。采用缓慢加热和冷却的方法可使零件内外温度均匀，防止变形和开裂。

**5）热膨胀性**

材料随温度的变化而出现体积变化的现象称为热膨胀性，用线胀系数 $\alpha$ 来表示。其含义是温度每变化 1℃ 时材料长度变化的百分率，单位为 1/℃ 或 1/K。

材料的热膨胀性影响工件的精度，精密量具、机器、仪表等，应选用热膨胀性小的材料，以避免在不同的温度下使用时影响其精度；机械加工和装配中也应考虑材料的热膨胀性，以保证构件尺寸的准确性。另外，利用两种线胀系数不同的双金属片可以制造温控元件。

**6）磁性**

铁磁性物质可以被磁铁吸引，是能被磁化的物质，如铁、钴、镍等，可用于制造变压器的铁芯、发电机的转子等。非铁磁性的物质不能被磁铁吸引，即不能被磁化的物质，如铜、铝等，可用于制造要求避免电磁场干扰的零件和结构件。

### 2. 金属材料的化学性能

化学性能是指金属材料在外部介质的化学作用下所表现出的性能，主要包括耐腐蚀性能、高温抗氧化性能等。

**1）耐腐蚀性**

金属材料在常温下抵抗氧、水及其他化学物质腐蚀破坏的能力称为耐腐蚀性能。金属的腐蚀既造成金属表面金属光泽的缺失和材料的损失，也造成一些隐蔽性和突发性的事故。金属材料中铬镍不锈钢可以耐含氧酸的腐蚀；耐候钢、铜及铜合金、铝及铝合金能耐大气腐蚀；合成高分子材料和陶瓷材料一般都具有良好的耐腐蚀性能。

金属材料常见的腐蚀形式有两种：一种是化学腐蚀，另一种是电化学腐蚀。化学腐蚀是金属直接与周围介质发生纯化学作用，如钢的氧化反应。电化学腐蚀是金属在酸、碱、盐等电介质中由于原电池的作用而引起的腐蚀。提高材料耐腐蚀性能的方法有很多，如均匀化处理、表面处理等都可以提高材料的耐腐蚀性能。

**2）高温抗氧化性能**

在高温下，金属材料易与氧结合，形成氧化皮，造成金属的损耗和浪费。因此高温下使用的工件，要求材料具有高温抗氧化的能力，如锅炉、加热炉等，要选用抗氧化性良好的材料。材料中的耐热钢、高温合金、钛合金、陶瓷材料等都具有较好的高温抗氧化性能。

## （三）金属材料的工艺性能

金属材料的工艺性能是指在加工过程中对不同加工方法的适应性。材料工艺性能影响到

加工的难易程度，从而影响到零件加工后的质量、生产效率和加工成本。金属的工艺性能主要包括铸造性能、压力加工性能、焊接性能、切削加工性能及热处理性能等。

### 1. 铸造性能

铸造是指将熔化后的金属液浇铸、压射或吸入铸型中，待冷却凝固后获得一定形状和性能铸件的成型方法。铸造在汽车制造工艺中应用广泛，如在发动机曲轴、气缸体、气缸盖、活塞、连杆、凸轮轴、减速器壳等均采用铸造工艺。

金属的铸造性能是指铸造成型过程中获得外形准确、内部健全的铸件的能力，主要有流动性、收缩性等，这些性能对能否获得优质铸件至关重要。

流动性是指液态金属本身的流动能力，流动性的好坏影响到金属液的充型能力。流动性差，铸件易出现冷隔、浇不到、气孔、夹渣等缺陷。金属的流动性与金属的成分、温度、杂质含量及其物理性质有关。

收缩性是指铸造合金从液态凝固和冷却至室温过程中产生的体积和尺寸缩减。收缩会使铸件产生缩孔、缩松、内应力，甚至变形、开裂等铸造缺陷，因此材料的收缩率越小越好。整个收缩过程可分为三个互相联系的阶段：

（1）液态收缩：是指合金液从浇注温度冷却到凝固开始温度之间的体积收缩，此时的收缩表现为型腔内液面的降低。

（2）凝固收缩：是指合金从凝固开始温度冷却到凝固终止温度之间的体积收缩，在一般情况下，这个阶段仍表现为型腔内液面降低。

（3）固态收缩：是指合金从凝固终止温度冷却到室温之间的体积收缩。

影响收缩的因素主要有化学成分、铸件结构与铸型条件、浇注温度等。

（1）不同种类的合金，其收缩率也不相同。

（2）铸件在铸型中由于各部分冷却速度不同，彼此相互制约，对其收缩产生阻力。

（3）浇注温度越高，液态收缩越大。

### 2. 压力加工性能

利用压力使金属产生塑性变形，使其改变形状、尺寸和改善性能，获得型材、棒材、板材、线材或锻压件的加工方法称压力加工。压力加工常用的方法有自由锻造、模锻、轧制、挤压、拉拔、板料冲压等。金属在压力加工时塑性成形的难易程度称为压力加工性能。

金属的压力加工性能主要决定于塑性和变形抗力。塑性越好，变形抗力越小，金属的压力加工性能就越好。低的塑性变形抗力使设备耗能少，优良的塑性使产品获得准确的外形而不破裂。一般情况下，纯金属的压力加工性能良好，合金元素和杂质越多，压力加工性能越差；低碳钢的压力加工性能优于高碳钢；铸铁一般不能进行压力加工。

### 3. 焊接性能

金属焊接性是金属材料对焊接加工的适应性，是指金属在一定的焊接方法、焊接材料、焊接参数及结构形式条件下获得优质焊接接头的难易程度。它包括两方面的内容：一是工艺性能，即在一定工艺条件下，焊接接头产生工艺缺陷的倾向，尤其是出现裂纹的可能性；二是使用性能，即焊接接头使用中的可靠性，包括力学性能及耐热、耐蚀等特殊性能。

钢的焊接性取决于碳及合金元素的含量。把钢中合金元素（包括碳元素）的含量按其作用换算成碳的相当含量称碳当量，用符号 CE 表示。碳钢和低合金结构钢常用碳当量评定焊接性，碳当量越高，焊接性越差。当 CE < 0.4% 时，钢的淬硬倾向不明显，焊接性能良好；当 CE 在 0.4% ~ 0.6% 时，钢的淬硬倾向逐渐明显，焊接性能较差，需要采用适当的预热和一定的工艺措施；当 CE > 0.6% 时，钢的淬硬倾向强，属于难焊钢，需要采用较高的预热温度和严格的工艺措施。

### 4. 切削加工性能

材料的切削加工性能是指材料进行切削加工时的难易程度，也可称为材料的可切削性。切削加工性能直接影响零件的表面质量、刀具的使用寿命、切削加工成本等，是汽车材料加工的重要性能之一。

切削加工性能的好坏常用加工后工件的表面粗糙度、允许的切削速度以及刀具的磨损程度来衡量。它与金属材料的化学成分、力学性能、导热性能及加工硬化程度等诸多因素有关。常用硬度和切削韧性作为切削加工性好坏的大致判断。常用的金属材料中，一般有色金属合金比铁碳合金切削加工性能好，铸铁及经过恰当热处理的碳钢具有较好的切削加工性能，而高合金钢的切削加工性能较差。

### 5. 热处理性能

热处理是对钢铁材料利用加热、保温和冷却改变金属物理性质的工艺方法。热处理能改善钢的内部组织结构，进而改善钢的力学性能。它是改善钢材加工性能，提高产品质量，降低成本，延长使用寿命，充分发挥材料潜力的重要手段。所有的刀具、模具、量具、滚动轴承等均需进行热处理，在汽车工业中，有 80% 以上的钢铁零件需要热处理，可见热处理在汽车制造工业中占有十分重要的地位。

钢的热处理性能包括淬透性、晶粒长大倾向、回火稳定性、淬裂敏感性、脱碳敏感性等。

# 任务二
## 钢铁材料及其在汽车上的应用

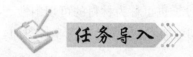

大部分汽车零件均采用钢铁材料制成,据粗略统计,生产一辆汽车的原材料中,钢铁材料所占的比例约为80%。近年来,轻量化与环保是汽车材料发展的主要方向,各种材料在汽车上的应用比例正在发生变化,如铝镁合金、塑料及复合材料的用量有较大的增长,但钢铁材料仍占据主导地位。为了应对来自轻质材料的挑战,钢铁企业将开发重点放在了高强度钢和超高强度钢材料上,并取得了良好的减重效果。钢铁材料在汽车制造中的地位如此重要,那么什么是钢铁材料,钢铁材料的种类、性能特点有哪些,如何根据汽车零件的工作条件和要求选用合适的材料?

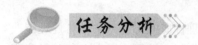

钢铁材料又称黑色金属,它占金属材料总量的95%以上。钢铁材料按含碳量的不同又可以分为铸铁和钢,其中,碳的质量分数超过2.11%的铁碳合金称为铸铁,碳的质量分数小于2.11%的铁碳合金称为钢。钢铁以外的金属材料称为有色金属材料或非铁金属材料。

由于黑色金属力学性能优良,价格低廉,因此在汽车工程材料中占有不可替代的主导地位。

1. 掌握铁碳合金的相关基础知识;
2. 掌握钢材热处理的目的、类型及应用;
3. 掌握碳钢、合金钢、铸铁的种类、牌号及性能特点;
4. 掌握钢铁材料在汽车上的实际应用。

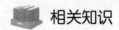

### (一)铁碳合金基本知识

**1. 合金的概念**

大多数的纯金属不能满足工业生产对金属材料多品种、高性能的要求,因此工程上采用的金属材料多为不同成分的合金。合金是由两种或两种以上的金属，或金属与非金属组成的具有金属特性的物质。

组成合金的最基本的、独立的物质称为组元。组元可以是金属、非金属，也可以是稳定的化合物。由两个组元组成的合金称为二元合金，如铜和锌两个组元组成的黄铜；由多个组元组成的合金称为多元合金。由若干给定组元按不同的比例配制成的一系列化学成分不同的合金称为合金系，如工业生产中常用的铁碳合金系。

### 2. 铁碳合金的分类

铁碳合金可分为工业纯铁、钢和白口铸铁，如表1-4所示。

表1-4　铁碳合金分类及含碳量

| 合金种类 | 工业纯铁 | 钢 | 白口铸铁 |
| --- | --- | --- | --- |
| $w_C$/% | ≤0.021 8% | 0.021 8% < $w_C$ ≤2.11% | 2.11% < $w_C$ ≤6.69% |

(1) 工业纯铁。指含碳量 $w_C$ ≤0.021 8%的铁碳合金。
(2) 钢。指含碳量 $w_C$ 为0.021 8% ~ 2.11%的铁碳合金。
(3) 白口铸铁。指含碳量 $w_C$ 为2.11% ~ 6.69%的铁碳合金。

### 3. 含碳量对铁碳合金组织及性能的影响

碳是影响铁碳合金组织与性能的主要元素，铁碳合金在缓慢冷却条件下的结晶过程及最终得到的室温平衡组织随含碳量的不同而改变。

含碳量对碳钢力学性能的影响如图1-7所示。当 $w_C$ < 0.9%时，随着含碳量的增加，钢的强度和硬度提高，塑性和韧性降低；当 $w_C$ > 0.9%时，随着含碳量的增加，钢的强度、塑性和韧性不断下降。工业用钢的含碳量一般不超过1.4%。

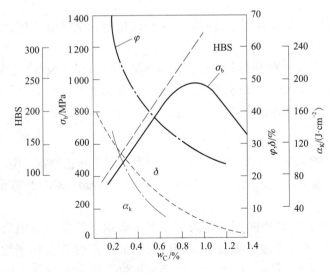

图1-7　含碳量对碳钢力学性能的影响

## (二) 钢的热处理

钢的热处理是将固态钢材采用适当的方式进行加热、保温和冷却以获得所需组织结构和性能的一种加工工艺。其主要工艺参数是加热温度、保温时间和冷却速度，其工艺曲线如图 1-8 所示。热处理可以充分发挥钢材潜力，提高力学性能，延长零件使用寿命，消除铸造、锻压、焊接等热加工造成的各种缺陷，并为后续工作做好组织准备。

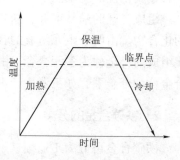

图 1-8 钢的热处理工艺曲线图

### 1. 热处理工艺分类

根据热处理的目的及其加热和冷却方式的不同，热处理工艺可分为以下几类：

（1）普通热处理。其特点是对工件进行穿透加热，又称整体热处理。主要包括退火、正火、淬火和回火等。

（2）表面热处理。其特点是对工件表面进行热处理，以改变表层组织和性能。主要是表面淬火和回火、物理气相沉积、化学气相沉积、等离子化学气相沉积等。

（3）化学热处理。其特点是改变工件表面化学成分、组织和性能。主要包括渗碳、渗氮、碳氮共渗等。

### 2. 钢的退火与正火

退火与正火是钢材常用的两种基本热处理工艺方法，主要是用来热处理钢制毛坯件，为以后切削加工和最终热处理做组织准备，因此，一般称退火与正火为预备热处理。

**1）退火**

将钢加热到适当的温度，保温一段时间，然后缓慢冷却至室温的热处理工艺称为退火。退火的目的如下：

（1）细化晶粒，均匀钢的成分与组织，改善钢的力学性能或为以后的热处理做准备；

（2）降低硬度，提高塑性，以利于切削加工及冷变形加工；

（3）消除前道工序（如铸造、锻造、轧制）中产生的内应力。

**2）正火**

将钢加热到适当的温度，保温一段时间，随后取出置于静止的空气中冷却的工艺过程称为正火。对于力学性能要求不高的普通结构件，正火可作为最终热处理或重要结构件的预备热处理。

退火与正火的目的基本相同，均是为了改善低碳钢、低碳合金钢的切削性能，改善力学性能，为以后的热处理做好准备，生产中可按照使用性能及切削性能的需要进行选择。主要区别是冷却速度不同，正火的冷却速度稍快于退火，过冷度较大，强度和硬度较高。

### 3. 钢的淬火

将钢加热到适当温度，保温一段时间，随后放入介质中快速冷却的热处理工艺称为淬火。淬火的主要目的是提高钢的强度、刚度和耐磨性。但经过淬火后钢的塑性和韧性会降低，脆性增加，不能承受冲击载荷，钢的含碳量较高时尤其严重，因此淬火后要进行回火处理才能使零件获得理想的力学性能。

#### 1）淬火冷却介质

常用的冷却介质有水、矿物油及盐、碱溶液。水冷速度快，对工件会造成很大的内应力，一般用于形状简单的碳钢件；矿物油的冷却速度慢，可防止工件的变形与开裂，多用于合金钢的淬火；盐、碱溶液可增大550～600℃范围内的冷却速度，可防止淬火后出现软点。

#### 2）淬火后常见的缺陷

（1）硬度不足。一般是由加热温度低、保温时间不足或冷却速度慢造成的，但可通过重新热处理予以消除。

（2）过热与过烧。加热温度过高或在高温下保温时间过长，导致强度、塑性和韧性的降低，这种现象称为"过热"，过热可以采用正火或退火消除。若加热温度接近熔化温度，各项力学性能进一步变坏，如脆性变大、韧性下降，容易变形和开裂等，这种现象称为"过烧"。过烧后钢材不能通过热处理成加工方法补救，只能报废。

（3）变形与开裂。其主要原因是淬火内应力过大。

### 4. 钢的回火

将淬火后的工件加热到适当的温度，保温一段时间，然后取出工件以一定的方式冷却下来的热处理工艺称为回火。淬火后的组织在室温下处于不稳定的状态，回火就是采用加热手段，使不稳定的淬火组织向相对稳定的回火组织转换的工艺过程。

#### 1）回火的目的

（1）减少或消除淬火内应力，防止工件在使用过程中产生变形与开裂。

（2）提高韧性，调整强度与硬度，以满足工件的使用要求。

（3）稳定组织，使零件在使用过程中不发生组织或形状、尺寸的变化，从而保持零件的精度。

#### 2）回火的分类与应用

（1）低温回火（150～250℃）。其目的是在保持淬火钢的高硬度和高耐磨性的前提下，降低其淬火内应力和脆性，以免使用时崩裂或过早损坏。主要用于要求高硬度、高耐磨性的零件及工具淬火后的处理，如活塞销、齿轮、凸轮、曲轴、锉刀、钻头、铰刀等。

（2）中温回火（350～500℃）。其目的是获得高的屈服强度、弹性极限和较高的韧性。因此，它主要用于各种弹簧和热作模具的处理。

（3）高温回火（500～650℃）。其目的是获得强度、硬度和塑性、韧性都较好的综合力学性能。因此，广泛用于汽车、拖拉机、机床等的重要结构零件，如连杆、螺栓、齿轮及轴类。

淬火后进行高温回火亦称"调质处理",一般情况下,汽车的重要零件均需进行调质处理。调质处理一般作为最终热处理,但由于调质后,钢的硬度不高,便于切削加工,而且表面质量好,故也作为表面淬火和化学热处理的预备热处理。

**5. 钢的表面热处理与化学热处理**

对于要求高疲劳强度,心部具有足够高的强度、塑性、韧性,表面具有高硬度、高耐磨性(如活塞销、转向节主销等)以及在冲击载荷、交变载荷及表面摩擦条件下工作的零件,必须进行表面热处理或化学热处理才能满足使用性能的要求。

**1) 钢的表面热处理**

表面热处理是为改变工件表面的组织和性能,仅对其表面进行热处理的工艺,其中表面淬火是最常用的表面热处理方法。目前生产中应用最广泛的是感应加热表面淬火和火焰加热表面淬火。

(1) 感应加热表面淬火。如图1-9所示,将工件置于感应圈内,通以一定频率的交流电,在磁场作用下工件产生感应电流(涡流),由于涡流在工件截面上分布不均匀,主要集中在表层,致使表层被迅速加热至淬火温度,而心部温度依然很低,随后即快速冷却,从而达到表面淬火的目的,这种方法称为感应加热表面淬火。

(2) 火焰加热表面淬火。利用氧-乙炔焰或氧-煤气焰对零件表面进行加热,将表面迅速加热至淬火温度,并使心部依然保持很低的温度,随后立即喷射冷却介质,使零件表面迅速冷却,而心部组织仍保持不变,这种热处理方法称为火焰加热表面淬火。

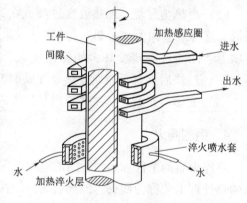

图1-9 感应加热表面淬火示意图

**2) 钢的化学热处理**

化学热处理是将零件置于某种化学介质中加热、保温、冷却,使介质中某些元素渗入工件表层,改变表层的化学成分和组织,从而改变表层性能的热处理工艺,其目的是提高零件表层的硬度、耐磨性、耐腐蚀性及抗氧化性等。按照渗入元素的不同,有渗碳、渗氮、碳氮共渗、氮碳共渗等多种化学热处理方法。

(1) 渗碳。渗碳是将工件置于渗碳介质内进行加热、保温,使碳原子渗入工件表面的化学热处理方法,其目的是提高表面层的含碳量。渗碳多用于低碳钢及低合金钢结构件,如活塞销、汽车齿轮等,要求表层硬度高,同时还能承受弯曲应力及冲击载荷的作用。

(2) 渗氮(氮化)。渗氮是在一定介质中使活性氮原子渗入工件表层的一种化学热处理工艺。渗氮适用于精密零件如内燃机曲轴、精密齿轮、磨床主轴等结构件的最终处理。

(3) 碳氮共渗。同时将碳、氮渗入工件表层,并以渗碳为主的化学热处理称为碳氮共渗。一般用于结构件的最终热处理,如齿轮、轴等。

(4) 氮碳共渗。这是一种以渗氮为主，在工件表面上同时渗入氮、碳的化学热处理工艺，亦称软氮化。由于加热温度低，处理时间短，变形小，被用于各种工模具及轴类零件的表面处理。

## （三）钢的分类及应用

对于铁碳合金来说，含碳量小于 2.11%，称为碳素钢，简称碳钢；含碳量大于 2.11%，称为铸铁。碳钢和铸铁中不可避免含有少量的硅、锰、硫、磷等杂质。为改善钢的性能，炼钢时有目的地加入一些合金元素的钢称为合金钢。

### 1. 杂质元素对钢性能的影响

**1）锰**

锰是钢在冶炼时加入锰铁脱氧后残留在钢中的杂质元素，其具有一定的脱氧能力，能把钢中的 FeO 还原成铁，改善钢的冶炼质量；还能与硫形成高熔点（1 620℃）的 MnS，以减轻硫的有害作用（热脆性），降低钢的脆性，改善钢的热加工性能；锰能大部分溶解于铁素体中，形成置换固溶体，并使铁素体强化，提高钢的强度和硬度。

**2）硅**

硅是钢在冶炼时加入的强于锰的脱氧剂，可以防止形成 FeO，改善钢的冶炼质量。

**3）硫**

硫是炼钢时随矿石和燃料带入的有害元素，而且在炼钢时难以除尽。硫的存在使钢产生热脆性，钢中硫的质量分数必须严格控制。

**4）磷**

磷是炼钢时由矿石带入的有害元素，磷会导致钢产生冷脆性，因此要严格控制磷在钢中的含量。

**5）非金属夹杂物**

在炼钢过程中，由于少量炉渣、耐火材料及冶炼反应物进入钢液中，在钢材中形成非金属夹杂物，如氧化物、硫化物、硅酸盐、氮化物等。非金属夹杂物会降低钢的塑性、韧性、疲劳强度等力学性能，炼钢时应该严格加以控制。

### 2. 钢材的分类

钢材的分类方法多种多样，下面介绍几种常用的分类方法。

**1）按化学成分分类**

（1）碳素钢。根据含碳量的不同可分为低碳钢、中碳钢和高碳钢。

a. 低碳钢。是碳的质量分数 $w_C < 0.25\%$ 的铁碳合金，如 08 钢、10 钢、15 钢、20 钢、25 钢等。

b. 中碳钢。是碳的质量分数 $0.25\% \leqslant w_C \leqslant 0.60\%$ 的铁碳合金，如 30 钢、35 钢、40 钢、45 钢、50 钢、55 钢、60 钢等。

c. 高碳钢。是碳的质量分数 $w_C > 0.60\%$ 的铁碳合金，如 65 钢、70 钢、75 钢、80 钢、85 钢、T7 钢、T8 钢、T10 钢、T12 钢等。

(2) 合金钢。根据合金元素含量的不同可分为低合金钢（合金元素含量小于 5%）、中合金钢（合金元素含量在 5%~10%）和高合金钢（合金元素含量大于 10%）。

**2）按品质分类**

(1) 普通钢。钢中有害杂质元素较多，一般含硫量 $w_S \leq 0.05\%$，含磷量 $w_P \leq 0.045\%$，如碳素结构钢、低合金结构钢等。

(2) 优质钢。钢中含有害杂质元素较少，一般含硫及磷量 $w_S$、$w_P$ 均不大于 0.04%，如优质碳素结构钢、合金结构钢、碳素工具钢和合金工具钢、弹簧钢、轴承钢等。

(3) 高级优质钢。钢中含有害杂质元素极少，一般含硫量 $w_S \leq 0.03\%$，含磷量 $w_P \leq 0.035\%$，如合金结构钢和工具钢等。

**3）按用途分类**

(1) 结构钢。包括建筑及工程用结构钢和机械制造用结构钢。

a. 建筑及工程用结构钢简称建造用钢，是指用于建筑、桥梁、船舶、锅炉或其他工程上制作金属结构件的钢，如碳素结构钢、低合金钢、钢筋钢等。

b. 机械制造用结构钢是用于制造机械设备上结构零件的钢。

(2) 工具钢。一般用于制造各种工具，如碳素工具钢、合金工具钢、高速工具钢等。

(3) 特殊钢。具有特殊性能的钢，如不锈耐酸钢、耐热不起皮钢、高电阻合金钢、耐磨钢、磁钢等。

(4) 专业用钢。各个工业部门专业用途的钢，如汽车用钢、农机用钢、航空用钢、化工机械用钢、锅炉用钢、电工用钢、焊条用钢等。

**4）按冶炼方法分类**

(1) 按照炉种可分为平炉钢、转炉钢及电炉钢。

(2) 按照脱氧程度和浇注程度分为沸腾钢、镇静钢及半镇静钢。

**5）按制造加工形式分类**

按照钢的制造加工形式可分为铸钢、锻钢、热轧钢、冷轧钢、冷拔钢等。

**3. 汽车工业中的碳钢**

**1）普通碳素结构钢**

普通碳素结构钢的含碳量一般在 0.06%~0.38%，硫、磷等有害杂质含量较高，这类钢出厂时主要是保证力学性能，使用时一般不经过热处理。因其价格便宜，产量较大，具有良好的焊接性和压力加工性能，所以大量用于金属结构构件和一般机械零件。碳素结构钢牌号由 Q（屈服强度的"屈"字汉语拼音首字母）、屈服强度值、质量等级和脱氧方法四部分组成。质量等级有 A、B、C、D 四种。脱氧方法用拼音首字母表示："F"为沸腾钢、"B"为半镇静钢、"Z"为镇静钢、"TZ"为特殊镇静钢，通常"Z"和"TZ"可省略。汽车常用普通碳素结构钢的牌号、性能和应用举例见表 1-5。

表1-5 普通碳素结构钢的牌号、性能和应用举例

| 牌号 | 应用举例 | |
|---|---|---|
| | 车型 | 零件名称 |
| Q235-A | EQ1092 | 百叶窗联动杠杆、传动轴中间轴承支架等 |
| | 2000GSI | 发动机前后支架、后视镜支杆、油底壳加强板等 |
| Q235-A.F | 奥迪100 | 机油滤清器凸缘、固定发电机的连接板、前钢板弹簧夹子 |
| Q235-B | 2000GSI | 3、4、5挡同步锥盘,差速器螺栓锁片等 |
| | CA7100 | 车轮轮辐、轮辋、驻车制动器操纵杆棘爪与齿板等 |
| Q235-B.F | CA7100 | 放水龙头、手柄夹持架、消声器、后支架、百叶窗叶片等 |

**2）优质碳素结构钢**

优质碳素结构钢具有较好的力学性能，主要用于制造各种机械零件。优质碳素结构钢牌号用两位数字表示钢的平均含碳量的万分之几，如40钢，表示该钢的平均含碳量为0.4%。若钢中锰的含量较高，则在两位数字后面加符号Mn，若为沸腾钢，则在两位数字后面加符号F，如65Mn、08F等。常用的优质碳素结构钢在汽车上的应用见表1-6。

表1-6 常用的优质碳素结构钢在汽车上的应用

| 牌号 | 应用举例 |
|---|---|
| 08F | 驾驶室、油底壳、油箱、离合器等 |
| 15 | 发动机气门头、离合器调整螺栓、曲轴箱通风阀体、气门弹簧座及旋转套、轮胎螺母及螺栓 |
| 20 | 离合器分离杠杆、风扇叶片、驻车制动杆等 |
| 35 | 曲轴正时齿轮、连杆螺母、机油泵轮、车轮螺栓、气缸盖定位销、驻车制动蹄片臂拉杆、前后轴头螺母、半轴螺栓锥形套等 |
| 45 | 变速杆、气门推杆、转向节主销、齿环、变速叉轴、曲轴、凸轮轴、离合器踏板轴及分离叉、同步器锁销等 |
| 50 | 离合器从动盘 |

**3）碳素工具钢**

碳素工具钢的含碳量为0.65%~1.35%，一般需热处理后使用。这类钢经热处理后具有较高的硬度和耐磨性，但韧性、塑性较差。主要用于制造低速切削刀具以及对热处理变形要求较低的一般模具。牌号用"T"和数字组成。数字表示钢的平均含碳量为千分之几。如T8钢表示平均含碳量为0.8%的碳素结构钢。若牌号末尾加"A"，则表示为高级优质钢，如T10A。

**4）铸钢**

实际生产中，许多形状复杂的零件很难用锻压等方法成形，用铸铁又难以满足性能要求，这时常需要铸钢，采用铸造的方法来获得铸钢件。因此，铸钢在机械制造中尤其是在重

型机械制造业中应用非常广泛。

铸钢的牌号用"ZG+两组数字"表示，ZG是铸钢两字汉语拼音首位字母，两组数字分别表示最低屈服点和最低抗拉强度的值，单位是MPa。如ZG200-400，表示屈服点不小于200 MPa、抗拉强度不小于400 MPa的铸钢。常见铸钢的成分、性能和用途如表1-7所示。

表1-7 常见铸钢的成分、性能和用途

| 牌号 | 主要化学成分/% | | | | 室温力学性能 | | | | | 性能用途 |
|---|---|---|---|---|---|---|---|---|---|---|
| | C | Si | Mn | S, P | $\sigma_s$/MPa | $\sigma_b$/MPa | $\delta$/% | $\psi$/% | $\alpha_k$/(J·cm$^{-2}$) | |
| ZG200-400 | 0.20 | 0.50 | 0.80 | 0.04 | 200 | 400 | 25 | 40 | 60 | 机壳、变速器壳 |
| ZG350-450 | 0.30 | 0.50 | 0.90 | 0.04 | 350 | 450 | 22 | 32 | 45 | 外壳、轴承盖、阀体等 |
| ZG270-500 | 0.40 | 0.50 | 0.90 | 0.04 | 270 | 500 | 18 | 25 | 35 | 机架、轴承座、曲轴、气缸体 |
| ZG310-570 | 0.50 | 0.60 | 0.90 | 0.04 | 310 | 570 | 15 | 21 | 30 | 气缸、联轴器、齿轮 |
| ZG340-640 | 0.60 | 0.60 | 0.90 | 0.04 | 340 | 640 | 12 | 18 | 20 | 起重运输机齿轮、联轴器 |

### 4．汽车工业中的合金钢

**1）合金钢的基础知识**

为了获得某些特定的性能，在普通碳素钢基础上添加适量的一种或多种合金元素而构成的铁碳合金称为合金钢。根据添加元素的不同，并采取适当的加工工艺，可获得高强度、高韧性、耐磨、耐腐蚀、耐低温、耐高温、无磁性等特殊性能。

合金钢的主要合金元素有硅、锰、铬、镍、钼、钨、钒、钛、铌、锆、钴、铝、铜、硼、稀土等。其中，钒、钛、铌、锆等在钢中是强碳化物形成元素，只要有足够的碳，在适当条件下，就能形成各自的碳化物，若缺碳或在高温条件下，则以原子状态进入固溶体中；锰、铬、钨、钼为碳化物形成元素，其中，一部分以原子状态进入固溶体中，另一部分形成置换式合金渗碳体；铝、铜、镍、钴、硅等是不形成碳化物元素，一般以原子状态存在于固溶体中。

合金钢分类方法很多，通常按合金元素含量多少分为低合金钢（含量<5%）、中合金钢（含量5%~10%）和高合金钢（含量>10%）；按质量分为优质合金钢和特质合金钢；按用途又分为结构钢、工具钢和特殊性能钢；按特性和用途综合又可分为合金结构钢、不锈钢、耐酸钢、耐磨钢、耐热钢、合金工具钢、滚动轴承钢、合金弹簧钢和特殊性能钢（如软磁钢、永磁钢、无磁钢）等。

合金结构钢的牌号一般由三部分组成（低合金钢、滚动轴承钢除外），即"数字+元素+数字"。其中前面的数字由两位数字表示，表示钢的平均含碳量的万分数；合金元素以化学元素符号表示；元素后面的数字表示元素在钢中的含量，以百分数表示，当平均含量低于

1.5%时,牌号中一般只标元素符号而不标明含量。如12CrNi3A表示平均含碳量为0.12%、含Cr量小于1.5%、含Ni量约3%的优质合金结构钢。

目前,在汽车制造工业中大量使用各种合金钢材料,表1-8列出了部分合金钢的牌号和应用举例。

表1-8 部分合金钢的牌号和应用举例

| 牌号 | 应用举例 |
| --- | --- |
| Q390 | 车架前横梁、车架中横梁、前保险杠、车架角撑 |
| 20CrMnTi | 用于承受高速、中等或重负荷以及冲击磨损等的重要零件,如滑动齿轮套、变速器齿轮、万向节、差速器十字轴等 |
| 40Cr | 发动机支架固定螺栓、差速器壳螺栓、减速器销、齿轮、连杆、转向臂、传动轴、花键轴等 |
| 65Mn | 气门弹簧、转向纵拉杆弹簧、摇臂轴回位弹簧、空压机排气阀波形弹簧垫圈、风扇离合器阀片等 |
| 35SiMn | 耐磨、耐疲劳,可替代40Cr制造轴、齿轮等零件及在430℃以下工作的重要紧固件 |
| GCr15 | 用于制造各种滚动轴承内外套圈及滚动体的专用钢,也可以用来制造刀具及部分耐磨零部件,如喷油嘴、针阀、套筒等 |
| W18Cr4V | 制造一般高速切削车刀、刨刀、钻头、铰刀、铣刀等 |
| 9Cr2 | 主要用于制造冷轧辊、钢印冲孔凿、尺寸较大的铰刀、木工工具 |
| 5CrNiMo | 用于形状复杂、冲击载荷重的各种大中型锤锻模 |
| 4Cr5W2VSi | 用于寿命要求较高的热锻模、高速锤用模具与冲头、热挤压模具及芯棒、有色金属压铸模等 |

**2) 常用合金钢**

(1) 合金结构钢。

合金结构钢为用作机械零件和各种工程构件并含有一种或数种一定量的合金元素的钢。按照用途不同,可分为普通合金结构钢和特殊用途合金结构钢。前者包括低合金高强度钢、低温用钢、超高强度钢、渗碳钢、调质钢和非调质钢等;后者包括弹簧钢、滚珠轴承钢、易切削钢、冷冲压钢等。

a. 普通低合金结构钢又称低合金高强度结构钢,是在碳素结构钢的基础上加入少量的合金元素制成的。具有良好的塑变能力、良好的焊接性能、良好的加工工艺性能。广泛用于船舶、桥梁、汽车纵梁和横梁、车辆、高压容器、管道、井架、大型屋架等。常用的普通低合金结构钢有09Mn2、16Mn、15MnV等。

b. 合金渗碳钢的化学成分为低碳(含碳量一般为0.15%~0.25%),主要加入锰、铬、硼等合金元素。经过渗碳、淬火、回火处理,可获得很硬的表面层,又保持心部有很高的塑性、韧性,适于制造易磨损而又承受较大冲击载荷的零件,如汽车、拖拉机的齿轮、内燃机凸轮轴、气门顶杆等。常用的合金渗碳钢有 20Cr、20Mn2B、20CrMnTi 等。

c. 合金调质钢的化学成分为中碳（含碳量一般为 0.3% ~ 0.5%），主要加入锰、硅、铬、钼、钒合金元素等，改善了钢的淬透性。经调质处理后，具有良好的综合力学性能。适用于制造重载荷下、受力复杂、性能要求高及截面尺寸较大的重要零件，如机床主轴、汽车底盘半轴、连杆、曲轴等零件。常用的合金调质钢有 40Cr、45Mn2、35CrMnSi 和 40MnB 等。

d. 合金弹簧钢主要用于制造各种弹簧和弹性元件，弹簧主要在冲击、振动、周期性扭转、弯曲等变化应力下工作。碳的化学成分为中、高碳（含碳量一般为 0.45% ~ 0.70%），经过淬火及中温回火后，能获得高的弹性。重要的或大断面的弹簧，都采用合金弹簧钢制造，如机车车辆、汽车、拖拉机上的螺旋弹簧及板弹簧、阀门弹簧等。常用的合金弹簧钢有 60Si2Mn、50CrVA、55Si2Mn 等。

e. 滚动轴承钢是制造滚动轴承的内圈、外圈和滚动体的专用钢，也可用于制造工具、量具、冷冲模、机床丝杠等耐磨件，具有高的接触疲劳强度、高的硬度、足够的韧性和淬透性。其成分特点是高碳（含碳量一般为 0.95% ~ 1.15%），加入硅、锰、钒等合金元素可进一步提高淬透性，便于制造大型轴承，常用的滚动轴承钢有 GCr6、GCr9、GCr15、GCr15SiMn 等。

(2) 合金工具钢。

合金工具钢基本上是在碳素工具钢的基础上再加入适量的合金元素的钢。它与碳素工具钢相比，合金工具钢具有淬透性好、耐磨性好、热硬性高和热处理变形小的优点。按用途可分为刃具钢、量具钢和模具钢三类。

a. 刃具钢。主要用来制造金属切削刀具，如车刀、铣刀、钻头等。根据切削对象和切削条件，可分为低合金刃具钢和高速钢两类。所有的合金刃具钢都必须具有高的硬度和耐磨性、高的热硬性以及足够的韧性。

低合金刃具钢：高碳（含碳量一般为 0.8% ~ 1.5%），以保证淬硬性和形成合金碳化物。常加入的合金元素有铬、锰、硅、钨、钒等。主要目的是提高淬透性，提高耐磨性和热硬性。常用的低合金刃具钢有 9SiCr、9Mn2V、CrMn、CrWMn、CrW5 和 Cr2 等，用于制造要求变形小的铰刀、铣刀、低切削量的拉刀，并可用于制造量具和模具。

高速钢：高速钢是高速工具钢的简称，主要用于制造各种用途和类型的高速切削刃具，主要合金元素有钨、钼、钒等，具有很高的淬透性。热处理后具有高的红硬性和足够的强度以及高硬度和耐磨性。当以较高的切削速度进行加工时，仍能保持刃口锋利，故俗称为"锋钢"。

高速钢的品种繁多，主要有钨系高速钢和钨钼系高速钢。钨系高速钢以 W18Cr4V 为代表，它具有较高的热硬性，过热和脱碳倾向小，但碳化物较粗大，韧性较差；钨钼系高速钢以 W6Mo5Cr4V2 为代表，它是在钨系高速钢的基础上，以钼代替部分钨而制成的。钼的碳化物细小，韧性较好，耐磨性也较好，但热硬性稍差，过热与脱碳倾向较大。经淬火、回火后，韧性和耐磨性均优于钨系高速钢，且通用性强，使用寿命长，价格低，故应用日益广泛。除可代替 W18Cr4V 制造麻花钻、滚刀、铣刀、插齿刀和扩孔刀等外，还适合制造薄棱刃及大截面的刀具。

b. 量具钢。量具钢是用来制造各种测量工具，如卡尺、千分尺、螺旋测微仪、块规和塞规等，因此，要求它的工作部分应具有高的硬度、耐磨性和高的尺寸稳定性。

精度要求较低、形状简单的量具可采用 T10A、T12A 制造。CrWMn 的淬透性较高，淬火变形很小，可用于精度要求高且形状复杂的量规及块规；GCr15 耐磨性、尺寸稳定性较好，多用于制造高精度块规、螺旋塞头、千分尺；在腐蚀介质中工作的量具则可用不锈钢 9Cr18、4Cr13 制造。

c. 模具钢。按模具工作条件不同，可分为冷作模具和热作模具。

冷作模具钢是用来制造冷冲模、下料模、剪切模、拉丝模等冷态工作的模具。工作时，要求模具具有高的硬度（50~60HRC）、耐磨性和一定的韧性，同时要求在热处理时变形小，通常可以采用 T10A、T12A、9Mn2V 和 9SiCr 等。对于形状复杂、要求高精度和高耐磨性的模具，则选用 Cr12 和 Cr12MoV 等来制造。

热作模具钢（如热锻模、热压模）在工作过程中常常受到加热和冷却的交替作用，因此除要求模具有足够的室温强度和韧性外，还应具有高的高温强度和耐热疲劳性。目前，常用的热作模具钢有 5CrMnMo 和 5CrNiMo 等。

**3）特殊性能钢**

具有特殊用途和特殊物理、化学性能的钢，称为特殊性能钢。常用的主要有不锈钢、耐热钢和耐磨钢。

（1）不锈钢。通常所说的不锈钢是不锈钢和耐酸钢的总称，亦是不锈耐酸钢的简称，所谓不锈钢，是指在大气及弱腐蚀介质中耐腐蚀的钢，所谓耐酸钢是指在各种强酸腐蚀介质中耐腐蚀的钢。对不锈钢的性能要求，除应具有良好的耐蚀性外，还应有良好的工艺性能（冷热变形、切削、焊接性能等）及力学性能。

不锈钢的性能主要是通过合金化的途径获得的，铬是不锈钢中的关键元素，其含量一般不低于 12%，此外还含有其他元素。

铬不锈钢的主要钢号有 1Cr13、2Cr13、3Cr13 和 4Cr13，主要用来制造医疗工具、量具、阀门和滚动轴承配件等。

铬镍不锈钢的主要钢号有 0Cr18Ni9、1Cr18Ni9 和 2Cr18Ni9 等。这类钢不仅具有良好的抗蚀能力，而且还能耐酸，可以用来制造盛酸类的容器与管道等。

（2）耐热钢。耐热钢是指具有高温强度和高温下抗氧化的综合性能的钢，主要用于制造在高温下使用的零件。

耐热钢一般用于制造锅炉、高温容器、内燃机气门等。常用的耐热钢如下：15CrMo 是典型的锅炉钢，可制造在 350℃ 以下工作的零件；4Cr9Si2、4Cr10Si2Mo 又称阀门钢，用以制造在 500℃ 以下工作的排气阀。

（3）耐磨钢。耐磨钢主要用于在其运转过程中承受严重磨损和强烈冲击的零件，如拖拉机履带板、挖掘机铲齿、颚式破碎机的颚板和球磨机衬板等。耐磨钢最常用的是高锰钢，牌号为 ZGMn13（"Z""G" 是"铸""钢"二字的汉语拼音首字母）。这类钢极易产生加工硬化，使切削加工困难，大多数高锰钢零件采用铸造成型。在铸造后经"水韧处理"即可使用。其方法是把钢加热到 1 050~1 100℃ 保温，然后迅速把钢水冷至室温。水韧处理后，高锰钢组织为单一奥氏体，提高了钢的韧性和塑性，但是硬度并不高，当零件受到剧烈冲击作用，便产生加工硬化现象，使硬度大大提高，因而具有耐磨性。

### (四) 铸铁的分类及应用

铸铁是含碳量大于2.11%,并含有较多硅、锰、硫、磷等杂质元素的铁碳合金。铸铁碳、硅含量很高,大部分碳是以石墨的形式存在。在不同的冶炼条件下,铸铁中石墨的形状可以呈片状、球状等,并由此可将铸铁分为灰铸铁、球墨铸铁、可锻铸铁等。为了改善铸铁的力学性能或获得某种特殊性能,需加入一种或几种合金元素,如铬、镍、铜、铝、钼、钒等,从而形成合金铸铁。铸铁由于其强度、塑性、韧性较差,不能采用锻造、轧制、拉丝等方法加工。

#### 1. 铸铁分类

由于铸铁在结晶过程中石墨化程度不同,碳的存在形式亦不相同。常用的铸铁主要有以下几类:

(1) 灰铸铁。大部分碳以片状石墨析出,断口呈暗灰色,故称为灰铸铁。

(2) 球墨铸铁。浇铸前经球化处理而不是在凝固后经过热处理,铸铁中的石墨大部分或全部呈球粒状,因而称之为球墨铸铁。

(3) 蠕墨铸铁。将高碳、低硫、低磷及含有一定量硅、锰、稀土元素和镁的铁水,经蠕化处理后,金相组织中石墨形态呈蠕虫状,故称之为蠕墨铸铁。

(4) 可锻铸铁。一定成分的白口铸铁经石墨化退火,使渗碳体分解,石墨呈团絮状的铸铁称为可锻铸铁。

#### 2. 常用铸铁

##### 1) 灰铸铁

(1) 灰铸铁的组织和性能。灰铸铁中,碳的质量分数为2.5%~4.0%,硅的质量分数为1.0%~2.5%,锰的质量分数为0.5%~1.4%,硫的质量分数不大于0.15%,磷的质量分数不大于0.3%。图1-10所示为铁素体灰铸铁的显微组织。

灰铸铁具有良好的铸造性能,可铸造形状复杂的薄壁零件。由于片状石墨强度低、脆性大,切削时容易切断,又有润滑作用,刀具磨损小,因此灰铸铁具有良好的减摩性和切削加工性能。同时,由于石墨能有效地吸收振动能量,其又具有良好的减振性,如机床床身、床头箱及各类机器的底座均采用灰铸铁制造。而且,由于灰铸铁中存在着石墨,就相当于其内部存在大量的缺口,因而其对表面的小缺陷或小缺口不敏感,即灰铸铁具有较低的缺口敏感性。

(2) 灰铸铁的牌号及应用。灰铸铁的牌号用"灰铁"二字的汉语拼音首字母"HT"及表示灰铸铁最低抗拉强度(MPa)的数字表示,如HT150表示为最低抗拉强度为150 MPa的灰铸铁。

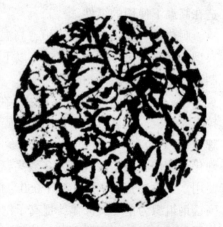

图1-10 铁素体灰铸铁的显微组织

灰铸铁广泛应用于承受压应力及有减振要求的零件，如床身、机架、立柱等，也适用于制造形状复杂而力学性能要求不高的箱体、壳体类零件，如缸体、缸盖、变速器壳、主减速器壳等。常用的灰铸铁牌号有 HT100、HT150、HT200、HT250、HT300、HT350，其主要用途如下：

HT100：用于制造端盖、油盘、支架、手轮、重锤、外罩、小手柄等。

HT150：用于制造机座、床身、曲轴、带轮、轴承座、飞轮、进排气管、缸盖、变速器壳、制动盘、法兰盘等。

HT200、HT250：用于制造缸体、缸盖、液压缸、齿轮、阀体、联轴器、飞轮、齿轮箱、床身、机座等。

HT300、HT350：用于制造大型发动机曲轴、缸体、缸盖、缸套、阀体、凸轮轴、齿轮、高压液压缸、机座、机架等。

### 2）可锻铸铁

（1）可锻铸铁的性能。可锻铸铁是由一定化学成分的铁液浇铸成白口坯件，经过石墨化退火，石墨主要呈团絮状、絮状，有时呈少量团球状的铸铁。可锻铸铁与灰铸铁相比，具有较高的强度、韧性和冲击韧性。根据化学成分、热处理工艺、性能以及组织的不同，可锻铸铁分为黑心可锻铸铁、珠光体可锻铸铁、白心可锻铸铁和球墨可锻铸铁四类。目前中国生产的可锻铸铁90%以上为黑心可锻铸铁。其他三类可锻铸铁应用较少。黑心可锻铸铁强度不高，但具有良好的塑性和韧性。图1-11为黑心可锻铸铁的显微组织。

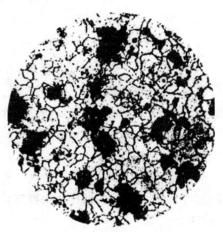

图 1-11 黑心可锻铸铁的显微组织

（2）可锻铸铁的牌号及用途。可锻铸铁的牌号用"KTH+数字-数字"或"KTZ+数字-数字"表示，其中"KT"是"可铁"二字汉语拼音的首字母，第三个字母代表可锻铸铁的类别："H"表示"黑心"，即铁素体基体，"Z"表示珠光体基体；后面的两组数字分别表示可锻铸铁的最低抗拉强度（MPa）和最低断后伸长率（%）。常用的可锻铸铁牌号有KTH330-08、KTH370-12、KTZ550-04等。

可锻铸铁广泛应用于汽车、拖拉机等机械制造行业，适用于制造形状复杂、承受冲击载荷的薄壁件及中小型零件，常用于制造汽车后桥壳、轮毂、变速器拨叉、制动踏板及管接头、低压阀门、扳手等零件。但可锻铸铁生产周期较长（退火需要几十小时），生产率低，成本高，所以其使用受到一定限制，常以球墨铸铁代替。

### 3）球墨铸铁

（1）球墨铸铁的组织和性能。球墨铸铁中各种元素的质量分数大致为：$w_C = 3.6\% \sim 3.9\%$；$w_{Si} = 2.0\% \sim 2.8\%$；$w_{Mn} = 0.6\% \sim 0.8\%$；$w_S < 0.04\%$；$w_P < 0.1\%$；$w_{Mg} = 0.03\% \sim 0.05\%$。球墨铸铁的力学性能与其基体组织的类型和球状石墨的大小、形状及分布状况有关，由于球状石墨对组织的割裂破坏最小，所以球墨铸铁的力学性能优于灰铸铁，具有较高的强度和良好的塑性与韧性，如其屈服强度比碳素结构钢高，疲劳强度接近中碳钢。同时还

具有与灰铸铁类似的优良性能。此外，通过各种热处理可以明显地提高球墨铸铁的力学性能。但球墨铸铁的铸造性能不如灰铸铁好，对原材料及处理工艺的要求较高。

（2）球墨铸铁的牌号及用途。球墨铸铁的牌号用"QT + 数字 – 数字"表示，"QT"为"球铁"二字汉语拼音的首字母，两组数字分别代表球墨铸铁的最低抗拉强度（MPa）和最低断后伸长率（%）。

球墨铸铁几乎90%是用于汽车和机械工业，其在汽车制造中的应用如下：

QT400 – 18、QT400 – 15、QT400 – 10：常用于制造汽车轮毂、驱动桥壳、差速器壳、离合器壳、拨叉、钢板弹簧支架、齿轮箱等零件。

QT500 – 7：常用于制造机油泵齿轮、飞轮、传动轴、铁路车辆轴瓦等零件。

QT600 – 6、QT700 – 2、QT800 – 2：常用于制造柴油机曲轴、连杆、缸套、凸轮轴、缸体、进排气门座、摇臂、后牵引支承座等。

QT900 – 2：常用于制造后桥曲线齿锥齿轮、转向节、传动轴、曲轴、凸轮轴等零件。

**4）合金铸铁**

合金铸铁为含有一定量合金元素的铸铁。为了改善铸铁的使用性能，在铁水中加入一种或几种合金元素（如铬、镍、铜、钼、铝等），即可获得具有耐磨、耐热、耐蚀等特殊性能，并可在腐蚀介质、高温或剧烈摩擦磨损的条件下使用的合金铸铁。常用的合金铸铁有抗磨铸铁、耐热铸铁及耐蚀铸铁等。

（1）抗磨铸铁。

不易磨损的铸铁称为抗磨铸铁。通常通过激冷或向铸铁中加入铬、钨、钼、铜、锰、磷等元素，形成一定量的硬化相来提高其耐磨性。抗磨铸铁按其工作条件可分为减摩铸铁和抗磨铸铁。

a. 减摩铸铁。减摩铸铁在润滑条件下工作，具有减小摩擦系数、保持油膜连续性、抵抗咬合或擦伤的减摩作用，适于制造发动机缸套和活塞环、机床导轨和拖板、各种滑块、轴承等。近年来使用最多的减摩合金铸铁是高磷铸铁、磷铜钛铸铁、钒钛铸铁、铬钼铜铸铁等。

b. 抗磨铸铁。抗磨铸铁在无润滑、干摩擦条件下工作，具有较高的抗磨作用，一般用以制造轧辊、抛光机叶片、球磨机磨球、犁铧等。普通白口铸铁中加入适量的铬、钼、钨、镍、锰等合金元素，即成为抗磨白口铸铁。常用的还有价廉的硼耐磨铸铁。

抗磨白口铸铁的牌号由 KmTB（抗磨白口铸铁）、合金元素符号及其质量百分数数字组成，如 KmTBNi4Cr3 – DT、KmTBNi4Cr3 – GT、KmTBCr26 等，其中"DT"表示低碳，"GT"表示高碳。

（2）耐热铸铁。

可以在高温下使用，其抗氧化或抗生长性能符合使用要求的铸铁称为耐热铸铁。铸铁在反复加热、冷却时产生体积长大的现象称为铸铁的生长。由于在高温下铸铁内部发生氧化现象和石墨化现象，其体积膨胀是不可逆的，因此，铸铁高温下损坏的主要形式是铸铁生长及产生微小裂纹。

为了提高铸铁的耐热性，常向铸铁中加入硅、铝、铬等合金元素，使铸铁表面形成一层致密的 $SiO_2$、$Al_3O_2$、$Cr_2O_3$ 氧化膜，阻止氧化性气体渗入铸铁内部产生内氧化，从而抑制铸铁的生长。国外应用较多的是铬、镍系耐热铸铁，我国目前广泛应用的是高硅、高铝或铝硅耐热铸铁及铬耐热铸铁。

耐热铸铁主要用于制造工业加热炉附件，如炉底板、烟道挡板、废气道、传递链构件、热交换器等。

(3) 耐蚀铸铁。

能耐化学、电化学腐蚀的铸铁称为耐蚀铸铁。耐蚀铸铁中常加入的合金元素有硅、铝、铬、镍、钼、铜等，这些合金元素能使铸铁表面生成一层致密稳定的氧化物保护膜，从而提高铸铁的耐蚀能力。常用的耐蚀铸铁有高硅耐蚀铸铁、高硅钼耐蚀铸铁、高铬耐蚀铸铁、镍铸铁等，主要用于化工机械，如管道、阀门、耐酸泵等。

# 任务三
## 有色金属材料及其在汽车上的应用

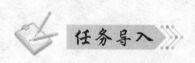

有色金属具有钢铁材料不具备的许多特殊的物理和化学性能，又有一定的力学性能和良好的工艺性能，在汽车制造中是不可缺少的材料。什么是有色金属材料，在汽车制造中常用的有色金属材料有哪些，它们各自有什么样的性能特点呢？

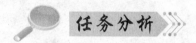

通常把钢铁材料以外的其他金属都叫作有色金属，包括铝、镁、铜、锌、铅、锡、镍、钛、金、银、钼、钒等金属及其合金。与钢铁相比，由于成本较高，其产量和使用量相对较少，但有色金属具有比钢铁更为优良的物理性能和化学性能。如铝、镁、钛及其合金的密度小，比强度高；铜、锌、镍、钛及其合金耐腐蚀性强；某些有色金属具有特殊的电、磁、热膨胀性能，可以满足汽车零件的特殊性能要求。

有色金属的种类繁多，常用的主要有铝及其合金，铜及其合金，轴承合金，钛、镁及其合金等。

学习目标

1. 了解各种有色金属及其合金的种类；
2. 掌握常用有色金属及其合金的性能特点；
3. 掌握有色金属及其合金在汽车上的应用。

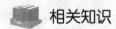

相关知识

### （一）铝及铝合金

铝及铝合金是应用最广泛的有色金属，目前其产量仅次于钢铁材料。由于铝的密度小，有利于汽车的轻量化发展，在汽车中的使用量和使用率正在逐渐增加。

1. 铝及铝合金的主要特性

**1）密度小**

铝的密度约为 2.7 g/cm³，仅为铁密度的 1/3。在电力、航空、航天等部门及日常生活中得到广泛的应用。

**2）耐蚀性好**

在大气中，铝本身能自然形成氧化膜，具有优良的耐蚀性，不像钢铁那样容易生锈。

**3）加工性好**

铝富有延展性，容易制成板、箔、棒、管、线、型材等各种形状的制品，易于成形加工、切削加工，纯铝的价格比铜便宜。

2. 工业纯铝

纯铝中含有铁、硅、铜、锌等杂质元素，使性能略微降低。纯铝材料按纯度可分为三类。

**1）高纯铝**

纯度为 99.93%~99.99%，牌号有 L01、L02、L03、L04 共 4 种，编号越大，纯度越高。主要用于科学研究及制作电容器等。

**2）工业高纯铝**

纯度为 98.85%~99.90%，牌号有 L0、L00 等，用于制作铝箔、包铝及冶炼铝合金的原料。

**3）工业纯铝**

纯度为 98.0%~99.0%，牌号有 L1、L2、L3、L4、L5 共 5 种，编号越大，纯度越低。可制作电缆、电线、器皿及配制合金。

3. 铝合金

纯铝因其强度低、可焊接性差等特点，在汽车工业中使用较少，而铝合金得到了广泛的应用。铝合金就是在纯铝中加入适量的 Si、Cu、Mg、Mn 等元素后组成的合金。汽车发动机的主要零件活塞由铝合金制造，有些汽车的气缸体、气缸盖以及汽车车轮也逐渐用铝合金制造。铝合金已经成为重要的汽车材料之一。

铝合金按加工特点和化学成分的不同，可分为变形铝合金和铸造铝合金两类：

**1）变形铝合金（又称压力加工铝合金）**

这类铝合金的特点是塑性好，可以进行冷热状态下的压力加工。按性能及用途又可分为防锈铝、硬铝、超硬铝和锻铝等几种。

根据国标（GB/T 3190—1996、GB/T 16474—1996），变形铝合金有不能用热处理强化合金和能用热处理强化合金两类。铝合金的热处理方法是淬火（固溶）+时效处理，即通过淬火而得到过饱和固溶体，再通过时效处理而使组织、性能稳定。

常用变形铝合金的种类：

（1）防锈铝合金。

防锈铝合金包括铝锰和铝镁合金。这类铝合金具有耐蚀性好、塑性高、强度低（但高于工业纯铝）、可焊性好、压力加工性好等特点。它与纯铝一样，不能热处理，只能用加工硬化来提高强度。防锈铝合金可以加工成板、棒、型、管、线材等产品。主要用于制造要求有良好的抗腐蚀性、塑性和焊接性能的低载荷零件和焊接件，如铆钉、油管、油箱等。

（2）硬铝合金。

硬铝合金又称杜拉铝，主要是铝铜镁合金。它是可热处理强化的铝合金中应用最广泛的一种。硬铝经热处理后强度很高，还有较好的耐热性。但因其耐蚀性差，常在硬铝表面包一层纯铝以改善硬铝的耐蚀性。

硬铝按其强度和耐热性可分为以下几种：

低强度硬铝。又称铆钉硬铝，有较好的塑性和足够的强度，常用作铆钉。主要牌号有 LY1 和 LY10。

中等强度硬铝。又称标准硬铝，是硬铝中应用最早的一种，其强度、塑性和耐蚀性中等，主要用作中等强度的结构件。主要牌号有 LY11。

高强度硬铝。在硬铝中应用最广，强度最高，主要用作高强度零件和构件。主要牌号有 LY12。

耐热硬铝。工作温度在 250~350℃，用作航空发动机。主要牌号有 LY20。

（3）超硬铝合金。

超硬铝合金是铝锌镁铜合金，有高强度铝合金之称。经热处理后，可获得比硬铝更高的强度，是目前室温强度最高的一种铝合金。但冲压性能较差，耐蚀性比硬铝更低，生产板材时，常用包纯铝的方法来提高其耐蚀性，主要用作制造飞机结构中的重要材料。常用牌号有 LC3 和 LC4。

（4）锻铝合金。

锻铝合金主要包括铝镁硅合金、铝镁硅铜合金以及铝铜镁铁镍合金。在常温和较高温度下（250℃以下）有较高强度，易于锻造，可用热处理强化。常用于锻造各种复杂零件，如内燃机活塞等。主要牌号有 LE2、LE5 和 LE7。

**2）铸造铝合金**

铸造铝合金是以熔融金属充填铸型，获得各种形状零件毛坯的铝合金。铸造铝合金简称铸铝，在汽车上应用较多。它的牌号表示方法为："ZL"表示铸铝，ZL 后面的第一个数字 1、2、3、4 分别表示铝硅、铝铜、铝镁、铝锌系列，后面第二、第三两个数字表示顺序号。

铝硅合金是最常见的铸造铝合金，硅的质量分数为 4.5%~13%，俗称硅铝明。当只有铝、硅两种成分时，称为简单硅铝明，如 ZAlSi12（代号 ZL102），其抗拉强度较低，约为 150 MPa，且不能热处理强化。为了提高这类合金的力学性能，生产中常采用变质处理的方法，以细化晶粒，改善合金的力学性能。

若在简单硅铝明中再加入铜、镁、锌等合金元素，则称为特殊硅铝明，如 ZAlSi5Cu1Mg（ZL105）、ZAlSi5Zn1Mg（ZL115）等。其抗拉强度可提高到 200 MPa 以上。

铝合金在汽车上的应用实例如下：ZL103 用于风扇、离合器壳体、前盖、主动板等；ZL104 用于缸盖盖罩、挺杆室盖板、离心式机油过滤器底座、转子罩、转子体、外罩及过滤法兰等；ZL108 用于发动机活塞。

## （二）铜及铜合金

铜及铜合金是历史上应用最早的金属，具有良好的耐蚀性和导电、导热性能，铜合金还有较高的力学性能。目前，工业上使用的铜及铜合金主要有工业纯铜、黄铜、青铜和白铜（铜镍合金）等。

### 1. 工业纯铜

纯铜因其是用电解法获得的，故也称电解铜。工业纯铜的纯度为 99.5%~99.95%，通常呈紫红色，又称紫铜。其牌号、成分、力学性能及用途如表 1-9 所示。

表 1-9 纯铜的牌号、成分、力学性能及用途

| 牌号 | 化学成分/% | 力学性能 | | 用途 |
| --- | --- | --- | --- | --- |
| | | $\sigma_b$/MPa | $\delta$/% | |
| T1 | 99.95 | 200~250 | 35~45 | 电器开关、垫圈、铆钉、油管等 |
| T2 | 99.90 | | | |
| T3 | 99.70 | | | 电线、电缆、导电螺钉等 |
| T4 | 99.50 | | | |

纯铜的密度约为 8.9 g/cm$^3$，熔点为 1 083℃，固态下晶体结构为面心立方晶格，无同素异构转变，具有很高的导电性和导热性，其导电性仅次于银而居第二位，故在电器工业和动力机械中得到广泛应用，如用于制作导线、散热器、冷凝器等。抗蚀性较好，在大气、水蒸气、水及热水中基本不腐蚀，但在海水中易受腐蚀。强度低（$\sigma_b$ 为 200~250 MPa），塑性高（$\delta$ 为 35%~45%），便于冷、热锻压加工。

### 2. 铜合金

铜合金按加入元素的不同可分为黄铜、青铜和白铜。在机械生产中普遍使用的铜合金是黄铜和青铜。

#### 1）黄铜

由铜和锌组成的合金，含锌量一般在 35%~40%，称为黄铜。黄铜按成分和应用不同，又可分为普通黄铜、特殊黄铜和铸造黄铜。

（1）普通黄铜。

普通黄铜仅由铜和锌两种元素组成。牌号由"黄"字的汉语拼音首字母"H"+数字表示，数字表示铜的质量百分数，其余为锌，如 H68 表示含铜 68%，锌为 32%。

性能：普通黄铜有较高的强度和冷热变形加工能力，具有良好的塑性、导热性、耐蚀性

和可焊性。

应用：常用来制作汽车上的散热器、分水管、汽油滤清器芯、管接头和化油器等零件。

（2）特殊黄铜。

普通黄铜中加入其他合金元素即称为特殊黄铜，常加入的合金元素有铅、锡、铝、硅、镍等，相应地称为铅黄铜、锡黄铜、铝黄铜等。这些合金元素的加入可提高合金的强度、硬度和耐磨性，增加抗蚀性，改善切削加工性能和铸造性能等，因此，特殊黄铜的性能均优于普通黄铜。

特殊黄铜的牌号用"黄"字的汉语拼音字首"H"加主加合金元素符号，再加若干组数字表示。第一组数字表示铜的质量百分数，第二组数字表示主加元素的质量百分数，数字之间用短横线分开。例如，HPb59-1 表示含铜 59%、含铅 1% 的铅黄铜。

应用：特殊黄铜在汽车上主要应用在受磨损的零件，如转向节衬套、钢板弹簧衬套及离合器轴的衬套等。黄铜在汽车上的应用见表 1-10。

表 1-10 黄铜在汽车上的应用

| 分类 | 牌号 | 应用举例 ||
| --- | --- | --- | --- |
| | | 车型 | 零件名称 |
| 普通黄铜 | H90 | CA1093 | 排气管热密圈外壳、水箱本体、暖风散热器散热管、冷却管 |
| | H68 | | 上下水箱、水箱夹片、水箱本体主片、暖风散热器主片 |
| | H62 | | 水箱进出水管、加水口座及支撑、水箱盖、暖风散热器进出水管、曲轴箱通风阀及通风管 |
| 特殊黄酮 | | EQ1092 | 制动阀阀座 |
| | HPb59-1 | CA1093 | 曲轴箱通风阀座、出气筒放水阀本体及安全阀座 |
| | HSn90-1 | EQ1092 | 转向节衬套、行星齿轮及半轴齿轮支撑垫圈 |

（3）铸造黄铜。

将黄铜熔化后浇注到铸型中去而获得零件毛坯的材料称为铸造黄铜。常用牌号有 ZCuZn38、ZCuZn31Al2、ZCu40Mn2、ZCuZn16Si4 等。

铸造黄铜的力学性能虽不如相应牌号的黄铜，但可以直接获得形状复杂零件的毛坯，并显著减少机械加工的工作量，因此仍获得广泛应用。

**2）青铜**

加入元素分别为锡、铝、硅、铍、锰、铅、钛等的铜合金统称为青铜。当主要加入元素为锡时，称为锡青铜，其余均称为特殊青铜。青铜按工艺特点可分为压力加工青铜和铸造青铜两类。

（1）锡青铜。

锡青铜中 $\omega_{Sn}$ 一般为 3%~14%，其中，$\omega_{Sn} < 8\%$ 时，塑性好，适合压力加工，称为压力加工锡青铜；$\omega_{Sn} > 10\%$ 时塑性差，只能用于铸造，称为铸造锡青铜。

压力加工青铜牌号的表示方法为：Q + 主加元素符号和含量 + 其他加入元素含量，如 QSn4-3 表示含锡 $\omega_{Sn} = 4\%$、含锌 $\omega_{Zn} = 3\%$，其余为铜的锡青铜。铸造锡青铜的牌号按铸造有色金属合金牌号的表示方法，如 ZCuSn5Pb5Zn5、ZCuSn10Pb5、ZCuSn10Zn2 等。

锡青铜对大气、海水具有良好的耐蚀能力，且凝固时尺寸收缩小，有良好的耐磨性，因而获得广泛应用，常用于制造轴承、蜗轮等耐磨零件。但锡青铜致密性差，不适于制造密封性要求高的零件。

（2）特殊青铜。

由于锡青铜价格较昂贵，力学性能不太好，因此，在许多场合也常用铝青铜（ZCuAl10Fe3）、铍青铜（QBe2）等特殊青铜。

铝青铜。铝青铜具有可与钢相比的强度，高的韧度和疲劳强度，耐蚀、耐磨，受冲击时不产生火花，铸造生产的零件致密性好。常用于制造齿轮、摩擦片、蜗轮等要求高强度、高耐磨性的零件。

铍青铜。铍青铜是 $\omega_{Be}=1.7\% \sim 2.5\%$ 的铜合金。因为铍在铜中的固溶度随温度下降而急剧降低，所以铍青铜可以通过淬火加时效的方法进行强化，具有很高的强度和硬度，可以与高强度钢媲美。它的弹性极限、疲劳极限、耐磨性、抗蚀性也都很高，是具有很好的综合力学性能的一种合金。另外，它还具有导电性好、导热性好、耐寒、无磁、受冲击时不产生火花等诸多优点，只是由于价格昂贵，使用受到了限制。铍青铜在工业上主要用于制造重要的弹性元件、耐磨件及其他重要零件，如仪表齿轮、弹簧、电焊机电极和防爆工具等。

铜合金在汽车上的应用实例：H68 用于水箱夹片、水箱本体主片、暖风散热器主片等；HPb59-1 用于化油器配制针、制动阀阀座、曲轴箱通风阀座、储气筒放水阀本体及安全阀座套等；ZCuPb30 用于曲轴轴瓦、曲轴止推垫圈等；QSn4-4-2.5 用于活塞销衬套、发动机摇臂衬套等；ZCuSn5Pb5Zn5 用于离心式机油过滤器上、下轴承。

### （三）滑动轴承合金

在滑动轴承中，用于制造轴瓦及内衬的合金材料称滑动轴承合金。汽车发动机中，曲轴轴承、连杆轴承、凸轮轴轴承等都采用滑动轴承。轴承工作在恶劣的环境中，如连杆轴承承受着交变载荷的作用，轴与轴承的相对滑动速度达到 10 m/s 以上，工作温度达 400 K 以上，当发动机低速运转或急加速时，很难建立起足够厚的油膜，轴瓦最易烧毁。为了使轴的磨损减小到最小限度，保持轴的正常工作，轴承合金必须具备以下条件：

（1）有较高的挤压强度和抗疲劳强度，并有较低的摩擦系数；

（2）能很好地储存润滑油，使相接表面形成油膜；

（3）有良好的导热性、耐蚀性和较小的膨胀系数。

因此，滑动轴承合金的理想组织应该是软基体中有硬质点或硬基体中有软质点的材料，如图 1-12 所示。

软基体硬质点的材料在工作一段时间后，基体磨损形成凹坑，可储存润滑油，起到良好的润滑作用，而硬质点凸起后，可支撑轴的压力，一旦负载增大，硬质点被压入软基体中，从而避免了轴的擦

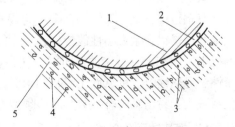

图 1-12 滑动轴承合金理想组织示意图

1—轴；2—润滑油空间；3—软基体；
4—硬质点；5—轴瓦

伤。硬基体软质点的材料在工作中的作用原理基本同前，只不过是软质点磨损后储存润滑油比硬质点材料储存得少一些，但由于有面积比例较大的硬基体，工作中容易形成一定厚度的油膜，所以它的耐磨性好，疲劳强度高，一般用于重载荷与高速的发动机上。

### 1. 锡基、铅基轴承合金

这两类轴承合金被广泛地应用于汽车中。牌号的表示方法是"ZCh + 基本元素符号 + 主加元素及辅加元素的质量分数"，例如：

（1）ZChSnSb4 – 4：

  ZCh——铸造轴承合金；

  Sn——基本元素锡；

  Sb4——主加元素锑及其含量为4%；

  4——附加元素铜的含量为4%。

（2）ZChPbSn16 – 16 – 2：

  ZCh——铸造轴承合金；

  Pb——基本元素铅；

  Sn16——主加元素锡及其含量为16%；

  16——附加元素锑的含量为16%；

  2——附加元素铜的含量为2%。

这两类轴承合金统称为巴氏合金，都属于软基体硬质点的材料，在汽车上应用很广。锡基轴承合金是以锡为基础再加入适量的锑、铜等元素组成，具有较好的塑性和韧度，适中的硬度和较低的摩擦系数，但疲劳强度低，耐热性较差（正常工作温度应不超过373 K）；铅基轴承合金是以铅为主再加入适量的锡、锑、铜等元素组成的合金。其强度、硬度和韧度比锡基合金低，摩擦系数较大，但价格便宜，耐压强度较高。

应用：用于中等负载的轴承、曲轴轴承、连杆轴承、凸轮轴轴承等。

### 2. 铜基、铝基轴承合金

铜基、铝基轴承合金都属于硬基体软质点的轴承合金。铜基轴承合金是以铜为基础再加入适量的锡、铅、锌及磷、锰等元素组成的合金。

优点：机械强度高，承载能力大，耐热性好，在420 K左右也能正常工作。

缺点：减摩性差，常在磨损面镀一层软金属（铅锡、铅锡铜）改善其缺点；铝基轴承合金有铝镁锑合金、低锡铝合金（含锡6%左右）和高锡铝合金（含锡20%以上）。铝镁锑合金和低锡铝合金力学性能较好，负载能力强但减摩性差。一般也镀软金属层，主要用在柴油机上。如6135Q型柴油机即用铝镁合金。高锡铝轴承合金有较好的力学性能和良好的减摩性、导热性等。可靠性比锡基轴承合金好，被广泛地用于柴油机和汽油机上；其缺点是膨胀系数大，易与轴咬合，装配时，须留有较大间隙。

#### 1）铜基轴承合金

铜基轴承合金是硬的基体上均匀分布着软的质点。常用牌号有ZQSn10 – 1和ZQPb30两种。ZQSn10 – 1是含锡量为10%、含磷量为1%的铸造锡青铜，它常用于制作高速、重载荷柴油机的曲轴轴瓦。ZQPb30 用于制造 CA141 的曲轴轴瓦。

**2）铝基轴承合金**

汽车上目前广泛应用的是高锡铝基轴承合金。它是以铝为基础、加入约 2% 的锡和约 1% 的铜所组成的合金——20 高锡铝基轴承合金。它的组织是在硬基体（铝）上均匀分布着球状的软质点（锡）。20 高锡铝基轴承合金具有价格较低、密度小、耐磨性好、疲劳强度较高、导热性好等特点。其可靠性比锡基轴承合金好。当汽车在较差路面行驶时，即使超载也不会发生轴承合金剥落，具有寿命较长的优点。20 高锡铝基轴承合金被广泛应用于 EQ1090 及丰田、日产等进口小轿车上。20 高锡铝基轴承合金的不足之处是膨胀系数大，冷起动困难（易发生与轴咬合），故安装时必须留有较大的间隙。

轴承合金的牌号按国家标准（GB/T 1174—92）规定，用"轴"字的汉语拼音首字母"Z"加基本元素符号与主加元素符号及质量分数表示。例如：

ZSnSb4Cu4：

ZSn——锡基轴承合金；

Sb4——平均含锑量为 4%；

Cu4——平均含铜量为 4%。

# 任务四
## 非金属材料及其在汽车上的应用

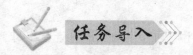

随着科学技术的飞速发展，现代汽车制造材料的构成发生了较大的变化，高密度材料的比例下降，低密度材料大幅增加，汽车材料在向轻量化、节省资源、高性能和高功能方向发展，而非金属材料在这些方面具有显著的优势。什么是非金属材料，常用的非金属材料的种类有哪些，在汽车上的应用体现在哪些方面？

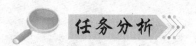

在汽车工业中，除了使用金属及其合金材料外，还使用很多非金属材料。各种仪表板壳、坐垫、转向盘、轮胎、传动皮带、连接软管等都是用各种非金属材料制作的，非金属材料由于原料来源广泛，自然资源丰富，成型工艺简单，又具有许多优良性能和某些特殊性能，因而应用日益广泛，已经成为汽车工业不可缺少的组成部分。

非金属材料种类繁多，主要包括橡胶、塑料、陶瓷、玻璃、黏结剂、摩擦材料、合成纤维、涂装材料等。

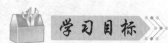

1. 了解各种非金属材料的类型及特点；
2. 掌握常用非金属材料的性能特点；
3. 掌握常用非金属材料在汽车上的应用。

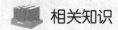

### （一）塑料

塑料是一种以有机合成树脂为主要组成的高分子材料，它通常可在加热、加压条件下被塑造或固化成型，得到所需的固体制品，故称为塑料。

1. 塑料的组成

塑料的主要成分是有机合成树脂，也可加入各种增强材料、填料、固化剂、增塑剂、稳定剂、着色剂和阻燃剂等。

**1) 合成树脂**

合成树脂是指由低分子化合物通过缩聚或加聚反应合成的高分子化合物，如酚醛树脂、聚乙烯等。合成树脂是塑料的主要组成物，是塑料的基体材料，它决定了塑料的基本性能，并起着黏结剂的作用。在一定的温度和压力的条件下，合成树脂可软化并塑造成型。在工程塑料中，合成树脂的含量占40%～100%。

**2) 添加剂**

添加剂是指为改善或弥补塑料的物理、化学、力学或工艺性能而特别加入的其他成分的助剂。常用的有以下几种：

（1）填料或增强材料。填料在塑料中主要起到增强作用。例如，加入石墨、石棉纤维或玻璃纤维等，可以改善塑料的力学性能。填料有时也可改善或提高塑料的某些特殊性能，如加入石棉粉可提高塑料的耐热性，加入云母粉可提高塑料对光的反射能力等。

（2）固化剂。固化剂的作用是使树脂具有体型网状结构，成为较坚硬和稳定的塑料制品。

（3）增塑剂。用以提高树脂可塑性和柔性的添加剂。

（4）稳定剂。加入稳定剂是为了防止塑料受热、光等的作用而过早老化。例如，添加酚类和胺类有机物能抗氧化；添加炭黑可使塑料吸收紫外线。

此外，还用其他一些添加剂加入塑料，可优化塑料各种特定性能，如润滑剂、着色剂、阻燃剂、抗静电剂和发泡剂等。

塑料的成型是将分装、粒状、溶液或分散体等各种物态的塑料物料转变为所需形状的制品。成型的方法很多，有注射、压制、浇铸、挤出、吹塑、真空等多种成型方法。

2. 常用的工程塑料

常用的工程塑料分为热塑性工程塑料和热固性工程塑料两类。

**1) 热塑性工程塑料**

热塑性工程塑料在成型前即是高分子状态。加热时材料会软化并熔融，可模塑成型，冷却后即成型并保持既得形状，并具有重复性。其树脂结构为线型或支链型结构。这类塑料的优点是加工成型简便，具有较高的力学性能。缺点是耐热性和刚性比较差。

常用的热塑性塑料有以下几种：

（1）聚乙烯（PE）、聚丙烯（PP）塑料。它们均属于聚烯烃塑料，具有相对密度小、耐溶剂性和耐水性好、介电常数小、电绝缘性高等特点，是目前最重要的通用塑料，其产量历年来居世界塑料工业之首位。

（2）聚氯乙烯（PVC）塑料。有硬质和软质之分，前者强度、硬度高，耐蚀、耐油、耐水性好，阻燃性好，常用于制造塑料管、塑料板；后者强度、硬度低，耐蚀性较差，易老化，但气密性好，多用于制造薄膜、软管等。

(3) 聚四氟乙烯（PTFE）。属于氟塑料，被誉为"塑料王"，具有非常优良的耐高低温性能，并具有极高的耐蚀性，其摩擦系数极低，也是优良的减摩、自润滑材料。这种材料常用于制造各种机械的减摩密封圈、化工耐蚀零件、活塞环、轴承及医疗代用血管、人工心脏等。

(4) 聚甲基丙烯酸甲酯（PMMA）。俗称有机玻璃，分为透明、半透明或有色、无色等品种。有机玻璃的强度、韧度与硬质聚氯乙烯差不多，透光率可达92%，可耐稀酸、碱，不易老化，但表面硬度低，容易擦伤，较脆。有机玻璃广泛用于航空、汽车、仪表、光学等工业中，多用于制造有一定透明度要求的零件，如可用来制作风挡、舷窗、透明管道、仪器仪表护罩、外壳等。

(5) ABS塑料。由丙烯腈（A）、丁二烯（B）和苯乙烯（S）组成的共聚体。具有良好的耐热、耐蚀性和一定的表面硬度、较高的刚性、良好的加工工艺性能和着色性。ABS塑料的用途很广，可用来制造轴承、齿轮、叶片、叶轮、设备外壳、管道、容器和仪器仪表零件等。

此外，还有聚苯乙烯（PS）、聚酰胺（PA，尼龙）、聚甲醛（POM）、聚碳酸酯（PC）等工程塑料。近年来开发的氟塑料、PSF塑料等，其性能已有明显的提高，如优良的耐蚀性、耐热性、绝缘性和耐磨性等，是塑料中性能较好的高级工程塑料。

**2) 热固性工程塑料**

热固性工程塑料是把相对分子量在1 000以下的一次树脂加热熔化，浇入模中加热，使一次树脂连接而成高分子的成型品。其特点是初加热时软化，可塑造成型，但固化后再加热时将不再软化，也不溶于溶剂。它们具有耐热性高、受压不易变形等特点。缺点是力学性能不好，但可加入填料来提高其强度。常用的热固性塑料有以下几种：

(1) 酚醛塑料（PE）。酚醛塑料是由酚类和醛类在酸或碱催化剂的作用下经缩聚反应制成酚醛树脂，再根据不同性能要求加入各种添加剂而制得的塑料。常用的酚醛树脂是由苯酚和甲醛为原料制成，其性质可根据制备工艺的不同，有热塑性和热固性两类。热固性酚醛塑料通常以压塑粉（俗称胶木粉）为填料制成，经压制而成的电器开关、插座、灯头等，不仅绝缘性好，而且有较好的耐热性，较高的硬度、刚性和一定的强度；以纸片、棉布、玻璃布等为填料制成的层压酚醛塑料，具有强度高、耐冲击性好以及耐磨性优良等特点，常用以制造受力要求较高的机械零件，如仪表齿轮、轴承、汽车刹车片、内燃机曲轴带轮等。

(2) 氨基塑料（UF）。氨基塑料是以氨基化合物与甲酚缩聚反应制成氨基树脂，然后加入添加剂而制成，其中最常用的是脲醛塑料。常见的制品有仪表外壳、电话机外壳、开关、插座等。

(3) 环氧塑料（EP）。环氧塑料是由环氧树脂加入固化剂（如乙二胺、顺丁烯二酸酐）后形成的热固性塑料。一般以铸型方式成型。它的强度高，韧性好，并具有良好的化学稳定性、绝缘性及耐热耐寒性，成型工艺性好，但具有某些毒性。环氧塑料可制作塑料模具、船体、电子零部件等。

**3. 塑料在汽车上的应用**

汽车用塑料按照用途可分为包装用塑料、外装用塑料和工程塑料。汽车内饰用塑料要求具备吸振性能好、手感好、耐用性好的特点,以满足安全、舒适、美观的目的。内饰用塑料品种主要有聚氨酯(PU)、聚氯乙烯、聚丙烯和ABS等。它们用于制作坐垫、仪表板、扶手、头枕、门内衬板、顶棚衬里、地毯、控制箱、转向盘等内饰塑料制品。

汽车用工程塑料在汽车上主要用作结构件,要求塑料具有足够强度、抗蠕变特性以及尺寸稳定性。汽车上常用的工程塑料有聚丙烯、聚乙烯、聚苯乙烯、ABS、聚酰胺、聚甲醛、聚碳酸酯、酚醛树脂等。

采用工程塑料取代金属制造汽车配件,可以直接取得汽车轻量化的效果,还可以改善汽车的某些性能,如防腐、防锈蚀、减振、抑制噪声、耐磨等。例如,在汽车上,采用聚乙烯(PE)制造汽油箱等。

汽车的外装件及结构件如传动轴、车架、发动机罩等,要求具备高强度,因而多采用纤维增强塑料复合材料制造。

## (二)橡胶

橡胶是指在使用温度范围内处于高弹性状态的高分子材料。橡胶广泛地应用于弹性材料、密封材料、减振防振材料和传动材料,在工业生产中有着重要的地位,是一种重要的工业材料。

### 1. 橡胶的特性

橡胶最显著的特点是具有高的弹性和回弹性。在 $-50 \sim 150$℃ 的温度范围内,橡胶能保持较好的弹性,而且它受外力作用发生的变形是可逆的高弹性变形,伸长率可达100%~1 000%;橡胶具有良好的回弹性,天然橡胶的回弹程度可达70%~80%;橡胶在高弹变形时,弹性模量低,只有1 MPa左右,仅为软质塑料的1/30左右。同时,橡胶还有一定的强度、优异的抗疲劳性,还具有良好的耐磨性、绝缘性、隔声、防水、缓冲、吸振等性能。因此,橡胶材料被广泛用于生产的各个方面。

### 2. 橡胶的基本组成

橡胶是以生胶为原料,加入适量的配合剂,经硫化以后得到的一种材料。

**1)生胶**

橡胶的性质主要取决于生胶的性质。按其来源,生胶可分为天然橡胶和合成橡胶两大类。天然橡胶是橡胶工业中应用最早的橡胶,其主要成分为橡胶烃。天然橡胶主要取自橡胶树上流出的天然白色胶乳,经一定的加工处理,可直接用来制作各种胶乳制品,也可制成固体的天然橡胶,作为生产原材料。

合成橡胶是以从石油、天然气中得到的某些低分子不饱和烃作原料,在一定条件下经聚合反应而得到的产物。

**2)配合剂**

为了制造可以使用的橡胶制品,改善橡胶的工艺性能和降低制品成本,还需在生胶中加入其他辅助化学组分,这些组分称为配合剂。按照各种配合剂在橡胶中所起到的主要作用可

以分为硫化剂、硫化促进剂、活性剂、防焦剂、防老剂、补强填充剂、软化剂、着色剂及其他合剂。

### 3. 常用橡胶材料的品种、性能和一般用途

生产上常用的橡胶材料有天然橡胶、合成橡胶和再生胶。

**1）天然橡胶**

天然橡胶材料是指以天然橡胶为生胶制成的橡胶材料，属于通用橡胶。它具有优良的弹性；较高的强度和优异的抗疲劳性、耐磨性、耐寒性、防水性、减振性、绝热性和电绝缘性；具有良好的加工性能。其缺点是耐老化性和耐候性差，耐油性和耐溶剂性较差，易溶于汽油和苯类等溶剂，易受强酸侵蚀，且易自燃。

天然橡胶材料有广泛的用途，大量用于制造各类轮胎，尤其是子午线轮胎和载重汽车轮胎。另外，还用于制造胶带、胶管、各种工业用橡胶制品以及胶鞋等日常生活用品和医疗卫生制品。

**2）合成橡胶**

合成橡胶的种类繁多，目前，合成橡胶分为通用合成橡胶和特种合成橡胶。通用合成橡胶的主要品种有丁苯橡胶、顺丁橡胶、丁腈橡胶、氯丁橡胶、异戊橡胶、丁基橡胶、乙丙橡胶、丙烯酸酯橡胶、氯醇橡胶、聚氨酯橡胶、硅橡胶、氟橡胶等。

**3）再生胶**

再生胶是硫化胶的边角废料和废旧橡胶制品经粉碎、化学和物理方法加工后，去掉硫化胶的弹性，恢复塑性和黏性，可重新再硫化的橡胶。再生胶对于环保和生产资料的再利用有着重要的意义。它的主要特性是强度较低，硫化速度快，操作比较安全，并有良好的耐老化性，加工容易，成本低廉。

再生胶广泛地用于各种橡胶制品的生产。轮胎工业中用于制造垫带、钢丝圈胶、三角胶条、封口胶条等。汽车上也用作胶板、橡胶地毡、汽车用橡胶零件等。再生胶也可掺用于制作胶管、胶带、各种模型制品，还可以掺用于制造胶鞋的鞋底、海绵胶等。

### 4. 橡胶制品在汽车上的应用

轮胎是汽车上的重要部件之一。轮胎的主要材料有生胶（包括天然橡胶、合成橡胶、再生胶）、骨架材料即纤维材料（包括棉纤维、人造丝、尼龙、聚酯、玻璃纤维、钢丝等）以及炭黑等。目前，载重轮胎以天然橡胶为主。而轿车轮胎则以合成橡胶为主，在轮胎用合成橡胶中，丁基橡胶是一种特种合成橡胶，具有优良的气密性和耐老化性。用它制造的内胎，气密性比天然橡胶内胎好，使用中不必经常充气，轮胎使用寿命也相应提高。

除轮胎以外，汽车用橡胶配件还有各种胶管、传动带、油封以及高压密封、减振缓冲胶垫、窗玻璃密封条等。这些零部件应用于轿车的各部位，数量虽然不多，但对汽车的性能和质量却起着相当重要的作用。

车用胶管包括水、气、燃油、润滑油、液压油等的输送管，对于制造这些橡胶零件的橡胶材料，对其耐油性要求很高，要确保橡胶与各种工作油接触后，性能不会发生恶化。通常，这类零件采用腈橡胶、氯丁橡胶等材料制造。

车用胶带大多是无接头的环形带，如传动带等，要求噪声低、使用寿命长、耐磨损等，多用氯丁橡胶制造。

车用橡胶密封件，以油封为主，包括 O 形圈、密封圈、衬垫等，用于前轴、后轴、曲轴、离合器、变速器、减速器、差速器、制动系统和排气系统等部位。要求气密性好、耐热、耐老化等，多采用丙烯酸酯橡胶、硅橡胶等制作。

对于轿车的门窗玻璃密封条，要求防雨、防风，并具有优良的耐候性，这类零件多用乙丙橡胶制造，也有将氯丁橡胶或丁苯橡胶与乙丙橡胶并用的，以达到经久耐用的目的。

另外，为了提高舒适性，降低振动噪声，汽车各处还采用了防振橡胶。如发动机支承、抗振缓冲器行驶部分的支撑缓冲橡胶、轴套、橡胶耦合器等。防振橡胶具有稳定的弹性，耐候性、耐热性好，无弹力衰减，并且与金属零件的黏结性好，以保证良好的减振性能。

## （三）复合材料

在汽车上使用的结构材料，其性能要求是弹性模量高、强度高、密度小、可靠性高。对于钢铁等金属材料，要同时满足这些要求是相当困难的，而采用复合材料作为结构材料则很有发展前途。例如，采用低密度、高强度的纤维增强高分子基复合材料（FRP），可替代钢铁材料，达到汽车轻量化的目的。

复合材料是指由两种或两种以上物理和化学性质不同的物质组合起来而得到的一种多相固体材料。例如，钢筋混凝土是钢筋、水泥和砂石组成的人工复合材料；现代汽车中的玻璃纤维挡泥板，就是由脆性玻璃和韧性聚合物相复合而成的。因此，复合材料性能最大的特点是它具有了对所组成材料相互取长补短的良好综合性能，比原组成材料具有的性能要更加优越。

复合材料有很多种，现在汽车中最常用的是 FRP（高分子基复合材料）。FRP 主要是由三部分组成：

纤维——多为玻璃纤维，或是碳纤维、陶瓷短纤维；

树脂——包括聚丙烯、聚乙烯、聚氯乙烯、ABS 等；

填充料——硬化剂、增黏剂。

根据所用纤维的不同，分别称为玻璃纤维增强塑料、碳纤维增强塑料等。

目前，FRP 的应用已经非常广泛，用 FRP 制作的汽车部件有车身车顶壳体、发动机部件、仪表盘、阻流板、车灯、前隔栅等。

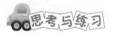

一、填空题

1. 金属在力作用下所显示与弹性和非弹性反应相关或涉及力—应变关系的性能，叫作金属_____。

2. 金属抵抗永久变形和断裂的能力称为强度，常用的强度判断依据是_____、_____等。

3. 断裂前金属发生不可逆永久变形的能力称为塑性，常用的塑性判断依据是_____

和_____。

4. 常用的硬度表示方法有_____、_____和维氏硬度。
5. 常用的常规热处理方法有_____、_____、_____、_____。
6. 常用铜合金中，_____是以锌为主加合金元素，_____是以镍为主加合金元素。
7. 常用的回火方法有低温回火、_____和_____。

## 二、选择题

1. 下列不是金属力学性能的是（　　）。
   A. 强度　　　　B. 硬度　　　　C. 韧性　　　　D. 压力加工性能
2. 根据拉伸试验过程中拉伸试验力和伸长量关系，画出的力—伸长曲线（拉伸图）可以确定出金属的（　　）。
   A. 强度和硬度　B. 强度和塑性　C. 强度和韧性　D. 塑性和韧性
3. 试样拉断前所承受的最大标称拉应力为（　　）。
   A. 抗压强度　　B. 屈服强度　　C. 疲劳强度　　D. 抗拉强度
4. 拉伸试验中，试样所受的力为（　　）。
   A. 冲击　　　　B. 多次冲击　　C. 交变载荷　　D. 静态力
5. 属于材料物理性能的是（　　）。
   A. 强度　　　　B. 硬度　　　　C. 热膨胀性　　D. 耐腐蚀性
6. 常用的塑性判断依据是（　　）。
   A. 断后伸长率和断面收缩率　　　B. 塑性和韧性
   C. 断面收缩率和塑性　　　　　　D. 断后伸长率和塑性
7. 工程上一般规定，塑性材料的 $\delta$ 为（　　）。
   A. ≥1%　　　　B. ≥5%　　　　C. ≥10%　　　　D. ≥15%
8. 适于测试硬质合金、表面淬火钢及薄片金属的硬度的测试方法是（　　）。
   A. 布氏硬度　　　　　　　　　　B. 洛氏硬度
   C. 维氏硬度　　　　　　　　　　D. 以上方法都可以
9. 不宜用于成品与表面薄层硬度测试的方法是（　　）。
   A. 布氏硬度　　B. 洛氏硬度　　C. 维氏硬度　　D. 以上方法都不宜
10. 用金刚石圆锥体作为压头可以用来测试（　　）。
    A. 布氏硬度　　B. 洛氏硬度　　C. 维氏硬度　　D. 以上都可以
11. 判断韧性的依据是（　　）。
    A. 强度和塑性　　　　　　　　　B. 冲击韧度和塑性
    C. 冲击韧度和多冲抗力　　　　　D. 冲击韧度和强度
12. 金属疲劳的判断依据是（　　）。
    A. 强度　　　　B. 塑性　　　　C. 抗拉强度　　D. 疲劳强度
13. 材料的冲击韧度越大，其韧性就（　　）。
    A. 越好　　　　B. 越差　　　　C. 无影响　　　D. 难以确定
14. 用于制造渗碳零件的钢称为（　　）。
    A. 结构钢　　　B. 合金钢　　　C. 渗碳钢　　　D. 工具钢

15. 调质处理就是（　　）的热处理。
    A. 淬火 + 高温回火　　　　　　B. 淬火 + 中温回火
    C. 淬火 + 低温回火　　　　　　D. 淬火 + 低温退火
16. 用于制造柴油机曲轴、减速箱齿轮及轧钢机轧辊的铸铁为（　　）。
    A. 可锻铸铁　　B. 球墨铸铁　　C. 灰口铸铁　　D. 白口铸铁

### 三、简答题

1. 材料的强度、塑性、硬度、冲击韧性、疲劳强度的含义是什么？
2. 常用的热处理方法有哪些？
3. 杆件有哪些基本变形？

# 项目二
## 汽车常用机构

# 任务一
## 机构概述

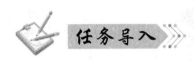

随着人类社会的不断发展，越来越多的机器出现并影响着人们的生活和工作。例如，生活中常见的汽车、飞机、洗衣机、电冰箱，工业生产中常见的发电机、机床、机器人等都是机器。这些机器的结构、功能各不相同，但在组成上又有共同点，那么到底什么是机器，机器每部分的作用又是什么呢？

通过分析不难发现，以上所有机器都是由以下几部分组成的：
（1）动力部分——机器工作的能量来源；
（2）执行部分——直接完成机器的预定动作；
（3）传动部分——将动力部分的动力和运动传递给执行部分；
（4）控制部分——控制机器的正常运行和工作。

1. 掌握机器、机构、机械、零件、构件和部件的概念；
2. 掌握运动副的概念及分类；
3. 掌握平面机构运动简图的绘制。

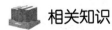

 **（一）平面机构相关概念**

### 1. 机器、机构和机械

以传统内燃机汽车为例，任何一辆汽车都是由发动机、底盘、车身、电气系统四大部分组成，如图2-1所示，每一部分又是由成百上千个零件组成。在汽车运行过程中，发动机将燃料（汽油、柴油等）燃烧产生的热能转换成机械能使曲轴转动，然后通过底盘传动机构（离合器、变速器、传动轴、主减速器、差速器、半轴等）将曲轴的转动传递给车轮带动车轮滚动，最终实现汽车的运动。又如发电机主要是由转子和定子组成，当驱动转子回转时，发电机就把机械能转换为电能对外输出。

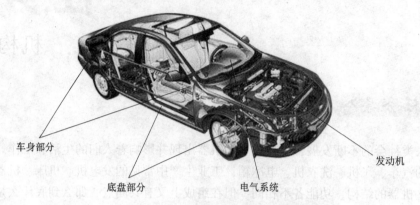

**图2-1 传统内燃机汽车组成**

尽管机器品种繁多，形式多样，用途各异，但都具有如下特征：
（1）都是人为的实体组合；
（2）各实体间存在确定的相对运动，能够实现预期的机械运动；
（3）能实现能量的转换或完成有用的机械功。

只有具备了以上三个特征的方可称为机器。机构仅具备机器的前两个特征，即所谓的机构就是多个实物的组合，能实现预期的机械运动。例如，如图2-2所示的内燃机，内燃机是由活塞、连杆、曲轴、凸轮轴、气门、气缸体及正时齿轮等组成。其中活塞、连杆、曲轴、气缸体等组成了曲柄连杆机构，将燃料燃烧时体积迅速膨胀而使活塞产生的往复直线运动转换成曲轴的转动，如图2-3（a）所示；凸轮轴、气门、气缸体等组成了配气凸轮机构，将凸轮的连续转动转换成气门的往复移动，使进排气门开启和关闭，如图2-3（b）所示；曲轴和凸轮轴一侧的正时齿轮和气缸体组成了齿轮机构，用以保证曲柄连杆机构和配气机构的协调动作，如图2-3（c）所示。正是上述机构的配合工作最终使内燃机将燃料燃烧产生的热能转换成机械能向外输出。由此可见，机器是由机构组成的。

如果不考虑能量转换和做功方面，仅从结构和运动角度来看，机器和机构并无差别，因此在工程上我们习惯将机器和机构统称为机械。

**2. 零件、构件和部件**

任何一个机器都是由若干个零件组成的，零件是机器中不可再拆的最基本的制造单元。按使用特点，零件又可分为通用零件和专用零件，通用零件是指在各种类型的机械中普遍使用的零件，如螺钉、齿轮等；专用零件是指只能用于某些特定类型的机械中的零件，如内燃机中的活塞、曲轴等，如图2-4所示。

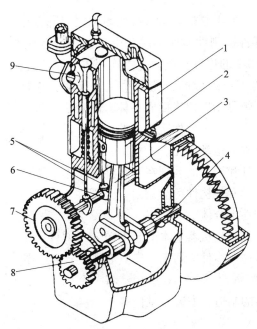

**图2-2 内燃机结构**

1—气缸体；2—活塞；3—连杆；4—曲轴；5—推杆；6—凸轮轴；
7—凸轮轴正时齿轮；8—曲轴正时齿轮；9—气门

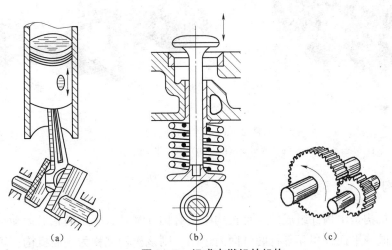

**图2-3 组成内燃机的机构**

(a) 曲柄连杆机构；(b) 配气凸轮机构；(c) 齿轮机构

**图2-4 零件示例**

(a) 螺钉；(b) 齿轮；(c) 活塞；(d) 曲轴

在机器的运转过程中,并不是机器中所有的零件之间都存在着相对运动,其中有些零件被刚性地连接成一个整体进行运动。例如,图 2-5 所示内燃机中的连杆,连杆是由连杆体、连杆盖、连杆轴承、螺栓、螺母等零件组成的,在发动机工作时,连杆体、连杆盖等通过螺栓、螺母刚性地连接成一体,随着活塞进行运动。像连杆这样,由一个或多个零件所构成的刚性运动单元称为构件,构件是机器最基本的运动单元。

显然,在机器中,零件和构件的区别在于零件是基本的制造单元,构件是基本的运动单元,构件可能是由一个零件,也可能是由若干个零件构成的刚性组合体。

和零件、构件不同,部件是机器基本的装配单元,部件也是由若干个零件组成的,但这些零件之间不一定具有刚性连接,如汽车上的变速箱、驱动桥等,如图 2-6 所示。将一个机器划分为若干个部件有利于机器的制造、安装、维修等。

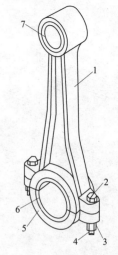

**图 2-5 连杆的组成**
1—杆身;2—螺栓;3—螺母;
4—开口销;5—连杆盖;
6—轴瓦;7—青铜衬套

(a)　　　　　　　　　　　(b)

**图 2-6 部件示例**
(a) 汽车变速箱;(b) 汽车驱动桥

#### 3. 平面机构

如前所述,机构是由构件组成的,且机构中所有构件都具有确定的相对运动,如果机构中所有构件均在同一平面或相互平行的平面内运动,则该机构被称为平面机构,否则称为空间机构。本项目只对工程中常见的平面机构进行介绍。

### (二)平面机构运动副和运动简图

#### 1. 运动副及其分类

从运动角度看,机构是由构件组合而成的,每一个构件都以一定的方式与其他构件相连接。但这种连接不同于螺栓连接,也不同于焊接、铆接等之类的刚性连接,它既要求对彼此连接的两构件的运动加以限制,又要允许它们之间产生相对运动。这种两个构件直接接触又能产生一定相对运动的连接方式被称为运动副。

如图 2-7 所示，图 (a) 为轴承中的滚动体与内外圈的滚道、图 (b) 为啮合中的一对齿廓、图 (c) 为滑块与导槽，三个图中的两个构件均保持直接接触，并产生一定的相对运动，因而它们都构成了运动副。

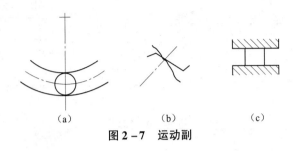

图 2-7 运动副

根据组成运动副的两构件之间的相对运动是平面运动还是空间运动，将运动副分为平面运动副和空间运动副，本项目中只对平面运动副进行研究。

运动副的两构件接触形式不同，其限制的运动也不同，其接触形式主要包括点、线、面三种。其中两构件通过面接触形成的运动副称为低副，两构件通过点或线接触形成的运动副称为高副。

**1) 平面低副**

根据组成低副的两构件之间的运动形式是转动还是移动，低副又可分为转动副和移动副。

如图 2-8 所示，构件 1 和构件 2 只能绕 $x$ 轴相对转动，而不能产生相对移动，这种组成运动副的两构件只能绕某一轴线在平面内做相对转动的运动副称为转动副，又称铰链。图 2-2 内燃机中的活塞与连杆，连杆与曲轴之间的连接即为转动副。

如图 2-9 所示，构件 1 和构件 2 只能沿 $x$ 轴做相对直线运动，而不能相对转动，这种组成运动副的两构件只能沿某一方向做相对直线运动的运动副称为移动副。图 2-2 内燃机中活塞和气缸之间即为移动副。

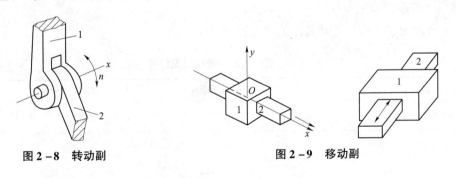

图 2-8 转动副　　　　图 2-9 移动副

**2) 平面高副**

如前所述，组成高副的两构件是通过点或线接触的，如图 2-10 (a) 所示的车轮与钢轨、图 (b) 所示的齿轮与齿轮的啮合都属于线接触的高副，图 (c) 所示的凸轮与从动件属于点接触的高副。

虽然构件是组成机构的基本要素，但只有构件，没有运动副，也不构成一个完整的机构，所以说运动副也是组成机构的要素。因此可以说，机构是由若干个构件通过运动副连接而成的。

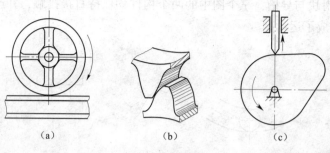

图 2-10 高副

### 2. 平面机构的运动简图

构件和运动副是机构的组成要素,构件的数量、运动副的类型和数目以及它们之间的相对位置会对机构的运动特性产生影响,而构件的形状、截面尺寸及运动副的具体结构对机构的运动没有影响。因此在对已有机构的运动原理进行分析或设计新机构时,为了使问题简单化,常常省略对构件复杂外形和运动副具体机构的绘制,而用一些简单的线条和符号表示构件和运动副,并按照一定的比例确定运动副的相对位置,这种利用规定的简化画法绘制出能表示机构运动特征的简单图形被称为机构运动简图。

**1) 机构中构件的分类**

机构工作时,不同构件的运动情况是不同的,其中固定不动的构件称为机架,用以支撑其他活动构件,如图 2-2 所示内燃机中的气缸体;机构中接受外部给定运动规律的活动构件称为主动件或原动件,一般与机架相连,如曲柄连杆机构中的活塞(图 2-2);机构中随着主动件而运动的其他活动构件称为从动件,如曲柄连杆机构中的连杆、曲轴(图 2-2)。

**2) 机构运动简图的常见符号**

表 2-1 所示为平面机构运动简图的常见符号。

表 2-1 平面机构运动简图常见符号

| 名称 | | | 简图符号 |
|---|---|---|---|
| 构件 | 杆轴构件 | | |
| | 固定构件 | | |
| 平面低副 | 转动副 | 两构件均可以转动 | |

续表

| 名称 | | 简图符号 |
|---|---|---|
| 平面低副 | 转动副 一构件固定、一构件转动 | 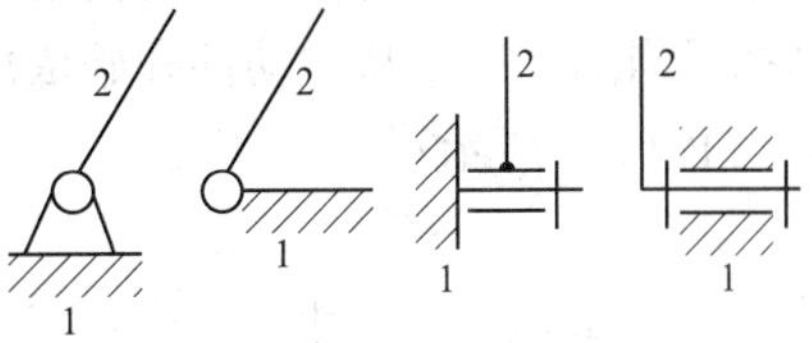 |
| | 移动副 两构件均可以移动 | 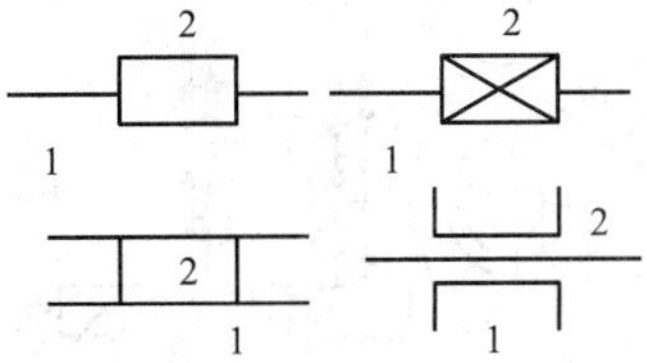 |
| | 移动副 一构件固定、一构件移动 | 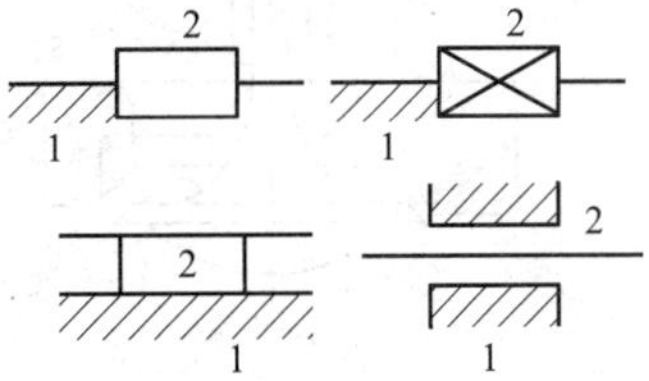 |
| 平面高副 | 齿轮副 | |
| | 凸轮副 | |

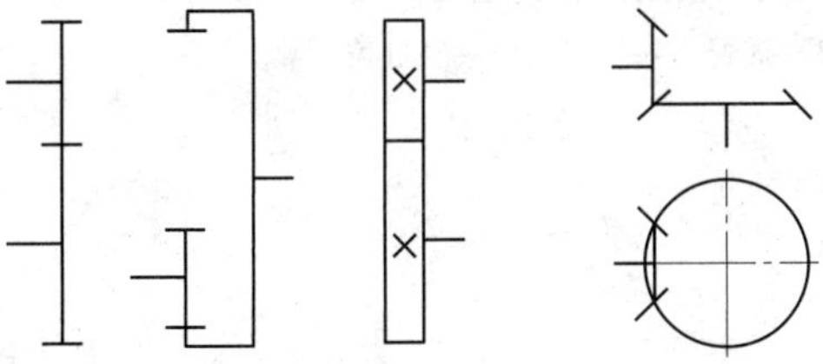

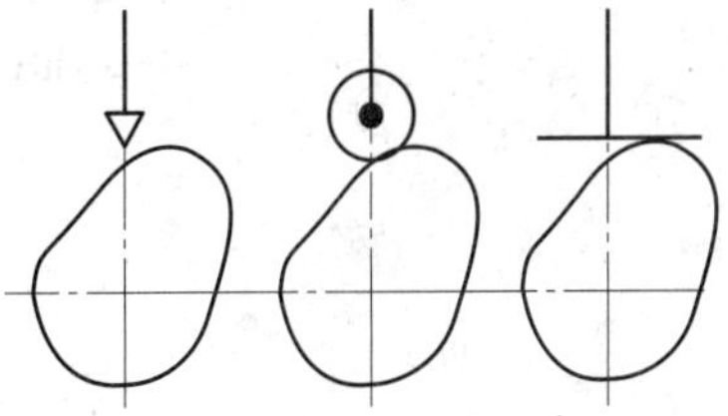

**3）平面机构运动简图的绘制**

机构运动简图的绘制方法和步骤如下：

(1) 认真研究机构的结构及动作原理，确定固定件（机架），分清主动件和从动件；

(2) 沿着运动传递路线，分析两构件间相对运动的性质，以确定运动副的类型和数目；

(3) 测量出运动副间的相对位置；

(4) 选择运动简图的视图平面和比例尺 $\mu$[$\mu$ = 实际尺寸(m)/图示长度(mm)]，绘制机构运动简图。并从运动件开始，按传动顺序标出各构件的编号和运动副的代号。在原动件上标出箭头以表示其运动方向。

**例 2-1** 绘制图 2-11（a）所示的内燃机配气机构的机构运动简图。

**解**：按如下步骤绘制机构运动简图：

(1) 明确机构的组成。如图 2-11（a）所示，气缸盖 5 在内燃机中起着机架的作用，凸轮 1 是原动机（主动件），滚子 2、摇臂 3、气门 4 都是从动件。

(2) 按运动传递路线和相对运动的性质确定运动副的类型。该机构的运动由凸轮 1 输入，凸轮 1 按顺时针方向转动，滚子 2 绕转动副 $C$ 转动，摇臂 3 绕转动副 $D$ 摆动，气门 4 做往复运动。故该配气机构由 5 个构件，3 个转动副 $A$、$C$、$D$，一个移动副 $F$ 和两个高副 $B$ 和 $E$ 组成。

（3）绘制机构简图。由于内燃机配气机构的主运动机构是平面机构，因此取其运动平面为视图平面，选择适当的比例，从主动件开始依次绘图，则就可以得到该配气机构的机构运动简图，如图 2-11（b）所示。

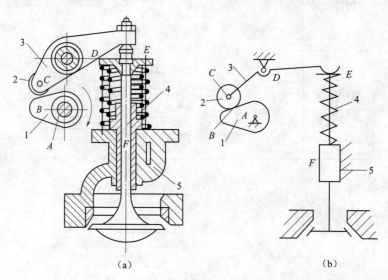

**图 2-11　内燃机配气机构及其结构运动简图**
1—凸轮；2—滚子；3—摇臂；4—气门；5—气缸盖

# 任务二

## 汽车平面四杆机构

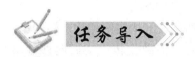

汽车前窗雨刮器是用来刷刮附着于车辆挡风玻璃上的雨点及灰尘的设备,以改善驾驶人的能见度,增加行车安全,是汽车不可或缺的装置之一。图 2-12 所示为汽车前窗雨刮器机构运动简图。

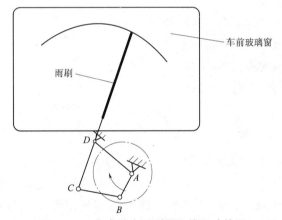

**图 2-12 汽车前窗雨刮器机构运动简图**

内燃机是汽车的心脏,它是通过燃料在气缸中的燃烧,将热能转换为机械能通过曲轴向外输出,而内燃机中完成上述能量转换过程的机构就是如图 2-13 所示的曲柄连杆机构。

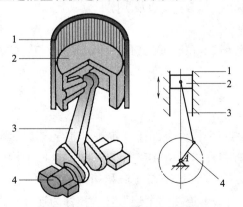

**图 2-13 内燃机曲柄连杆机构**

1—气缸;2—活塞(滑块);3—连杆;4—曲轴(曲柄)

那么这些机构到底是怎么完成工作的，它们的运动原理是什么呢？

### 任务分析

如图 2-12 所示，AB、BC、CD 和 DA 是组成雨刮器控制部分的四个杆件，且四个杆件依次连接构成 4 个转动副。当主动杆件 AB 做整周旋转时，可以带动从动杆件 CD 做往复摆动，进而利用杆件 CD 的延长部分实现刮水工作。

汽车雨刷工作原理

如图 2-13 所示，曲柄连杆机构由活塞、连杆、曲轴以及气缸体组成，其中活塞和气缸构成移动副，活塞与连杆、连杆与曲轴、曲轴与气缸体之间均构成转动副。内燃机起动后，活塞在气缸中上下往复运动，通过连杆带动曲轴做旋转运动而向外输出动力。

### 学习目标

1. 掌握铰链四杆机构的类型、应用及判别方法；
2. 熟悉铰链四杆机构演化机构的类型及应用；
3. 掌握平面四杆机构的急回特性；
4. 了解平面四杆机构在汽车上的应用。

### 相关知识

如前所述，若组成机构的所有构件都在同一平面或相互平行的平面内运动，则称该机构为平面机构。其中如果平面机构中所有构件都是通过低副相互连接而成的，则该机构被称为平面连杆机构。最简单的平面连杆机构是由四个构件组成的，即平面四杆机构，它的构件数目最少，且能转换运动，应用非常广泛，是组成其他多杆机构的基础。

#### （一）平面四杆机构的类型及判别

在平面四杆机构中，铰链四杆机构是其最基本的形式，其他的平面四杆机构均可由它演化而成。

##### 1. 铰链四杆机构

如果平面四杆机构中的四个构件全部通过转动副进行连接，则该机构被称为铰链四杆机构。如图 2-14 所示的铰链四杆机构由 AB、BC、CD、AD 四个构件组成，其中构件 AD（杆 4）固定不动，被称为机架；构件 AB（杆 1）和构件 CD（杆 3）通过转动副和机架相连，被称为连架杆；构件 BC（杆 2）连接两个连架杆，被称为连杆。在连架杆中，构件 AB 可以绕转动副做整周转动，被称为曲柄；构件 CD 只能绕转动副在某一角度范围内摆动，被称为摇杆（图 2-15）。

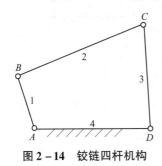

图 2-14 铰链四杆机构

图 2-15 铰链四杆机构中的构件类型

**1) 铰链四杆机构的类型**

铰链四杆机构根据两个连架杆的类型可分为三类，分别是曲柄摇杆机构、双曲柄机构、双摇杆机构。

(1) 曲柄摇杆机构。

在铰链四杆机构中，如果两个连架杆一个是曲柄，另一个是摇杆，则该机构被称为曲柄摇杆机构。曲柄摇杆机构可实现曲柄整周旋转运动与摇杆往复摆动之间的转换。任务导入中的汽车雨器就是曲柄摇杆机构在汽车上的典型应用，曲柄 $AB$ 做整周旋转运动，雨刷位于摇杆 $CD$ 的延长线上，和摇杆 $CD$ 一起做往复摆动，从而完成刮水动作。此外，缝纫机脚踏机构、雷达调整机构也是曲柄摇杆机构的典型应用，如图 2-16 所示。

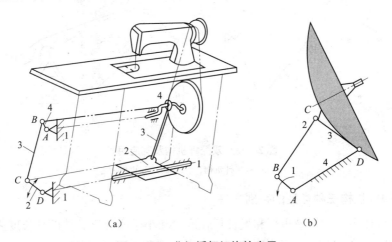

图 2-16 曲柄摇杆机构的应用

(a) 缝纫机脚踏机构；(b) 雷达调整机构

1—机架；2,4—连架杆；3—连杆　1,3—连架杆；2—连杆；4—机架

(2) 双曲柄机构。

两个连架杆都是曲柄的铰链四杆机构称为双曲柄机构，如图 2-17 (a) 所示。一般情况下，主动曲柄做等速圆周运动时，从动曲柄做变速圆周运动。如图 2-17 (b) 所示为惯性筛的机构运动简图，其中机构 $ABCD$ 为双曲柄机构。当主动曲柄 1 做等速圆周运动时，带动从动曲柄 3 做变速圆周运动，并通过构件 5 带动筛子 6 做往复直线运动，从而达到筛分物料的目的。

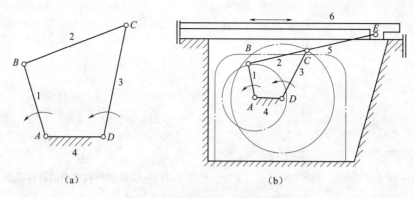

图 2-17 双曲柄机构及其应用
(a) 双曲柄机构；(b) 惯性筛机构

（3）双摇杆机构。

两个连架杆都是摇杆的铰链四杆机构被称为双摇杆机构。双摇杆机构可实现两种摆动之间的转化，如图 2-18（a）所示。图 2-18（b）所示为鹤式起重机机构运动简图，其中 ABCD 为双摇杆机构，当摇杆 AB 和 CD 摆动时，使连杆 BC 的延长点 E 在近似水平的直线上运动，可以避免因重物升降而引起的能量消耗。

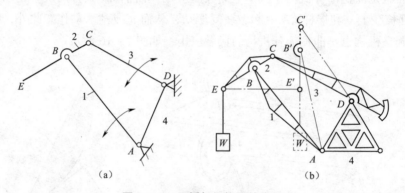

图 2-18 双摇杆机构及其应用
(a) 双摇杆机构；(b) 鹤式起重机

2）铰链四杆机构三种类型的判别方法

铰链四杆机构中，如果最短杆和最长杆长度之和小于或等于其他两杆长度之和，则：

① 取机架为最短杆时，该机构为双曲柄机构，如图 2-19（a）所示；
② 取连架杆为最短杆时，该机构为曲柄摇杆机构，如图 2-19（b）所示；
③ 取连杆为最短杆时，该机构为双摇杆机构，如图 2-19（c）所示。

铰链四杆机构中，如果最短杆与最长杆之和大于其余两杆长度之和，则无论取哪个构件作为机架，该机构只能是双摇杆机构，如图 2-19（d）所示。

## 2. 铰链四杆机构的演化机构

在实际生产生活中，除了上述三种类型的铰链四杆机构，还广泛地采用其他形式的四杆机构，一般是通过改变铰链四杆机构的某些构件的形状、相对长度或选择不同构件作为机架等方式演化而成。其中，曲柄滑块机构就是典型的演化形式之一。

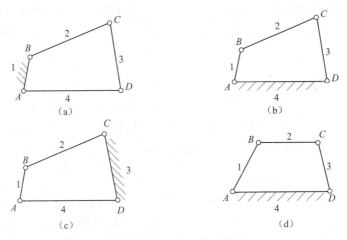

图 2-19 铰链四杆机构类型

### 1）曲柄滑块机构

曲柄滑块机构是由曲柄摇杆机构演化而来的，假想图 2-14 中摇杆 CD 的回转中心趋于无穷远处，如图 2-20 所示，C 点的运动就由原来的往复圆弧摆动变为往复直线移动，也就是摇杆变成了沿导轨往复运动的滑块，曲柄摇杆机构就演化成如图 2-21 所示的曲柄滑块机构，该机构可以实现曲柄整周旋转运动与滑块往复直线运动之间的相互转化。任务导入中图 2-13 所示的内燃机中的曲柄连杆机构就是曲柄滑块机构在汽车上最典型的应用，即实现了活塞往复运动与曲轴旋转运动之间的相互转换。

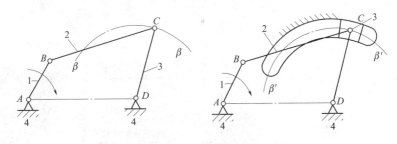

图 2-20 曲柄摇杆机构的演化

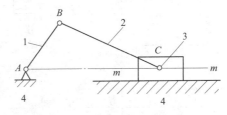

图 2-21 曲柄滑块机构

如果继续改变曲柄滑块中的机架，即选择曲柄滑块中不同的构件作为机架，将会得到其他的演化机构。

### 2）曲柄导杆机构

如果选择图 2-21 中的构件 1 作为机架，将得到曲柄导杆机构（由于构件 4 能在滑块中做相对移动,被称为导杆),若构件 $AB<BC$,导杆可以做整周转动,称为转动导杆机构,如表 2-2 中图 (c) 上图所示。若构件 $AB>BC$,导杆只能在一定范围内往复摆动,称为摆动导杆机构,如表 2-2 中图 (c) 下图所示。表 2-2 中图 (d) 所示的小型刨床就是转动导杆机构的典型应用之一。

**3) 曲柄摇块机构**

如果选择图 2-21 中的构件 2 作为机架,将得到曲柄摇块机构。如表 2-2 中图 (e) 所示。该机构中,曲柄 1 做整周旋转运动,滑块 3 与机架 2 组成转动副并绕 $C$ 点转动。表 2-2 图 (f) 所示的自动汽车卸料机构就是曲柄摇块机构典型应用之一。

**4) 移动导杆机构**

如果选择图 2-21 中的滑块 3 作为机架,就会得到移动导杆机构,也被称为定块机构,如表 2-2 中图 (g) 所示。一般取杆件 1 为主动件,导杆 4 相对于定块 3 做往复直线运动。表 2-2 中图 (h) 所示的手压抽水机是移动导杆机构的典型应用之一。

表 2-2 铰链四杆机构的演化机构

| 机构名称 | 机构运动简图 | 应用实例 |
|---|---|---|
| 曲柄滑块机构 | 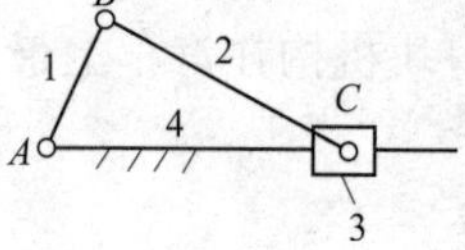 (a) | 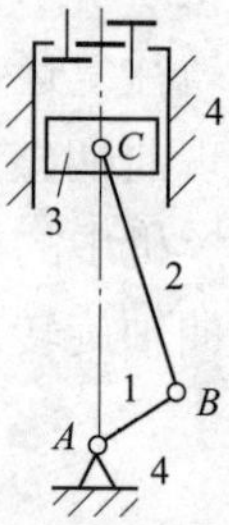 内燃机、压缩机、冲床等 (b) |
| 曲柄导杆机构 | 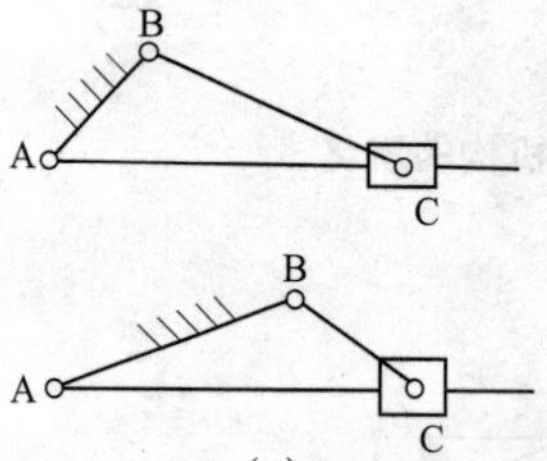 (c) | 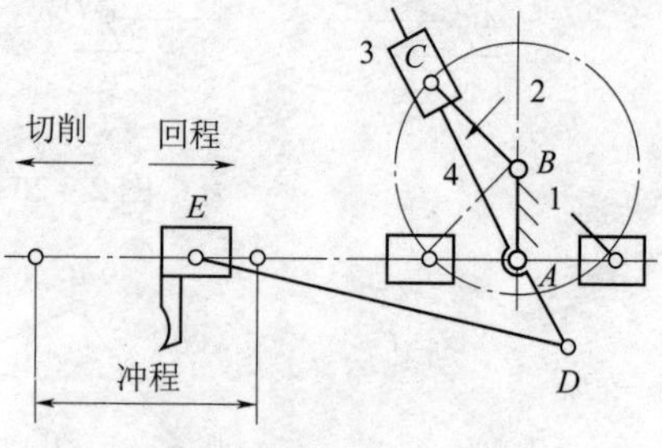 小型刨床 (d) |
| 曲柄摇块机构 | 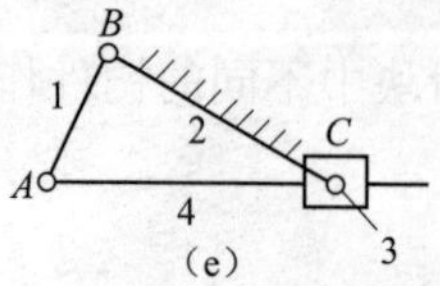 (e) | 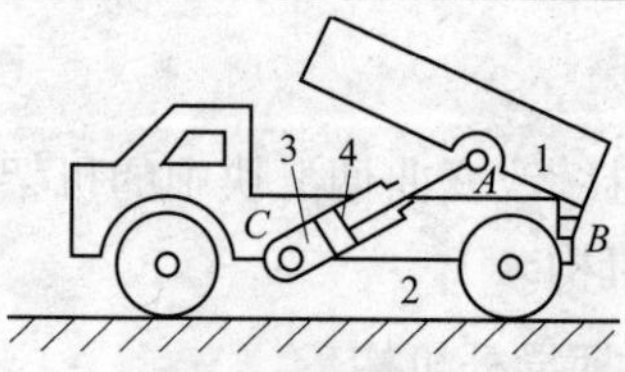 自动汽车卸料机构 (f) |

续表

| 机构名称 | 机构运动简图 | 应用实例 |
|---|---|---|
| 移动导杆机构 | （g） | 手压抽水机<br>（h） |

## （二）平面四杆机构的急回特性

### 1. 急回特性

图 2 – 22 所示的曲柄摇杆机构中，当曲柄 AB 为主动件并做等速回转时，摇杆 CD 为从动件并做往复变速摆动，曲柄 AB 在回转一周的过程中有两次与连杆 BC 共线。这时摇杆 CD 分别处在左、右两个极限位置 $C_2D$、$C_1D$。摇杆处在这两个极限位置时所对应的曲柄的两个极限位置所夹的锐角 θ 称为极位夹角。曲柄逆时针从 $AB_1$ 转到 $AB_2$，转过角度 $\varphi_1 = 180° + \theta$，摇杆从 $C_1D$ 转到 $C_2D$，所需时间为 $t_1$，C 点的平均速度为 $v_1$。曲柄继续逆时针从 $AB_2$ 转到 $AB_1$，转过角度 $\varphi_2 = 180° - \theta$，摇杆从 $C_2D$ 转到 $C_1D$，所需时间为 $t_2$，C 点的平均速度为 $v_2$。由于 $\varphi_1 > \varphi_2$，所以 $t_1 > t_2$，$v_1 < v_2$，说明当曲柄等速转动时，摇杆来回摆动的速度不同，返回时速度较大。机构的这种性质，称为机构的急回特性，通常用行程速度变化系数 K 来表示这种特性，即

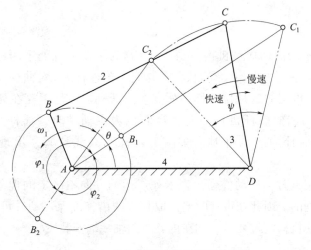

图 2 – 22 曲柄摇杆机构急回运动特性

$$K = \frac{\text{从动件回程平均速度}}{\text{从动件进程平均速度}} = \frac{\overline{C_1C_2}/t_2}{\overline{C_1C_2}/t_1} = \frac{t_1}{t_2} = \frac{\varphi_1}{\varphi_2} = \frac{180° + \theta}{180° - \theta}$$

式中，$K$ 为急回特性系数；$\theta$ 为极位夹角，摇杆位于两极限位置时，曲柄所夹的锐角。

机构有无急回运动特性，取决于急回特性系数 $K$。$K$ 值越大，急回特性越显著，也就是从动件回程越快；$K=1$ 时，机构无急回特性。急回特性系数 $K$ 与极位夹角 $\theta$ 有关。$\theta = 0°$ 时，$K=1$，机构无急回特性，且 $\theta$ 越大，急回特性越显著。

### 2. 压力角和传动角

在设计和选用四杆机构时，不但应保证实现给定的运动要求，而且应使机构具有较好的传动性能，以使机构运转灵活、轻便，效率较高。机构的传动性能与压力角有关。

如图 2-23 所示的曲柄摇杆机构，取曲柄 $AB$ 为主动件，摇杆 $CD$ 为从动件。如果不计各杆质量和运动副之间的摩擦，则曲柄 $AB$ 通过连杆作用于摇杆上的力 $F$ 是沿 $BC$ 方向的。力 $F$ 与摇杆上作用点 $C$ 的速度 $v_C$ 之间所夹的锐角 $\alpha$ 称为压力角。力 $F$ 沿 $v_C$ 方向的分力为 $F_t = F\cos\alpha$，是推动从动件运动的有效分力；而力 $F$ 沿摇杆轴线方向的分力 $F_n = F\sin\alpha$ 会增大运动副中的摩擦和磨损，对机构的传动不利，是有害分力。显然，压力角 $\alpha$ 越小，有效分力 $F_t$ 越大，机构的传动性能越好，效率越高，反之，压力角 $\alpha$ 越大，有效分力 $F_t$ 越小，机构的传动性能越差，效率越低。

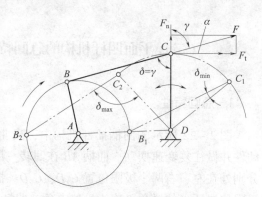

图 2-23 曲柄摇杆机构的压力角和传动角

为了便于在机构运动简图中直接观察和测量，在机构中引入传动角的概念，将压力角的余角 $\gamma = 90° - \alpha$，称为机构的传动角，显然，传动角 $\gamma$ 越大，机构的传动性能越好。对于一般机械，为了保证机构具有良好的传动性能，需要对传动角的最小值加以限制，通常 $\gamma_{min} = 40° \sim 50°$。在曲柄摇杆机构中，$\gamma_{min}$ 出现在曲柄和机架两次共线位置之一。

### 3. 死点位置

如图 2-22 所示的曲柄摇杆机构，当摇杆 $CD$ 为主动件且处于两极限位置，在曲柄与连杆共线的位置出现传动角等于 $0°$ 的状况，这时不论连杆 $BC$ 对曲柄 $AB$ 的作用力有多大，都不能使 $AB$ 转动，机构的这种位置称为死点。四杆机构中是否存在死点，取决于从动件是否与连杆共线。对曲柄摇杆机构而言，当曲柄为主动件时，摇杆与连杆无共线位置，不出现死点；当以摇杆为主动件时，曲柄与连杆有共线位置，出现死点，如图 2-24 所示。

当机构在死点位置时，从动件会出现卡死或运动方向不确定的现象。对于传动机构而言，死点通常是不利的。因此在设计时要采取相应的措施确保从动件可以顺利地通过死点。工程上常借用惯性使机构渡过死点，如在内燃机曲轴一端安装飞轮。

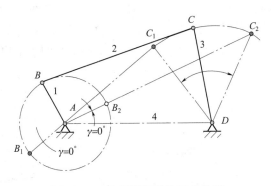

图 2-24 曲柄摇杆机构死点位置

### (三) 平面四杆机构在汽车上的应用

如前所述,平面连杆机构被广泛应用于各种机械装置中,汽车作为机电一体化的产物,平面连杆机构的各种形式也被广泛应用其中,用以传递动力、改变运动形式。例如,除汽车上的雨刮器、发动机曲柄连杆机构外,汽车前轮的转向机构、大轿车车门启闭联动装置等也都是平面四杆机构在汽车上应用的典型案例。

#### 1. 汽车前轮转向机构(双摇杆机构)

图 2-25 所示为汽车的前轮转向机构,它是一种特殊的双摇杆机构,即两个摇杆的长度相等,故又被称为等腰梯形机构。汽车两个前轮分别与两个摇杆固连在一起,汽车在拐弯时,由于内外车轮在同一时间内移过的曲线距离不同,容易造成外侧车轮的滑移和内侧车轮的滑转,而双摇杆机构使两前轮轴转过的角度 $\alpha$ 和 $\beta$ 不同,使车辆转弯时每一瞬间都绕同一个转动中心 $O$ 点转动,从而保证了四个轮子与地面之间的纯滚动,减轻了轮胎的磨损,同时增加了车辆转向的稳定性。

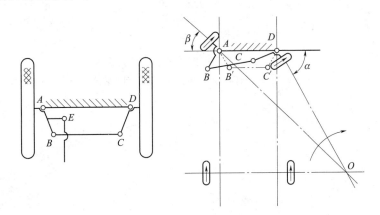

图 2-25 汽车前轮转向机构

#### 2. 车门启闭机构(反平行双曲柄机构)

在双曲柄机构中,若两对边构件均长度相等且平行,则称为正平行四边形机构,如

图 2-26（a）所示，曲柄 1 和曲柄 3 做同向同速转动，连杆 2 做平行移动。图（b）所示的装载机铲斗升降机机构采用的就是正平行四边形机构，铲斗与连杆 2 固连，因此铲斗做平行移动，使得物料在运行中不致倾出。惯性筛机构也是正平行四边形机构的应用之一。

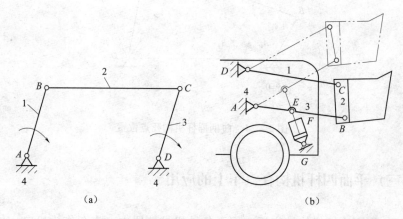

**图 2-26　正平行四边形机构及其应用**
(a) 正平行四边形机构；(b) 铲斗机构

在双曲柄机构中，若两对边构件均长度相等，但连杆与机架不平行，则为反平行四边形机构，如图 2-27（a）所示，曲柄 1 和曲柄 3 做反向不同速转动。图 2-27（b）所示的车门启闭装置采用的就是反平行四边形机构，从而保证与曲柄 1 和曲柄 3 固结的车门可以同时开闭。

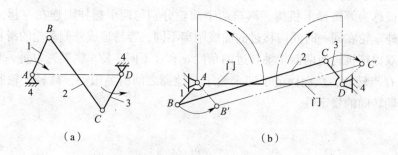

**图 2-27　反平行四边形机构及其应用**
(a) 反平行四边形机构；(b) 车门启闭装置

# 任务三
## 汽车凸轮机构

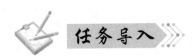

**任务导入**

图2-28所示为内燃机配气机构，作为内燃机的重要组成部分之一，配气机构的作用是按照发动机工作循环和点火顺序的要求，定时开启和关闭各气缸的进、排气门，使新鲜气体及时进入气缸，燃烧产生的废气及时排出气缸。那么配气机构的进、排气门的运动规律到底是什么，又是由什么控制实现的呢？

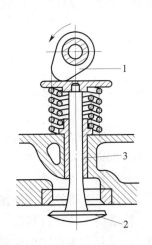

图2-28　内燃机配气机构简图
1—凸轮；2—气门；3—机械挺柱

**任务分析**

内燃机配气机构是凸轮机构在汽车上的典型应用，如图2-28所示，当凸轮1以等角速度转动时，通过挺柱、弹簧等组件驱动气门2按预期的运动规律上下运动，完成气门的开启和关闭，从而实现该气缸的排气和进气。

在以上配气机构的工作过程中，凸轮作为凸轮机构的主动件控制着进、排气门运动规律，即进、排气门的开启和关闭时刻和进、排气门的开闭持续时间以及进、排气门的最大开启度。

1. 掌握凸轮机构的组成及分类;
2. 掌握凸轮机构的工作过程;
3. 熟悉从动件的运动规律。

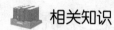

## （一）凸轮和凸轮机构

如图 2-29 所示，凸轮机构一般由凸轮、从动件和机架组成。当凸轮转动时，借助于凸轮本身的轮廓形状迫使从动件做出一定的运动，所以凸轮机构中从动件的运动规律取决于凸轮的形状。

实际应用中，凸轮的形状很多，从动件端部的形状也有所不同，所以我们一般根据凸轮的形状和从动件端部形状对凸轮机构进行分类。

### 1. 根据凸轮形状分类

按照凸轮形状的不同，凸轮机构可以分为盘形凸轮机构、圆柱凸轮机构和移动凸轮机构三种。

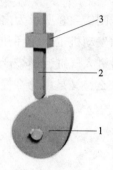

图 2-29 凸轮机构的组成
1—凸轮；2—从动件；3—机架

（1）盘形凸轮机构。在这种机构中，凸轮是一个绕固定轴线转动，并有变化半径的盘形构件，从动件在垂直于固定轴线的平面内运动，如图 2-29 所示。盘形凸轮是凸轮最基本的形式，适用于从动件行程较短的凸轮机构。

（2）圆柱凸轮机构。在这种凸轮机构中，凸轮是一种在圆柱端面上制出曲线或在轮廓圆柱面上开有曲线凹槽的构件。圆柱凸轮适用于从动件行程较长的凸轮机构。如图 2-30（a）所示，凸轮绕固定轴线做旋转运动，从动件在平行于固定轴线的平面内做往返运动。

（3）移动凸轮机构。在这种凸轮机构中，移动凸轮可以看作是圆柱凸轮沿母线展开成的平面凸轮。如图 2-30（b）所示，凸轮做往复直线运动，推动从动件在同一平面内做往返运动。

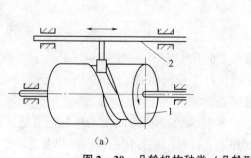

（a）

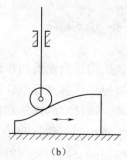

（b）

图 2-30 凸轮机构种类（凸轮形状不同）
（a）圆柱凸轮机构；（b）移动凸轮机构
1—圆柱凸轮；2—从动件

## 2. 根据从动件端部形状分类

按照从动件不同的端部形状，可以将凸轮机构分为尖顶式从动件凸轮机构、滚子式从动件凸轮机构和平底式从动件凸轮机构。

（1）顶尖式从动件，如图 2-31（a）所示，结构简单，容易磨损，只适用于作用力不大、速度不高的场合。

（2）滚子式从动件，如图 2-31（b）所示，由于滚子与凸轮轮廓之间为滚动摩擦，所以磨损较小，用于传递较大的动力，应用较为广泛。

（3）平底式从动件，如图 2-31（c）所示，由于凸轮和从动件之间的作用力始终作用从动件的底平面，所以从动件受力平稳，而且凸轮与平底面间容易形成油膜，润滑较好，用于高速传动。

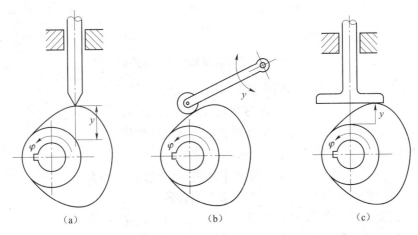

图 2-31 凸轮机构的类型（从动件端部形状不同）

### （二）凸轮机构的工作过程

如前所述，在凸轮机构中，凸轮作为主动件，其轮廓形状决定了从动件的运动规律，以及整个凸轮机构的工作过程。图 2-32 所示为尖顶从动件盘形凸轮机构，其中，以凸轮轮廓最小半径 $r_b$ 为半径的圆称为基圆，$r_b$ 称为基圆半径。设计凸轮轮廓曲线时，应首先确定凸轮的基圆。

凸轮机构工作过程

在图示位置，从动件顶尖与凸轮轮廓上的 $A$ 点（基圆与轮廓 $AB$ 的连接点）相接触，此时为从动杆顶尖上升的起始位置。当凸轮以角速度 $\omega$ 逆时针方向转动一个角度 $\delta_t$ 时，从动杆被凸轮轮廓推动，以一定的规律，由起始位置 $A$ 到达最高位置 $B$，这个过程称为从动杆的升程，它所移动的距离 $h$ 称为行程，而与升程对应的转角 $\delta_t$ 称为升程角。

凸轮继续转动 $\delta_s$ 时，以 $O$ 为中心的圆弧 $BC$ 与顶尖接触，从动杆在最高位置停止不动，称为远停程，角 $\delta_s$ 称为远停程角。凸轮继续转动 $\delta_h$ 时，从动杆以一定的规律回到起始位置，这个过程称为回程，角 $\delta_h$ 称为回程角，凸轮再继续转动 $\delta_s'$ 时，从动杆在最近位置停止不动，称为近停程，角 $\delta_s'$ 称为近停程角。当凸轮继续转动时，从动杆重复上述运动。

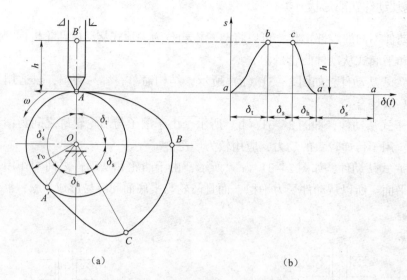

**图 2-32 凸轮与从动件的运动关系**

如图 2-32（b）所示，将凸轮的转角 $\delta(t)$ 与从动件的位移 $s$ 的关系用曲线表示，此曲线称为从动件的位移曲线，即 $s-\delta(t)$ 曲线。从图 2-32（b）中可以看出，从动件的位移 $s$ 是随凸轮转角 $\delta(t)$ 变化的，也是随时间变化的。

如图 2-33 所示，在内燃机配气机构中，进、排气门的开启和关闭时刻、持续时间以及气门升程都必须满足一定的规律，从而保证发动机工作的正常进行。其中气门的运动是不断重复**消除气门间隙后气门开启－气门关闭－预留出气门间隙**的循环运动。为满足气门的运动规律，凸轮的轮廓应该如图所示，$O$ 点为凸轮的旋转中心，$EA$ 段是以 $O$ 为圆心的圆弧，当凸轮按照图示箭头方向转过 $EA$ 段时，挺柱不动，气

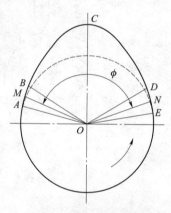

**图 2-33 配气机构凸轮轮廓**

门关闭。凸轮转过 $A$ 点后，机械挺柱开始下移，直到凸轮转到 $B$ 点，气门间隙消除，气门开始开启。凸轮转到 $C$ 点时气门开度（气门升程）最大，之后气门开度逐渐减小，直到凸轮转到 $D$ 点，气门完全关闭。接下来的 $DE$ 段为气门间隙的恢复期。因此，凸轮 $BCD$ 段的形状，决定了气门的开度以及气门开闭过程的运动规律。

注：气门间隙是指气门完全关闭时，气门与气门传动件之间的间隙。图中是指气门和挺柱之间的间隙。

### （三）从动件常见的运动规律

从动件的运动直接与凸轮轮廓曲线上各点向径的变化有关，反之，如果知道了从动件的运动规律，就可以设计出凸轮的形状。一般，从动件常见的运动规律有等速运动规律、等加速等减速运动规律等，如表 2-3 所示。

表 2-3 凸轮机构从动件运动规律

| 定义 | 运动规律 | 适用场合 |
|---|---|---|
| 等速运动规律：当凸轮以等角速度转动时，从动件在升程或回程的速度为一常数 | （位移、速度、加速度曲线图） | 从动件在开始和终止的瞬时，速度有突变，加速度 $a$ 在理论上为无穷大，其惯性力将引起刚性冲击。所以只适用于低速、轻载和特殊要求的凸轮机构中。某些特殊需要的凸轮机构，如在金属切削的进给机构中，由于需要满足表面粗糙度均匀的要求，也只能采用等速运动规律 |
| 等加速等减速运动规律：从动件在一个升程或回程中，前半段做等加速运动，后半段做等减速运动，通常加速度和减速度的绝对值相等 | （位移、速度、加速度曲线图） | 加速度 $a$ 在始末及中点处有有限值的突变，因而惯性力也发生突变。这种有限值的惯性力突变，将产生柔性冲击，所以，等加速等减速运动用于低、中速，轻载的场合 |

### （四）凸轮机构在汽车上的其他应用

在汽车上，凸轮机构除应用于配气机构外，在其他地方也有重要应用，如有些柴油机上使用的柱塞式喷油泵。喷油泵的作用是对柴油进行加压，然后适时定量地向喷油器输送高压燃油。

图 3-34 所示为柴油机柱塞式喷油泵某一分泵的机构图。整个喷油泵具有和柴油机气缸

数相等、结构和尺寸完全相同的若干个分泵,每个分泵负责向其对应气缸的喷油器供给高压柴油。图中凸轮轴由曲轴定时齿轮驱动,通过挺柱组件驱动柱塞在柱塞套中做往复运动,此过程中柱塞和出油阀之间柱塞腔内油压不断变化,当柱塞腔内的燃油压力增加到一定程度,将顶开出油阀,高压柴油从出油阀流出经高压油管向喷油器供油。

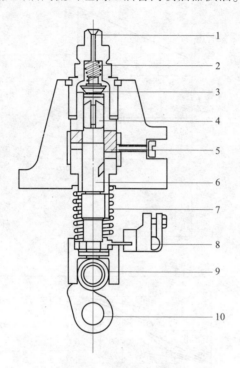

**图 3-34 柴油机柱塞式喷油泵结构**
1—高压油管接头;2—出油阀弹簧;3—出油阀座;4—出油阀;5—柱塞套;
6—柱塞;7—柱塞弹簧;8—油量控制机构;9—滚轮体;10—凸轮轴

### 思考与练习

#### 一、填空题

1. 运动副的两构件通过面接触形成的运动副称为_____,两构件通过点或线接触形成的运动副称为_____。

2. 根据组成低副的两构件之间的运动形式是转动还是移动,低副又可分为_____和_____。

3. 平面机构中所有构件都是通过_____相互连接而成的,则该机构被称为平面连杆机构。

4. 当平面四杆机构中的运动副都是_____副时,就称之为铰链四杆机构。

5. 齿轮的啮合属于_____副;凸轮与从动件之间属于_____;内燃机中活塞和气缸之间属于_____。

6. 组成曲柄摇杆机构的条件是:最短杆与最长杆的长度之和_____或_____其他两杆的长度之和,并取_____的相邻杆作为机架。

7. 在曲柄摇杆机构中,如果将_____杆作为机架,则与机架相连的两杆都可以做

_____运动，即得到双曲柄机构。

8. 在曲柄摇杆机构中，如果将最短杆对面的杆作为机架时，则与此相连的两杆均为摇杆，即是_____。

9. 曲柄滑块机构是由曲柄摇杆机构的_____长度趋向_____而演变来的。

10. 将曲柄滑块机构的_____改作固定机架时，可以得到导杆机构。

11. 曲柄摇杆机构产生"死点"位置的条件是：摇杆为_____件，曲柄为_____件。通常利用机构中构件运动时_____的惯性，或依靠增设在曲柄上_____的惯性来渡过"死点"位置。

12. 机构从动件所受力方向与该力作用点速度方向所夹的锐角，称为_____角。

13. 凸轮机构主要由_____、_____和_____三部分组成。

14. 凸轮机构从动杆的形式有_____从动杆、_____从动杆和_____从动杆。

15. 以凸轮轮廓最小向径为半径所作的圆称为_____圆。

16. 圆柱凸轮是个在圆柱_____开有曲线凹槽或是在圆柱_____上作出曲线轮廓的构件。

17. 凸轮机构从动杆的运动规律，是由凸轮_____决定的。

18. 在凸轮机构中，从动杆的_____称为行程。

19. 凸轮轮廓线上某点的_____方向与从动杆_____方向之间的夹角，叫压力角。

20. 如果把从动杆的_____量与凸轮的_____之间的关系用曲线表示，则此曲线就称为从动杆的位移曲线。

21. 尖顶式从动杆多用于传力_____、速度较_____以及传动灵敏的场合。滚子从动杆与凸轮接触时摩擦阻力_____，但从动杆的结构复杂，多用于传力要求_____的场合。平底式从动杆与凸轮的接触面较大，易于形成油膜，所以_____较好，_____较小，常用于没有内凹曲线的凸轮上做高速传动。

22. 凸轮在工作中作用到从动杆上的力，可以分解成：与从动杆运动速度方向_____的分力，它是推动从动杆运动的_____分力；与从动杆运动速度方向_____的分力，它会使从动杆与支架间的正压力增大，是_____分力。

23. 凸轮的基圆半径越小时，则凸轮的压力角_____，有效推力就_____，有害分力_____。

24. 从动杆常用运动速度规律，有_____运动规律和_____运动规律。

二、选择题

1. 组成平面低副两构件的接触必须为（　　）。
　　A. 点接触　　　B. 线接触　　　C. 点或线接触　　　D. 面接触

2. 在曲柄摇杆机构中，只有当（　　）为主动件时，才会出现"死点"位置。
　　A. 连杆　　　B. 机架　　　C. 摇杆　　　D. 曲柄

3. 铰链四杆机构的最短杆与最长杆的长度之和，大于其余两杆的长度之和时，机构（　　）。
　　A. 有曲柄存在　　　　　　B. 不存在曲柄
　　C. 有时有曲柄，有时没曲柄　　　D. 以上答案均不对

4. 当急回特性系数为（　　）时，曲柄摇杆机构才有急回运动。
   A. $K<1$　　　B. $K=1$　　　C. $K>1$　　　D. $K=0$
5. 组成凸轮机构的基本构件有（　　）个。
   A. 2　　　B. 3　　　C. 4　　　D. 5
6. 与平面连杆机构相比，凸轮机构的突出优点是（　　）。
   A. 能严格地实现给定的从动件运动规律
   B. 能实现间歇运动
   C. 能实现多种运动形式的变换
   D. 传力性能好
7. 与连杆机构相比，凸轮机构最大的缺点是（　　）。
   A. 惯性力难以平衡　　　　　　　B. 点、线接触，易磨损
   C. 设计较为复杂　　　　　　　　D. 不能实现间歇运动
8. 若要盘形凸轮机构的从动件在某段时间内停止不动，对应的凸轮轮廓是（　　）。
   A. 一段直线　　　　　　　　　　B. 一段圆弧
   C. 一段抛物线　　　　　　　　　D. 一段以凸轮转动中心为圆心的圆弧
9. 从动件的推程采用等速运动规律时，在（　　）会发生刚性冲击。
   A. 推程的起始点　B. 推程的中点　C. 推程的终点　D. 推程的起点和终点
10. 凸轮机构中通常用作主动件的是（　　）。
    A. 凸轮　　　B. 从动杆　　　C. 轨道　　　D. 固定机架
11. 等加速等减速运动规律的位移曲线是（　　）。
    A. 斜直线　　　B. 抛物线　　　C. 双曲线　　　D. 直线
12. 凸轮机构中从动件的最大升程叫（　　）。
    A. 位移　　　B. 导程　　　C. 行程　　　D. 升程
13. 按等速运动规律工作的凸轮机构会产生（　　）。
    A. 柔性冲击　　B. 刚性冲击　　C. 中性冲击　　D. 剧烈冲击
14. （　　）从动杆的行程不能太大。
    A. 盘形凸轮机构　B. 移动凸轮机构　C. 圆柱凸轮机构
15. 对于较复杂的凸轮轮廓曲线，也能准确地获得所需的运动规律的从动杆是（　　）。
    A. 尖顶从动杆　B. 滚子从动杆　C. 平底从动杆　D. 曲面从动杆
16. 自动车床横刀架进给机构采用的凸轮机构是（　　）。
    A. 圆柱凸轮机构　B. 移动凸轮机构　C. 盘形凸轮机构　D. 球面凸轮机构
17. 凸轮轮廓曲线没有凹槽，要求机构传力很大，效率要高，从动杆应选（　　）。
    A. 尖顶式　　　B. 滚子式　　　C. 平底式
18. 从动件预定的运动规律取决于（　　）。
    A. 凸轮转速　　B. 凸轮形状　　C. 凸轮轮廓曲线　D. 凸轮的基圆
19. 摩擦阻力小，传力能力大应选用（　　）。
    A. 滚子从动件　B. 尖顶从动件　C. 平底从动件　D. 曲面式从动件
20. 下列机构中，采用移动凸轮机构的是（　　）。
    A. 内燃机配气机构　　　　　　　B. 车床仿形机构

C. 绕线机构　　　　　　　　　　D. 车床横刀架进给机构

### 三、判断题

1. 曲柄和连杆都是连架杆。（　　）
2. 平面四杆机构都有曲柄。（　　）
3. 铰链四杆机构的曲柄存在条件是：连架杆或机架中必有一个是最短杆；最短杆与最长杆的长度之和小于或等于其余两杆的长度之和。（　　）
4. 在平面连杆机构中，只要以最短杆作固定机架，就能得到双曲柄机构。（　　）
5. 利用选择不同构件作固定机架的方法，可以把曲柄摇杆机构改变成双摇杆机构。（　　）
6. 利用改变构件之间相对长度的方法，可以把曲柄摇杆机构改变成双摇杆机构。（　　）
7. 铰链四杆机构根据各杆的长度，即可判断其类型。（　　）
8. 曲柄滑块机构，能把主动件的等速旋转运动，转变成从动件的直线往复运动。（　　）
9. 极位角越大，机构的急回特性越明显。（　　）
10. 当机构的极位夹角 $\theta = 0°$ 时，机构无急回特性。（　　）
11. 机构是否存在死点位置与机构取哪个构件为原动件无关。（　　）
12. 一只凸轮只有一种运动的规律。（　　）
13. 盘形凸轮的轮廓曲线形状取决于凸轮半径的变化。（　　）
14. 凸轮机构的从动杆，都是在垂直于凸轮轴的平面内运动的。（　　）
15. 凸轮转速的高低，影响从动杆的运动规律。（　　）

### 四、简答题

1. 什么是曲柄？什么是摇杆？铰链四杆机构曲柄存在条件是什么，铰链四杆机构有哪几种基本形式？
2. 什么叫铰链四杆机构的传动角和压力角？压力角的大小对连杆机构的工作有何影响？
3. 如何判断机构有否急回运动？
4. 凸轮的种类有哪些？都适合什么工作场合？
5. 从动杆的运动速度规律有几种？各有什么特点？
6. 铰链四杆机构的基本形式有哪几种？如图所示，已知铰链四杆机构各构件的长度分别为 $a = 240$ mm，$b = 600$ mm，$c = 400$ mm，$d = 500$ mm。试问当分别取 $AB$、$BC$、$CD$、$AD$ 为机架时，将各得到何种机构？

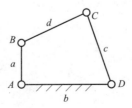

# 项目三

## 汽车机械传动装置

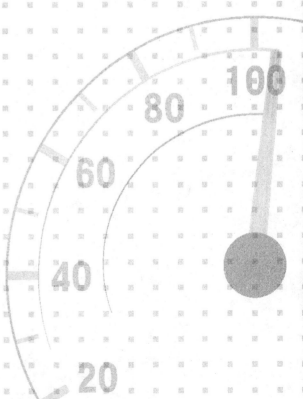

# 任务一
## 带传动

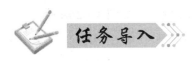 任务导入

图3-1所示为大理石切割机,动力传递系统采用了平带传动。通过平带传动将电动机的旋转运动输送给切割机的带轮,使切割锯高速旋转。工作中发现平带因为变形、磨损、老化等原因已不能正常使用,需要更换,试选择合适的平带,并正确安装。

图3-1 平带传动装置

 任务分析

平带传动是带传动的一种类型,带传动是如何工作的?常见的带传动类型有哪些?带传动有什么特点?

 学习目标

1. 熟悉带传动的类型、传动特点和应用;
2. 熟悉V带和带轮的结构及标准;
3. 掌握带传动的张紧、安装和维护。

## 相关知识

### (一)带传动

#### 1. 带传动组成及工作原理

带传动是一种通过传动带将主动轴上的运动和动力传递给从动轴的机械传动方式。带传动一般是由主动带轮、从动带轮、紧套在两轮上的传动带和机架组成,如图3-2所示。

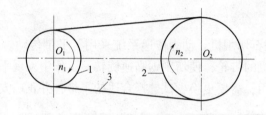

图3-2 带传动
1—主动带轮;2—从动带轮;3—传动带

按工作原理的不同,带传动分为摩擦型带传动和啮合型带传动。

摩擦型带传动是利用带作为中间挠性件,依靠带与带轮之间的摩擦力来传递运动和(或)动力。如图3-2所示,把一根或几根闭合成环形的带张紧在主动轮和从动轮上,使带与两带轮之间的接触面产生正压力,当主动轴$O_1$带动主动轮回转时,依靠带与两带轮接触面之间的摩擦力使从动轮带动从动轴$O_2$回转,实现两轴间运动和(或)动力的传递。

啮合型带传动是靠带的齿与带轮上的齿相啮合来传递运动和(或)动力,如图3-3所示。同步带传动兼有带传动和齿轮传动的特点,传动功率较大(可达几百千瓦),传动效率高,允许的线速度高,传动比大,传动结构紧凑。传动时无相对滑动,能保证准确的传动比,故也称同步齿形带,常用于汽车发动机正时传动机构,如图3-4所示。

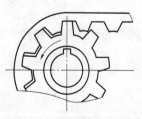

图3-3 啮合型带传动

图3-4 正时皮带

#### 2. 摩擦型带传动特点

摩擦型带传动具有以下主要特点:

(1) 传动具有良好的弹性,能缓冲吸振,传动平稳,噪声小。
(2) 过载时,带会在带轮上打滑,具有过载保护作用。
(3) 结构简单,制造成本低,且便于安装和维护。
(4) 带与带轮间存在弹性滑动,不能保证准确的传动比。
(5) 带须张紧在带轮上,对轴的压力较大,传动效率低。
(6) 不适用于高温、易燃及有腐蚀介质的场合。

摩擦型带传动适用于要求传动平稳、传动比要求不准确、中小功率的远距离传动。一般带传动的传递功率 $P \leqslant 50$ kW,带速 $v = 5 \sim 25$ m/s,传动比 $i = 3 \sim 5$。

### 3. 摩擦型传动带类型

按带的截面形状分,摩擦带可分为平带、V带、圆带、多楔带等,如图3-5所示。

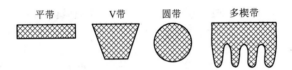

图3-5 摩擦型传动带类型

平带:平带的横截面是扁平矩形,底面为工作面。平带结构简单,带轮制造方便,平带质量小且挠曲性能好,多用于高速和中心距较远的场合。

V带:V带的横截面为等腰梯形,两侧面是工作面。V带的传动功率大,结构紧凑,是应用最广的带传动,但是只用于开口传动。

圆带:横截面为圆形,结构简单,一般用于中小型机械,如缝纫机等。

多楔带:在平带基体上由多根V带组成的传动带,兼具平带和V带的优点。

## (二) V带的结构和型号

### 1. V带结构

V带传动在一般机械结构中应用最为广泛,常用的V带类型主要有:普通V带、窄V带、宽V带、半宽V带等,它们的楔角(V带两侧面的夹角 $\alpha$)均为40°。其他还有楔角为60°的大楔角V带、专用于汽车和拖拉机内燃机的V带。

图3-6所示为普通V带的结构,由抗拉体、顶胶、底胶以及包布组成。V带的拉力基本由抗拉体承受,它有线绳和帘布两种结构。帘布结构制造方便,型号多,应用较广;线绳结构柔性好,抗弯强度高,适用于带轮直径较小、速度较高的场合。现在生产中越来越多地采用线绳结构的V带。

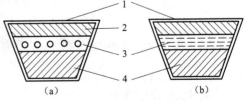

图3-6 V带的结构
(a) 线绳结构;(b) 帘布结构
1—包布;2—顶胶;3—抗拉体;4—底胶

## 2. V 带的标准

普通 V 带的型号已标准化（GB/T 11544—1997），按截面尺寸从小到大依次为 Y、Z、A、B、C、D、E 七种型号，其截面尺寸与参数见表 3-1。其中 Y 型尺寸最小，只用于传递运动，常用 Z、A、B、C 等型号。V 带的截面积越大，其传递的功率越大。

当 V 带垂直其底边弯曲时，在带中保持原长度不变的任意一条周线叫作 V 带的节线。由全部节线构成的面叫作节面。节宽 $b_p$ 就是带的节面宽度。当带垂直其底边弯曲时，该宽度保持不变。V 带横截面中梯形轮廓的最大宽度叫作顶宽 $b$，梯形轮廓的高度叫作带的高度 $h$。带的高度与其节宽之比叫作带的相对高度。对于普通 V 带，其相对高度约为 0.7，窄 V 带、半宽 V 带、宽 V 带的相对高度分别约为 0.9、0.5、0.3。

我国普通 V 带的截面尺寸见表 3-1。

表 3-1 普通 V 带截面尺寸（GB/T 11544—1997）

| 带型 普通 V 带 | 节宽 $b_p$ /mm | 基本尺寸 | | 楔角 $\alpha$ |
|---|---|---|---|---|
| | | 顶宽 $b$/mm | 高度 $h$/mm | |
| Y | 5.3 | 6.0 | 4.0 | 40° |
| Z（旧标准 O 型） | 8.5 | 10.0 | 6.0 | |
| A | 11.0 | 13.0 | 8.0 | |
| B | 14.0 | 17.0 | 11.0 | |
| C | 19.0 | 22.0 | 14.0 | |
| D | 27.0 | 32.0 | 19.0 | |
| E | 32.0 | 38.0 | 25.0 | |

## 3. V 带轮结构及材料

V 带轮由轮缘（用于安装 V 带的部分）、轮毂（带轮与轴相连接的部分）、轮辐（轮缘与轮毂相连接的部分）三部分组成。根据带轮直径的大小不同，普通 V 带轮有实心轮、辐板轮、孔板轮、椭圆辐轮四种典型结构。

带轮材料多采用灰铸铁，牌号一般选用 HT150 或 HT200，也可选用钢或非金属材料（塑料、木材）。铸铁带轮允许的最大圆周速度为 25 m/s，速度更高时，可采用铸钢或钢板冲压而成。塑料带轮的重量轻，摩擦系数大，常用于机床中。

### （三）带传动的张紧、安装和维护

## 1. 带传动的安装和维护

正确的安装、调整、使用和维护是保证带传动正常工作和延长使用寿命的有效措施。在带传动的安装、调整、使用和维护方面，应注意以下几点：

**1) 带轮的安装**

安装时两带轮的轮槽应对正，两轮轴应尽量平行，带轮装在轴上不应有晃动，否则将使传动带侧面过早磨损。

**2) 带轮的布置**

为使传动带装拆方便，带轮应尽量布置在轴的外伸端。

**3) V 带在轮槽中的位置**

安装时应保证 V 带顶面与带轮轮缘平齐，带与底槽要留有间隙，以保证带的工作侧面和轮槽的工作侧面充分接触。

**4) 初拉力的要求**

带的初拉力要适当。在生产实践中，可根据经验来调整，一般来说，在中等中心距的情况下，控制三角带的初拉力时，以大拇指能按下 15 mm 左右比较合适。

**5) 定期检查**

对带传动要进行定期检查并及时调整，对不能使用的带应及时更换。更换传动带时，必须全部同时更换，不能新旧混合使用，以保证各根传动带的受力均匀。

**6) 安装防护罩**

传动装置应安装防护罩，以免发生意外事故和保护带传动的工作环境，防止润滑油、切削液和其他杂物影响传动效果，避免传动带的过早老化。

**2. 带传动的张紧**

为使 V 带具有一定的初拉力，新安装的带在套装后需张紧；V 带运行一段时间后，会产生磨损和塑性变形，使带松弛，初拉力减小，传动能力下降。为了保证带传动的传动能力，必须定期检查与重新张紧，常用的张紧方法有下述两种：

**1) 调整中心距**

如图 3-7（a）所示，通过调节螺钉 3 使电动机 1 在滑道 2 上移动直到所需位置；如图 3-7（b）所示，通过螺栓 4 使电动机 1 绕定轴转动实现自动张紧；也可依靠电动机和机架的自重使电动机摆动实现自动张紧，如图 3-7（c）所示。

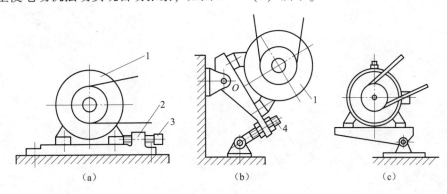

图 3-7 调整中心距

1—电动机；2—滑道；3—螺钉；4—螺栓

**2) 采用张紧轮**

当中心距不能调节时，可采用张紧轮将带张紧，如图 3-8 所示。张紧轮一般放在松边内侧，使带只受到单向弯曲，并要靠近大轮，以保证小带轮有较大的包角，其直径宜小于小带轮直径。

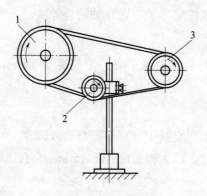

**图 3-8　采用张紧轮**
1—从动轮；2—张紧轮；3—主动轮

# 任务二 链传动

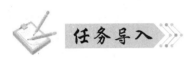 任务导入

图3-9所示为某品牌发动机的配气正时机构，采用正时链条传动。当行驶10万km后，由于受到拉伸、磨损等因素影响，链条变长，导致配气相位出现偏差，发动机噪声变大，需要更换并正确安装链条。

图3-9 正时链条

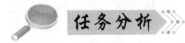 任务分析

发动机曲轴输出动力，安装在曲轴上的链轮通过链条带动凸轮轴上的链轮转动，从而控制气门的打开和关闭。配气机构的链传动采用的是哪种类型的链？链传动对链轮、链条的结构、材料有什么要求？重新安装时，必须了解链条的接头方法、正确张紧和润滑方式。

## 学习目标

1. 了解链传动的组成、类型及特点；
2. 熟悉链传动的主要参数；
3. 掌握链传动的润滑和布置情况。

## 相关知识

### （一）链传动的类型、特点和应用

#### 1. 链传动的结构及类型

链传动由两轴平行的大、小链轮和链条组成，如图3-10所示。链传动与带传动有相似之处：链轮齿与链条的链节啮合，其中链条相当于带传动中的挠性带，但又不是靠摩擦力传动，而是靠链轮齿和链条之间的啮合来传动。因此，链传动是一种具有中间挠性件的啮合传动。

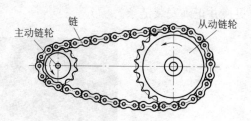

图3-10 链传动组成

链的种类繁多，按用途不同，链可分为：传动链、起重链和输送链三类。

在一般机械传动装置中，常用链传动，根据结构的不同，传动链又可分为：套筒链、滚子链、弯板链和齿形链等。在链条的生产和应用中传动用短节距精密滚子链占有支配地位。

#### 2. 链传动的特点和应用

与摩擦型带传动相比，链传动无弹性滑动和打滑现象，因而能保持准确的传动比（平均传动比），传动效率较高（润滑良好的链传动的效率为97%~98%）；又因链条不需要像带那样张得很紧，所以作用在轴上的压轴力较小；在同样条件下，链传动的结构较紧凑；同时链传动能在温度较高、有水或油等恶劣环境下工作。与齿轮传动相比，链传动易于安装，成本低廉；在远距离传动时，结构更显轻便。

但链传动在运转时不能保持恒定传动比，传动的平稳性差；工作时冲击和噪声较大；磨损后易发生跳齿；只能用于平行轴间的传动。

链传动主要用在要求工作可靠，且两轴相距较远，以及其他不宜采用齿轮传动，且工作条件恶劣的场合，如农业机械、建筑机械、石油机械、采矿、起重、金属切削机床、摩托车、自行车等。

### (二) 滚子链和链轮

#### 1. 滚子链

套筒滚子链相当于活动铰链，由滚子、套筒、销轴、外链板和内链板组成，如图 3-11 所示。其中外链板与销轴之间、内链板与套筒之间均采用过盈配合固连，滚子与套筒之间、套筒与销轴之间均采用间隙配合相连。外链板与销轴构成一串外链节，内链板与套筒之间则构成一串内链节。当链节进入、退出啮合时，滚子沿齿滚动，实现滚动摩擦，减小磨损。链板均制成"8"字形，以减轻重量并保持链板各横截面的抗拉强度大致相等。

两销轴之间的中心距称为节距，用 $p$ 表示。节距 $p$ 是链传动的一个重要参数。链条的节距越大，销轴的直径也可以做得越大，链条的强度就越大，传动能力就越强。但传动的平稳性变差。因此，当传递功率较大时，常采用小节距的双排链（图 3-12）或多排链。

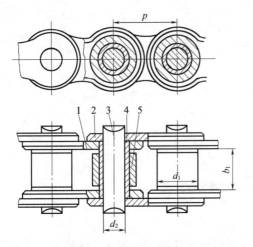

图 3-11 滚子链结构

1—内链板；2—外链板；3—销轴；4—套筒；5—滚子

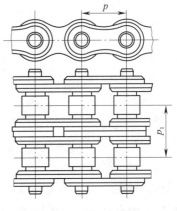

图 3-12 双排链

为了形成链节首尾相接的环形链条，要用接头加以连接。当链节数为偶数时，接头处用开口销或弹簧卡固定，如图 3-13（a）、（b）所示。一般前者用于大节距，后者用于小节距。当链节数为奇数时，需采用过渡链节，如图 3-13（c）所示。过渡链节的链板为了兼作内外链板，形成弯链板，受力时产生附加弯曲应力，易于变形，导致链的承载能力大约降低 20%。因此，链节数应尽量为偶数。

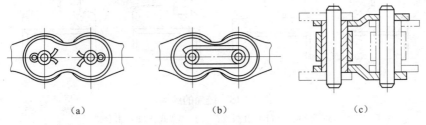

图 3-13 滚子链接头形式

滚子链标记：链号 – 排数 × 链节数　标准编号。

例如：10A – 1 × 86　GB 1243.1—83

表示节距为 15.875 mm，单排，86 节 A 系列滚子链。

**2. 链轮**

为了保证链与链齿的良好啮合并提高传动的性能和寿命，应该合理设计链轮的齿形和结构，适当地选取链轮材料。

**1）链轮齿形**

为了便于链节平稳进入和退出啮合，链轮应有正确的齿形，尽可能减少啮合时的冲击和接触应力，并便于加工。滚子链和链轮的啮合属于非共轭啮合，其链轮齿型的设计有较大的灵活性。图 3 – 14 所示是目前较流行的三圆一直线齿型（或称凸齿型）。

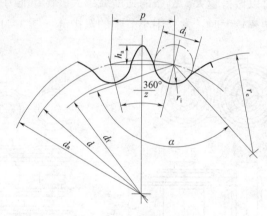

图 3 – 14　链轮齿槽形状

**2）链轮结构**

链轮的结构有整体式、孔板式、焊接式和组合式几种，如图 3 – 15 所示。小直径链轮可采用实心式结构；中等尺寸链轮可制成孔板式结构；大直径链轮可采用组合式结构。

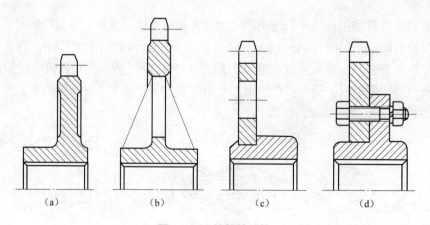

图 3 – 15　链轮的结构

(a) 整体式；(b) 孔板式；(c) 焊接式；(d) 组合式

3) 链轮材料

一般链轮用碳钢、灰铸铁制作，重要的链轮用合金钢制作，齿面要经过热处理。小链轮的啮合次数多于大链轮，故小链轮的材料应优于大链轮。链轮常用的材料及应用范围见表3-2。

表3-2 链轮常用的材料及应用范围

| 链轮材料 | 热处理 | 齿面硬度 | 应用范围 |
| --- | --- | --- | --- |
| 15、20 | 渗碳、淬火、回火 | 50～60HRC | $z \leq 25$ 有冲击载荷的链轮 |
| 35 | 正火 | 160～200HBS | $z > 25$ 的链轮 |
| 45、50、ZG310-570 | 淬火、回火 | 40～45HRC | 无剧烈冲击振动和要求耐磨损的链轮 |
| 15Cr、20Cr | 渗碳、淬火、回火 | 50～60HRC | $z < 25$ 的大功率传动链轮 |
| 40Cr、35SiMn、35CrMo | 淬火、回火 | 40～50HRC | 要求强度较高和耐磨损的重要链轮 |
| A3、A5 | 焊接退火 | 140HBS | 中低速、中等功率的较大链轮 |
| 不低于 HT200 的灰铸铁 | 淬火、回火 | 260～280HBS | $z > 50$ 的链轮 |
| 夹布胶木 |  |  | $P < 6$ kW、速度较高、要求传动平稳、噪声小的链轮 |

## （三）链传动的布置、张紧和润滑

### 1. 链传动的布置

链传动的布置是否合理，对传动的工作能力及使用寿命都有较大影响，布置时应注意：

（1）两轮轴线应布置在同一水平面内［图3-16（a）］，或两轮中心线与水平面成45°以下的倾斜角［图3-16（b）］；

（2）应尽量避免垂直传动，不得已时使上、下链轮左右偏离一段距离，如图3-16（c）所示；

（3）紧边放在上面，避免松边在上面时链条下垂而出现咬链现象。

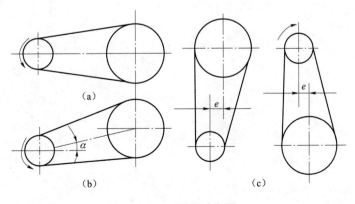

图3-16 链传动布置

## 2. 链传动的张紧

链传动正常工作时，应保持一定张紧程度，合适的松边垂度推荐为 $f=(0.01\sim0.02)a$，$a$ 为中心距。对于重载、经常起动、制动、反转的链传动，以及接近垂直的链传动，松边垂度应适当减少。

链传动的张紧可采用以下方法：

（1）调整中心距。增大中心距可使链张紧，对于滚子链传动，其中心距调整量可取为 $2p$，$p$ 为链条节距。

（2）缩短链长。当链传动没有张紧装置而中心距又不可调整时，可采用缩短链长（即拆去链节）的方法对因磨损而伸长的链条重新张紧。

（3）用张紧轮张紧。下述情况应考虑增设张紧装置：两轴中心距较大；两轴中心距过小，松边在上面；两轴接近垂直布置；需要严格控制张紧力；多链轮传动或反向传动；要求减小冲击，避免共振；需要增大链轮包角等。

## 3. 链传动的润滑

良好的润滑可以减少链传动的磨损，提高工作能力，延长使用寿命。

链传动采用的润滑方式有以下几种：

（1）人工定期润滑。用油壶或油刷，每班注油一次，适用于低速 $v\leqslant4\ \mathrm{m/s}$ 的不重要链传动。

（2）滴油润滑。用油杯通过油管滴入松边内、外链板间隙处，每分钟 5~20 滴，适用于 $v\leqslant10\ \mathrm{m/s}$ 的链传动。

（3）油浴润滑。将松边链条浸入油盘中，浸油深度为 6~12 mm，适用于 $v\leqslant12\ \mathrm{m/s}$ 的链传动。

（4）飞溅润滑。在密封容器中，甩油盘将油甩起，沿壳体流入集油处，然后引导至链条上，但甩油盘线速度应大于 3 m/s。

（5）压力润滑。当采用 $v\geqslant8\ \mathrm{m/s}$ 的大功率传动时，应采用特设的油泵将油喷射至链轮链条啮合处。

# 任务三

## 齿轮传动

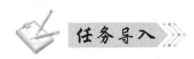

图 3-17 所示为某品牌变速箱中的轮系，由于操作不当，发生齿轮轮齿折断现象，现从备件库找来原厂同型号齿轮，替换损坏的齿轮，并正确安装。

**图 3-17 变速箱中的轮系**

变速箱是汽车三大件之一，是由一系列的齿轮组成的，靠不同齿轮间啮合实现不同的传动比，也就是我们所说的挡位。那么，齿轮啮合有什么特点，它的基本参数是什么，在什么条件下才能够啮合？其常见的失效形式有哪些，如何预防？

1. 了解齿轮传动的应用特点及其传动比的计算；
2. 掌握标准直齿轮的基本参数、主要几何尺寸的计算及正确啮合条件；
3. 掌握齿轮失效的形式和预防措施，能够正确地更换标准齿轮。

## 相关知识

### （一）齿轮传动的特点及分类

#### 1. 齿轮传动概述

齿轮是任意一个有齿的机械元件，它旨在利用它的齿与另一个有齿元件连续啮合，从而将运动传递给后者，或者从后者接受运动。

齿轮副是由两个互相啮合的齿轮组成的基本结构，两齿轮的轴线相对位置不变，并各绕其自身的轴线转动，齿轮副是一种线接触的高副。

齿轮传动是利用齿轮副来传递运动和（或）动力的一种机械传动。齿轮副的一对齿轮的齿依次交替地接触，从而实现一定规律的相对运动的过程和形态称为啮合。齿轮传动属啮合传动。如图 3-18 所示，当齿轮副工作时，主动轮 $O_1$ 的轮齿 1、2、3、4…，通过啮合点（两齿轮轮齿的接触点）处的法向作用力 $F_n$，逐个地推动从动轮 $O_2$ 的轮齿 $1'$、$2'$、$3'$、$4'$…，使从动轮转动并带动从动轴回转，从而实现将主动轴的运动和动力传递给从动轴。

齿轮传动的传动比是主动齿轮与从动齿轮角速度（或转速）的比值，也等于两齿轮齿数的反比，即

$$i_{12} = \frac{\omega_1}{\omega_2} = \frac{n_1}{n_2} = \frac{z_2}{z_1}$$

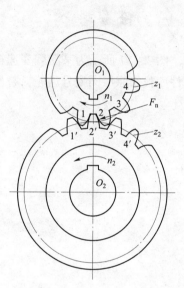

图 3-18 齿轮传动

齿轮副的传动比不宜过大，否则会使结构尺寸过大，不利于制造和安装。通常，圆柱齿轮副的传动比 $i \leqslant 8$，圆锥齿轮副的传动比 $i \leqslant 5$。

#### 2. 齿轮传动特点

齿轮传动是现代机械中应用最广的一种机械传动形式。在工程机械、矿山机械、冶金机械、各种机床及仪器、仪表工业中被广泛地用来传递运动和动力。齿轮传动除传递回转运动外，也可以用来把回转运动转变为直线往复运动（如齿轮齿条传动）。与摩擦轮传动、带传动和链传动等比较，齿轮传动具有如下优点：

（1）能保证瞬时传动比的恒定，传动平稳性好。

（2）传递的功率和速度范围大。传递的功率可小至低于 1 W，也可高达 5 000 kW，其传动时圆周速度可达至 300 m/s。

（3）传动效率高。一般传动效率传递运动准确可靠。

（4）结构紧凑，工作可靠，寿命长。设计正确、制造精良、润滑维护良好的齿轮传动，可使用数年乃至数十年。

齿轮传动也存在以下不足之处：

(1) 制造和安装精度要求高，工作时有噪声。
(2) 齿轮的齿数为整数，能获得的传动比受到一定的限制，不能实现无级变速。
(3) 中心距过大时将导致齿轮传动机构结构庞大、笨重，因此，不适宜中心距较大的场合。

### 3. 齿轮传动的分类

齿轮的种类很多，齿轮传动可以按不同方法进行分类。

(1) 根据齿轮副两传动轴的相对位置不同，可分为平行轴齿轮传动（图3-19）、相交轴齿轮传动（图3-20）和交错轴齿轮传动（图3-21）三种。平行轴齿轮传动属平面传动，相交轴齿轮传动和交错轴齿轮传动属空间传动。

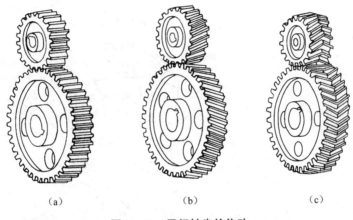

**图 3-19　平行轴齿轮传动**

(a) 直齿圆柱齿轮传动；(b) 斜齿圆柱齿轮传动；(c) 人字齿轮传动

**图 3-20　相交轴齿轮传动**

(a) 直齿锥齿轮传动；(b) 斜齿锥齿轮传动；(c) 曲齿锥齿轮传动

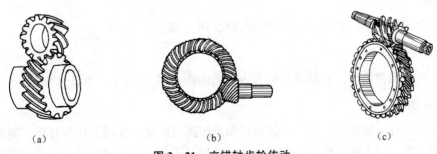

**图 3-21　交错轴齿轮传动**

(a) 交错轴斜齿轮传动；(b) 蜗轮蜗杆传动；(c) 准双曲面齿轮传动

## (二)渐开线标准直齿圆柱齿轮各部分名称和主要参数

如图3-22所示,当一条动直线(发生线)$n-n$沿着一固定的圆(基圆)做纯滚动时,此动直线上任一点$K$的轨迹称为该圆的渐开线。渐开线齿轮的齿廓实际上是取用了渐开线的一段。

### 1. 齿轮各部分名称

渐开线直齿圆柱齿轮各部分名称如图3-23所示。

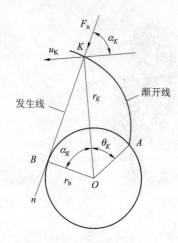

图3-22 渐开线的形成

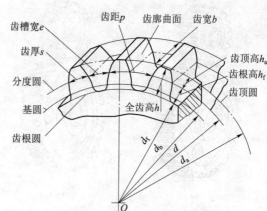

图3-23 渐开线直齿圆柱齿轮各部分名称

**1)齿顶圆**

齿顶所确定的圆称为齿顶圆,其直径用$d_a$表示。

**2)齿根圆**

由齿槽底部所确定的圆称为齿根圆,其直径用$d_f$表示。

**3)齿槽宽**

相邻两齿之间的空间称为齿槽,在任意$d_k$的圆周上,轮齿槽两侧齿廓之间的弧长称为该圆的齿槽宽,用$e_k$表示。

**4)齿厚**

轮齿两侧齿廓之间的弧长称为该圆的齿厚,用$s_k$表示。

**5)齿距**

相邻的两齿同侧齿廓之间的弧长称为该圆的齿距,用$p_k$表示。所以$p_k = s_k + e_k$。

**6)分度圆**

为了便于设计、制造及互换,在齿顶圆和齿根圆之间取一个圆,作为计算、制造、测量齿轮尺寸的基准,这个圆就称为分度圆,其直径用$d$表示。在标准齿轮上分度圆的齿厚$s$与齿槽宽$e$相等。

**7) 齿顶高**

在轮齿上,介于齿顶圆和分度圆之间的部分称为齿顶,其径向高度称为齿顶高,用 $h_a$ 表示。

**8) 齿根高**

介于齿根圆和分度圆之间的部分称为齿根,其径向高度称为齿根高,用 $h_f$ 表示。

**9) 全齿高**

齿顶圆与齿根圆之间轮齿的径向高度称为全齿高,用 $h$ 表示,$h = h_a + h_f$。

**10) 齿宽**

轮齿沿分度圆柱母线方向的尺寸称为齿宽,用 $b$ 表示。

**2. 齿轮主要参数**

**1) 齿数**

齿轮上轮齿的个数,用 $z$ 表示。

**2) 模数**

因为分度圆的周长 $\pi d = zp$,则分度圆的直径为

$$d = \frac{p}{\pi} z$$

可见,当已知一直齿轮的齿距 $p$ 和齿数 $z$,就可以求出分度圆直径 $d$。但式中 $\pi$ 为无理数,这样求得的 $d$ 也是无理数,将使计算烦琐而又不精确,而且也给齿轮制造和检验带来不便。工程上为了设计、制造和检验方便起见,规定齿距 $p$ 除以圆周率 $\pi$ 所得的商称为模数,用 $m$ 表示,即 $m = \frac{p}{\pi}$。

我国已经规定了标准模数系列,如表 3 – 3 所示。

表 3 – 3　渐开线圆柱齿轮模数摘录(GB/T 1357—2008)　　　　mm

| 第一系列 | 1 | 1.25 | 1.5 | 2 | 2.5 | 3 | 4 | 5 | 6 | 8 |
|---|---|---|---|---|---|---|---|---|---|---|
| | 10 | 12 | 16 | 20 | 25 | 32 | 40 | 50 | | |
| 第二系列 | (1.75) | (2.25) | (2.75) | (3.25) | (3.5) | (3.75) | (4.5) | (5.5) | (6.5) | (7) |
| | (9) | (11) | (14) | (18) | (22) | (28) | (36) | (45) | | |

注:① 对斜齿圆柱齿轮是指法向模数。
　　② 优先采用第一系列,括号中的数值尽可能不用。
　　③ $m = 1$ mm 属于小模数齿轮的模数。

**3) 压力角**

渐开线齿廓上任一点的法线与该点的线速度之间所夹的锐角,就称为该点的压力角(如图 3 – 22 中的 $\alpha_K$)。但是,齿轮齿廓上各点的法线及线速度的方向是不相同的,故各点

的压力角也是不同的。

齿轮的压力角通常是指分度圆上的压力角，用 $\alpha$ 表示。我国规定，标准压力角 $\alpha = 20°$。因此，分度圆就是齿轮取标准模数和标准压力角的圆。从图 3-23 中可得分度圆压力角的计算公式为

$$\cos\alpha = \frac{r_b}{r}$$

式中，$r_b$ 为基圆半径；$r$ 为分度圆半径。

**4）齿顶高系数和顶隙系数**

轮齿的齿顶高和齿根高规定用模数乘上某一系数来表示。其中计算齿顶高的系数称为齿顶高系数，用 $h_a^*$ 表示，即 $h_a = h_a^* m$。

一对齿轮啮合时，一个齿轮的齿顶圆到另一个齿轮的齿根圆之间的径向距离，称为顶隙，用 $c$ 表示，$c = c^* m$，其中 $c^*$ 为顶隙系数。顶隙可以避免传动时轮齿互相顶撞，且有利于储存润滑油，如图 3-24 所示。

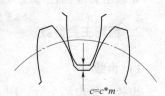

图 3-24 顶隙

我国标准对于 $h_a^*$ 和 $c^*$ 的规定如下：

对于正常齿轮：$h_a^* = 1.0$，$c^* = 0.25$；

对于短齿轮：$h_a^* = 0.8$，$c^* = 0.3$。

渐开线直齿圆柱齿轮的几何尺寸是由齿数、模数、压力角、齿顶高系数和顶隙系数决定的，它们是齿轮几何尺寸计算中的基本参数。

**2. 标准直齿圆柱齿轮几何尺寸的计算**

标准齿轮是指模数 $m$、压力角 $\alpha$、齿顶高系数 $h_a^*$、顶隙系数 $c^*$ 均取标准值，且分度圆齿厚等于齿槽宽的齿轮。现以外啮合标准直齿圆柱齿轮为例，其几何尺寸的计算公式如下：

齿距 $p = \pi m$；

分度圆直径 $d = mz$；

齿顶高 $h_a = h_a^* m$；

齿根高 $h_f = (h_a^* + c^*) m$；

全齿高 $h = h_a + h_f = (2h_a^* + c^*) m$；

齿顶圆直径 $d_a = d + 2h_a = (z + 2h_a^*) m$；

齿根圆直径 $d_f = d - 2h_f = (z - 2h_a^* - 2c^*) m$。

**3. 正确啮合条件和正确安装中心距**

**1）渐开线齿轮的正确啮合条件**

如图 3-25 所示，前一对齿在啮合线上的 $K$ 点啮合时，后一对齿必须准确地在啮合线上的 $K'$ 点进入啮合，而 $KK'$ 既是齿轮 1 的法向齿距，又是齿轮 2 的法向齿距，两齿轮要想正确啮合，它们的法向齿距必须相等。法向齿距和基圆齿距相等，通常以 $p_b$ 表示基圆齿距，即 $p_{b1} = p_{b2}$。

而 $p_b = p\cos\alpha$，故

$$p_{b1} = p_1\cos\alpha_1 = \pi m_1\cos\alpha_1$$
$$p_{b2} = p_2\cos\alpha_2 = \pi m_2\cos\alpha_2$$

因此，渐开线直齿圆柱齿轮正确啮合的（必要）条件为

$$m_1 = m_2 = m, \quad \alpha_1 = \alpha_2 = \alpha$$

即要使一对渐开线齿轮正确啮合，必须使它们的模数和压力角分别相等。

**2）正确安装中心距**

如图3-25所示为一对正确安装的渐开线标准直齿圆柱齿轮传动，其中心距为

$$a = \frac{d_1}{2} + \frac{d_2}{2} = \frac{m}{2}(z_1 + z_2)$$

即两个渐开线标准直齿圆柱齿轮正确安装时分度圆相切，此时中心距为标准中心距。

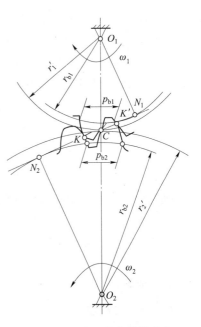

图3-25 渐开线齿轮的啮合

## （三）齿轮常见的失效形式

### 1. 轮齿的失效形式

齿轮传动常见的失效形式有：轮齿折断和齿面损伤。齿面损伤又有齿面点蚀、磨损、胶合和塑性变形等。

**1）轮齿折断**

轮齿折断一般发生在齿根部位。造成折断的原因有两种：一是因多次重复的弯曲应力和应力集中造成的疲劳折断；另一是因短时过载或冲击载荷而造成的过载折断。两种折断均发生在轮齿受拉应力的一侧。

齿宽较小的直齿圆柱齿轮，齿根裂纹一般是从齿根沿横向扩展，最后发生全齿的疲劳折断。齿宽较大的直齿圆柱齿轮，一般因制造误差使载荷集中在齿的一端，裂纹扩展可能沿斜方向，最后发生齿的局部折断。斜齿圆柱齿轮和人字齿轮常因接触线是倾斜的，其齿根裂纹往往从齿根斜向齿顶的方向扩展，最后发生齿的局部疲劳折断。

采用正变位等方法增加齿根圆角半径可减小齿根处的应力集中，能提高轮齿的抗折断能力。降低齿面的粗糙度，对齿根处进行喷丸、辊压等强化处理工艺，均可提高轮齿的抗疲劳折断能力。

**2）齿面点蚀**

由于齿面的接触应力是交变的。应力经多次重复后，在节线附近靠近齿根部分的表面上，会出现若干小裂纹，封闭在裂纹中的润滑油，在压力作用下，产生楔挤作用而使裂纹扩大，最后导致表层小片状剥落而形成麻点状凹坑，称为齿面疲劳点蚀。点蚀出现的结果往往是产生强烈的振动和噪声，导致齿轮失效。

提高齿面硬度和润滑油的黏度，采用正变位传动等，均可减缓或防止点蚀产生。

### 3）齿面磨损

当外界的硬屑落入啮合的齿面间，就可能产生磨料磨损。另外当表面粗糙的硬齿与较软的轮齿相啮合时，由于相对滑动，较软的齿表面易被划伤也可能产生齿面磨料磨损。磨损后，正确的齿形遭到破坏，齿厚减薄，最后导致轮齿因强度不足而折断。

改善润滑、密封条件，在润滑油中加入减摩添加剂，保持润滑油的清洁，提高齿面硬度等，均能提高齿面的抗磨料磨损。

### 4）齿面胶合

胶合是比较严重的黏着磨损。在高速重载传动时，因滑动速度高而产生的瞬时高温会使油膜破裂，造成齿面间的粘焊现象，粘焊处被撕脱后，轮齿表面沿滑动方向形成沟痕，这种胶合称为热胶合。在低速重载传动中，不易形成油膜，摩擦热虽不大，但也可能因重载而出现冷焊黏着，这种胶合称为冷胶合。热胶合是高速、重载齿轮传动的主要失效形式。

减小模数、降低齿高、采用角度变位齿轮以减小滑动系数、提高齿面硬度、采用抗胶合能力强的润滑油（极压油）等，均可减缓或防止齿面胶合。

### 5）齿面塑性变形

当齿轮材料较软而载荷及摩擦力又很大时，在啮合过程中，齿面表层材料就会沿着摩擦力的方向产生塑性变形从而破坏正确齿形。由于在主动轮齿面节线的两侧，齿顶和齿根的摩擦力方向相背，因此在节线附近形成凹槽，从动轮则相反，由于摩擦力方向相对，因此在节线附近形成凸脊。这种失效常在低速重载、频繁起动和过载传动中出现。

适当提高齿面硬度，采用黏度较大的润滑油，可以减轻或防止齿面塑性流动。

## 2. 齿轮的材料

### 1）对齿轮材料的基本要求

为了保证齿轮工作的可靠性，提高其使用寿命，齿轮的材料：

（1）应有足够的硬度，以抵抗齿面磨损、点蚀、胶合以及塑性变形等；

（2）齿心应有足够的强度和较好的韧性，以抵抗齿根折断和冲击载荷；

（3）应有良好的加工工艺性能及热处理性能，使之便于加工且便于提高其力学性能。

最常用的齿轮材料是钢，此外还有铸铁及一些非金属材料等。

### 2）齿轮的常用材料及热处理

（1）锻钢。

因锻钢具有强度高、韧性好、便于制造、便于热处理等优点，大多数齿轮都用锻钢制造。

a. 软齿面齿轮。

软齿面齿轮的齿面硬度<350HBS，常用中碳钢和中碳合金钢，如45钢、40Cr、35SiMn等材料，进行调质或正火处理。这种齿轮适用于强度、精度要求不高的场合，轮坯经过热处理后进行插齿或滚齿加工，生产便利、成本较低。在确定大、小齿轮硬度时应注意使小齿轮的齿面硬度比大齿轮的齿面硬度高 30~50 HBS，这是因为小齿轮受载荷次数比大齿轮多，且小齿轮齿根较薄，为使两齿轮的轮齿接近等强度，小齿轮的齿面要比大齿轮的齿面硬

一些。

b. 硬齿面齿轮。

硬齿面齿轮的齿面硬度大于 350 HBS，常用的材料为中碳钢或中碳合金钢，需经表面淬火处理。

(2) 铸钢。

当齿轮的尺寸较大（大于 400~600 mm）而不便于锻造时，可用铸造方法制成铸钢齿坯，再进行正火处理以细化晶粒。

(3) 铸铁。

低速、轻载场合的齿轮可以制成铸铁齿坯。当尺寸大于 500 mm 时可制成大齿圈，或制成轮辐式齿轮。

### (四) 轮系

用一对齿轮可以传递运动和转矩，并达到减速、增速及改变从动轴转向等目的。但是，在汽车及其他许多机械中，为了获得大的传动比或变换转速、转向，通常需要采用一系列互相啮合的齿轮将主动轴和从动轴连接起来。这种由一系列齿轮组成的传动系统称为齿轮系。齿轮系分为两大类：定轴轮系和行星轮系。

#### 1. 定轴轮系

如图 3-26 所示，传动时轮系中各齿轮的几何轴线位置都是固定的轮系称为定轴轮系。汽车手动变速器中的齿轮系即为典型的定轴轮系。若定轴轮系是由轴线相互平行的圆柱齿轮组成的，则称为平面定轴轮系 [图 3-26 (a)]；若定轴轮系中包含有相交轴齿轮、交错轴齿轮等，则称为空间定轴轮系 [图 3-26 (b)]。

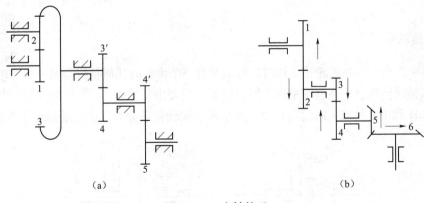

图 3-26　定轴轮系

(a) 平面定轴轮系；(b) 空间定轴轮系

定轴轮系的传动比是指轮系中首末两轮的角速度（或转速）之比。定轴轮系的传动比计算包括计算轮系传动比的大小和确定末轮的回转方向。接下来以图 3-26 (a) 所示的平面定轴轮系为例讨论定轴轮系传动比的计算方法。

首先讨论一对齿轮的传动，由上一节可知，一对平行轴间的圆柱齿轮传动的传动比为

$$i = \frac{n_1}{n_2} = \pm \frac{z_2}{z_1}$$

若两个齿轮为外啮合传动,则主从动齿轮转向相反,上式取负号,或在图中用反方向箭头表示;若两个齿轮为内啮合传动,则主从动齿轮转向相同,上式取正号,或在图中用正方向箭头表示。

根据定轴轮系传动比的定义,图 3-26 (a) 中平面定轴轮系的传动比为 $i_{15}$,

$$\begin{aligned} i_{15} &= \frac{n_1}{n_5} = \frac{n_1}{n_2} \times \frac{n_2}{n_3} \times \frac{n_3}{n_{3'}} \times \frac{n_{3'}}{n_4} \times \frac{n_4}{n_{4'}} \times \frac{n_{4'}}{n_5} \\ &= i_{12} \times i_{23} \times 1 \times i_{3'4} \times 1 \times i_{4'5} \\ &= i_{12} \times i_{23} \times i_{3'4} \times i_{4'5} \\ &= (-1)\frac{z_2}{z_1} \times \frac{z_3}{z_2} \times (-1)\frac{z_4}{z_{3'}} \times (-1)\frac{z_5}{z_{4'}} \\ &= (-1)^3 \frac{z_2 z_3 z_4 z_5}{z_1 z_2 z_{3'} z_{4'}} \end{aligned}$$

由以上分析过程可以推导出,任意定轴轮系的传动比计算公式如下:

$$i_{1k} = (-1)^m \frac{\text{各级齿轮副中从动轮齿数的连乘积}}{\text{各级齿轮副中主动轮齿数的连乘积}}$$

式中,$m$ 是轮系中外啮合的圆柱齿轮副的个数。

若计算结果为正,则表示首末两轮(即主从动轴)回转方向相同;结果为负,则表示首末两轮的回转方向相反,此判定方法只适用于平行轴圆柱齿轮传动的轮系。定轴轮系中各轮的转向还可以用画箭头方法来确定。图 3-17 所示的某品牌变速箱轮系是平面定轴轮系在汽车中的典型应用。

汽车手动变速器工作原理

对于轴线相交或者空间交错的空间定轴轮系,其传动比大小的计算方法和定轴轮系相同,但各轮的转向不能根据 $(-1)^m$ 来确定,必须用画箭头的方法确定,如图 3-26 (b) 所示。

### 2. 周转轮系

如图 3-27 所示,在齿轮系运转时,若至少有一个齿轮的几何轴线绕另一齿轮固定几何轴线转动,则该齿轮系称为周转轮系,主要由行星轮 2、行星架(系杆、转臂)H 和中心轮或太阳轮(1、3)所组成。周转轮系分为行星轮系和差动轮系两大类。

周转轮系分类

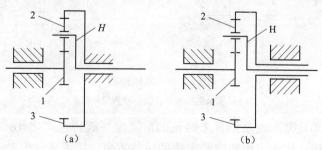

**图 3-27 周转轮系**

(a) 行星轮系;(b) 差动轮系

1,3—太阳轮;2—行星轮;H—行星架

1) 行星轮系

有一个中心轮的转速为零（即固定不动）的周转轮系称为行星轮系，图3-27（a）所示的周转轮系中，中心轮3固定不动时就是行星轮系，太阳轮1绕自身轴线回转；行星架H绕自身轴线回转；行星轮2做行星运动，既绕自身轴线回转（自转），又绕行星架回转轴线回转（公转），这一结构主要应用在汽车自动变速器上，如图3-28所示。

行星齿轮机构就具有三个彼此可以相对旋转的运动件：太阳轮、行星架和齿圈。它可以实现四种不同组合的挡位：

（1）低挡——太阳轮主动，行星架被动，齿圈不动。

（2）中挡——太阳轮不动，行星架被动，齿圈主动。

图3-28 单排行星齿轮机构

（3）高挡（超速挡）——太阳轮不动，行星架主动，齿圈被动。

（4）倒挡——太阳轮主动，行星架不动，齿圈被动。

所有运动件都不受约束时，变速器处于空挡。

行星齿轮变速器通常由两组到三组行星齿轮机构组成，并用多片离合器控制上述运动件的组合，实现不同的挡位。

2) 差动轮系

中心轮的转速都不为零的周转轮系称为差动轮系，如图3-27（b）所示。在图3-27（b）所示的周转轮系中，太阳轮1、3和行星架H均绕各自的轴线回转，行星轮2则做行星运动。这一结构主要应用在汽车差速器上，如图3-29所示。

差速器工作原理

汽车差速器是能够使左、右驱动轮实现以不同转速转动的机构。主要由左右半轴齿轮、两个行星轮及齿轮架组成。功用是当汽车转弯行驶或在不平路面上行驶时，使左、右车轮以不同转速滚动，即保证两侧驱动车轮做纯滚动运动。

如图3-29所示，当汽车直线行驶时，两个行星轮跟着壳体（框架）公转的同时不会产生自转，因此两个太阳轮的转速相同，即通过输出轴传递给汽车两侧车轮的转速相同。当汽车转弯行驶时，两个行星轮跟着壳体（框架）公转的同时产生自转，导致两个太阳齿轮的转速不同，即通过输出轴传递给汽车两侧车轮的转速不同，从而保证两侧车轮在转弯时都做纯滚动。

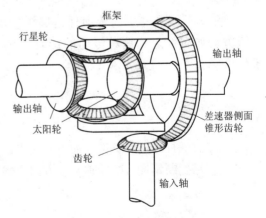
图3-29 汽车差速器示意图

# 任务四
## 蜗轮蜗杆传动

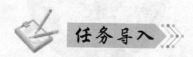

如图3-30所示为单级圆柱蜗杆传动减速器,由封闭在箱体内的蜗杆传动组成。常用在原动机与工作机之间,作为减速装置,试对该减速器进行运动分析。

图3-30 单级圆柱蜗杆传动减速器

蜗杆传动减速器中的传动件是蜗杆、蜗轮,其表面都有一些呈螺旋状的齿面,其螺旋线方向如何判定?它对传动的旋转方向有何影响?蜗杆传动有哪些类型?分别适用于什么场合?

1. 了解蜗杆传动的类型、加工及应用特点;
2. 能够判断蜗杆、蜗轮螺旋线方向及蜗轮回转方向。

## 相关知识

### （一）蜗杆传动的特点和类型

蜗杆传动用于在交错轴间传递运动和动力。如图 3-31 所示，蜗杆传动由蜗杆和蜗轮组成，一般蜗杆为主动件，交错角为 90°。蜗杆传动广泛用于各种机械和仪表中，常用作减速装置，蜗杆的形状像个圆柱形螺纹，蜗轮形状像斜齿轮，只是它的轮齿沿齿长方向又弯曲成圆弧形，以便与蜗杆更好地啮合。

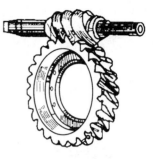

图 3-31 蜗杆传动

#### 1. 蜗杆传动特点

**1）优点**

（1）传动比大。在传力机构中，通常传动比可在 8~80 范围内选取。在分度机构中，传动比可达 1 000。

（2）工作平稳，噪声低。

（3）结构紧凑，并可根据要求实现自锁。

**2）缺点**

（1）传动效率低（一般为 70%~80%，自锁时为 40% 左右）。

（2）增加较贵重的有色金属的消耗，成本高。

#### 2. 蜗杆传动类型

根据蜗杆形状的不同，蜗杆传动可分圆柱蜗杆传动、环面蜗杆传动和锥蜗杆传动三大类。圆柱蜗杆传动分为普通圆柱蜗杆传动和圆弧圆柱蜗杆传动。按齿廓曲线形状，普通圆柱蜗杆传动可分为阿基米德蜗杆、渐开线蜗杆、法向直廓蜗杆。本节主要分析阿基米德蜗杆。

### （二）蜗杆传动的主要参数及正确啮合条件

通过蜗杆轴线并垂直蜗轮轴线的平面称中间平面，如图 3-32 所示。在中间平面上，蜗杆与蜗轮的啮合相当于齿条和渐开线齿轮的啮合，因此，蜗杆传动的参数与齿轮传动类似。在蜗杆传动的设计计算中，均以中间平面上的基本参数和几何尺寸为基准。

#### 1. 模数 $m$ 和压力角 $\alpha$

和齿轮传动一样，蜗杆传动的几何尺寸也以模数为主要计算参数。标准规定蜗杆、蜗轮在中间平面内的模数和压力角为标准值。标准模数如表 3-3 所示，压力角 $\alpha = 20°$，蜗轮的端面模数为 $m_{t2}$，蜗杆的轴向模数为 $m_{a1}$，蜗轮的端面压力角为 $\alpha_{t2}$，蜗杆的轴向压力角为 $\alpha_{a1}$。

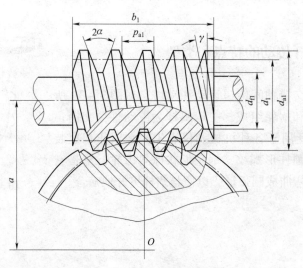

图 3-32 蜗杆传动中间平面

## 2. 蜗杆的分度圆直径 $d_1$ 和直径系数 $q$

为了保证蜗杆与蜗轮的正确啮合,要用与蜗杆尺寸相同的蜗杆滚刀来加工蜗轮。由于相同的模数,可以有许多不同的蜗杆直径,这样就造成要配备很多的蜗轮滚刀,以适应不同的蜗杆直径。显然,这样很不经济。为了减少蜗轮滚刀的个数和便于滚刀的标准化,就对每一标准的模数规定了一定数量的蜗杆分度圆直径 $d_1$,而把分度圆直径和模数的比称为蜗杆直径系数 $q$,即 $q = d_1/m$。

蜗杆的分度圆直径 $d_1$ 是按国家标准(GB 10088—1988)规定将其标准化,并与模数相匹配确定的。蜗杆分度圆直径 $d_1$ 与模数 $m$ 的匹配关系如表 3-4 所示。

表 3-4 蜗杆模数与分度圆直径的匹配标准系列     mm

| $m$ | $d_1$ | $m$ | $d_1$ | $m$ | $d_1$ | $m$ | $d_1$ |
|---|---|---|---|---|---|---|---|
| 1 | 18 | 2.5 | (22.4) | 4 | 40 | 6.3 | (80) |
| 1.25 | 20 | | 28 | | (50) | | 112 |
| | 22.4 | | (35.5) | | 71 | | (63) |
| 1.6 | 20 | 3.15 | 45 | 5 | (40) | 8 | 80 |
| | 28 | | (28) | | 50 | | (100) |
| 2 | (18) | | 35.5 | | (63) | | 140 |
| | 22.4 | | (45) | | 90 | | (71) |
| | (28) | | 56 | 6.3 | (50) | 10 | 90 |
| | 35.5 | 4 | (31.5) | | 63 | | — |

### 3. 蜗杆头数 $z_1$ 和蜗轮齿数 $z_2$

蜗杆头数可根据要求的传动比和效率来选择，一般取 $z_1 = 1 \sim 10$，推荐 $z_1 = 1, 2, 4, 6$。选择的原则是：当要求传动比较大，或要求传递大的转矩时，则 $z_1$ 取小值；要求传动自锁时，取 $z_1 = 1$；要求具有高的传动效率，或高速传动时，则 $z_1$ 取较大值。

### 4. 螺旋角和导程角

蜗轮的轮齿与斜齿轮相似，把齿的旋向与轴线间的夹角称为螺旋角，用 $\beta$ 表示。将蜗杆分度圆上的螺旋线展开，如图 3-33 所示，则蜗杆的导程角 $\gamma$ 为

$$\tan\gamma = \frac{z_1 p_a}{\pi d_1} = \frac{z_1 m}{d_1}$$

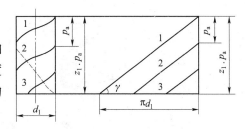

图 3-33 蜗杆导程角

### 5. 蜗杆传动正确啮合条件

蜗杆传动的正确啮合条件是：蜗杆的轴向模数 $m_{a1}$ 等于蜗轮的端面模数 $m_{t2}$，蜗杆的轴向压力角 $\alpha_{a1}$ 等于蜗轮的端面压力角 $\alpha_{t2}$，蜗杆中圆柱上螺旋线的导程角 $\gamma$ 等于蜗轮分度圆上的螺旋角 $\beta_2$，且螺旋线方向相同，即

$$m_{a1} = m_{t2};$$
$$\alpha_{a1} = \alpha_{t2};$$
$$\gamma = \beta_2。$$

## （三）蜗杆传动旋转方向判定

按螺旋线方向不同，蜗轮、蜗杆有左旋和右旋之分。蜗轮、蜗杆的螺旋方向用右手法则判定，如图 3-34 所示，伸出右手，手心对着自己，四个手指顺着蜗杆蜗轮轴线的方向摆放，齿向与右手拇指方向一致，为右旋蜗杆或蜗轮，反之为左旋蜗杆或蜗轮。

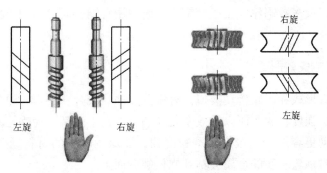

图 3-34 蜗轮蜗杆螺旋方向

蜗杆传动旋转方向的判定：如图 3-35 所示，蜗轮的旋转方向和蜗杆的旋转方向有关，而且与蜗杆的螺旋方向有关。当蜗杆是右旋（或左旋）时，伸出右手（或左手）半握拳，四指顺着蜗杆的回转方向，蜗轮在啮合处的回转方向与大拇指指向相反。

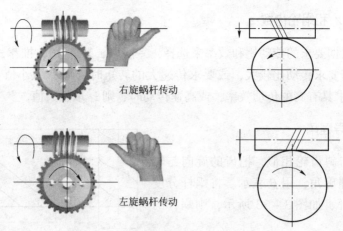

图 3-35 蜗杆传动旋转方向的判定

## （四）蜗杆传动的结构、材料和失效形式

### 1. 蜗杆、蜗轮的结构

**1）蜗杆的结构**

蜗杆与轴常做成一体，称为蜗杆轴，如图 3-36 所示。

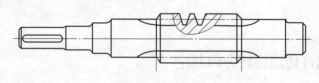

图 3-36 蜗杆轴

**2）蜗轮的结构**

蜗轮结构分为整体式和组合式。铸铁蜗轮或直径小于 100 mm 的青铜蜗轮做成整体式。为了降低材料成本，大多数蜗轮采用组合结构，齿圈用青铜，而轮齿用价格较低的铸铁或钢制造。

### 2. 蜗杆、蜗轮的失效形式

蜗杆传动的失效形式和齿轮传动类似，有疲劳点蚀、胶合、磨损、轮齿折断等。

一般地，蜗轮的强度较弱，所以失效总是在蜗轮上发生。又因为蜗轮和蜗杆间的相对滑动较大，比齿轮传动更容易产生胶合和磨粒磨损，而蜗轮轮齿的材料通常比蜗杆材料软得多，所以发生胶合时蜗轮表面的金属会粘到蜗杆螺旋面上。

蜗轮轮齿的磨损比齿轮传动严重得多，这是由于啮合处的相对滑动较大所致。在开式传动和润滑油不清洁的闭式传动中，磨损尤其明显。

在蜗杆传动中，点蚀通常只出现在蜗轮轮齿上。

### 3. 蜗杆、蜗轮的材料

由失效形式可知，蜗杆、蜗轮的材料不仅要求有足够的强度，更重要的是具有良好的磨合（跑合）、减摩性、耐磨性和抗胶合能力等。

蜗杆一般是用碳钢或合金钢制成：一般不太重要的低速中载的蜗杆，可采用40、45钢，并经调质处理。高速重载蜗杆常用15Cr或20Cr、20CrMnTi等，并经渗碳淬火。

蜗轮材料为铸造锡青铜（ZCuSn10P1、ZCuSn5Pb5Zn5）、铸造铝铁青铜（ZCuAl10Fe3）及灰铸铁（HT150、HT200）等。锡青铜耐磨性最好，但价格较高，用于滑动速度大于3 m/s的重要传动；铝铁青铜的耐磨性较锡青铜差一些，但价格便宜，一般用于滑动速度小于4 m/s的传动；如果滑动速度不高（小于2 m/s），对效率要求也不高时，可以采用灰铸铁。

### 思考与练习

**一、填空题**

1. 带传动的失效形式有_____和_____。
2. 在设计V带传动时，V带的型号根据_____和_____选取。
3. 带传动常见的张紧方法有_____和_____等几种。
4. 当链节数为_____数时，必须采用过渡链节连接，此时会产生附加_____。
5. 滚子链的最主要参数是链的_____，为提高链传动的均匀性，应选用齿数_____的链轮。
6. 链传动张紧的目的是_____。采用张紧轮张紧时，张紧轮应布置在_____边，靠近_____轮，从_____向_____张紧。
7. 一般开式齿轮传动的主要失效形式是_____和_____；闭式齿轮传动的主要失效形式是_____和_____；闭式软齿面齿轮传动的主要失效形式是_____；闭式硬齿面齿轮传动的主要失效形式是_____。
8. 在齿轮传动中，齿面疲劳点蚀是由于_____的反复作用而产生的，点蚀通常首先出现在_____。
9. 螺旋传动是利用_____来传递运动和动力的一种机械传动。
10. 螺旋传动可以方便地把主动件的_____运动转变为从动件的_____运动。
11. 在蜗杆传动中，蜗杆头数越少，则传动效率越_____，自锁性越_____，一般蜗杆头数常取 $z_1 =$ _____。
12. 蜗轮轮齿的失效形式有_____、_____、_____、_____。但因蜗杆传动在齿面间有较大的_____，所以更容易产生_____和_____失效。
13. 在蜗杆传动中，蜗轮螺旋线的方向与蜗杆螺旋线的旋向应该_____。
14. 蜗杆分度圆直径 $d_1 =$ _____；蜗轮分度圆直径 $d_2 =$ _____。
15. 蜗杆传动时蜗杆的螺旋线方向应与蜗轮螺旋线方向_____。

**二、选择题**

1. 平带、V带传动主要依靠（    ）来传递运动和动力。
   A. 带的紧边拉力　　　　　　　　B. 带的松边拉力

C. 带的预紧力 D. 带和带轮接触面间的摩擦力

2. 下列普通 V 带中,以( )型带的截面尺寸最小。
   A. A  B. C
   C. E  D. Z

3. 在初拉力相同的条件下,V 带比平带能传递较大的功率,是因为 V 带( )。
   A. 强度高  B. 尺寸小
   C. 有楔形增压作用  D. 没有接头

4. 带传动正常工作时不能保证准确的传动比,是因为( )。
   A. 带的材料不符合虎克定律  B. 带容易变形和磨损
   C. 带在带轮上打滑  D. 带的弹性滑动

5. 带传动在工作时产生弹性滑动,是因为( )。
   A. 带的初拉力不够  B. 带的紧边和松边拉力不等
   C. 带绕过带轮时有离心力  D. 带和带轮间摩擦力不够

6. 带传动中,$v_1$ 为主动轮的圆周速度,$v_2$ 为从动轮的圆周速度,$v$ 为带速,这些速度之间存在的关系是( )。
   A. $v_1 = v_2 = v$  B. $v_1 > v > v_2$
   C. $v_1 < v < v_2$  D. $v_1 = v > v_2$

7. 带传动采用张紧装置的目的是( )。
   A. 减轻带的弹性滑动  B. 提高带的寿命
   C. 改变带的运动方向  D. 调节带的初拉力

8. 设计带传动的基本原则是:保证带在一定的工作期限内( )。
   A. 不发生弹性滑动  B. 不发生打滑
   C. 不发生疲劳破坏  D. 既不打滑,又不疲劳破坏

9. 带传动传动比不准确的原因是( )。
   A. 大小带轮包角不等  B. 摩擦系数不稳定
   C. 总是存在弹性滑动  D. 总是存在打滑现象

10. V 带轮是采用实心式、轮辐式还是腹板式,主要取决于( )。
    A. 传递的功率  B. 带的横截面尺寸
    C. 带轮的直径  D. 带轮的线速度

11. 设计链传动时,链长(节数)最好取( )。
    A. 偶数  B. 奇数
    C. 5 的倍数  D. 链轮齿数的整数倍

12. 多排链的排数一般不超过 3 或 4,主要是为了( )。
    A. 不使安装困难  B. 减轻链的重量
    C. 不使轴向过宽  D. 使各排受力均匀

13. 链传动设计中,当载荷大、中心距小、传动比大时,宜选用( )。
    A. 大节距单排链  B. 小节距多排链
    C. 小节距单排链  D. 大节距多排链

14. 链传动张紧的目的主要是( )。

A. 同带传动一样　　　　　　　B. 提高链传动工作能力
C. 避免松边垂度过大　　　　　D. 增大小链轮包角

15. 链传动的张紧轮应装在（　　）。
    A. 靠近小轮的松边上　　　　B. 靠近小轮的紧边上
    C. 靠近大轮的松边上　　　　D. 靠近大轮的紧边上

16. 链传动人工润滑时，润滑油应加在（　　）。
    A. 链条和链轮啮合处　　　　B. 链条的紧边上
    C. 链条的松边上　　　　　　D. 任意位置均可

17. 在一定转速下，要减小链传动的运动不均匀性和动载荷，应该（　　）。
    A. 减小链条节距和链轮齿数　　B. 增大链条节距和链轮齿数
    C. 增大链条节距，减小链轮齿数　D. 减小链条节距，增大链轮齿数

18. 链传动不适合用于高速传动的主要原因是（　　）。
    A. 链条的质量大　　　　　　B. 动载荷大
    C. 容易脱链　　　　　　　　D. 容易磨损

19. 开式链传动的主要失效形式为（　　）。
    A. 链板疲劳破坏　　　　　　B. 铰链磨损，导致脱链
    C. 销轴和套筒胶合　　　　　D. 静载拉断

20. 对于软齿面的闭式齿轮传动，其主要失效形式为（　　）。
    A. 轮齿疲劳折断　　　　　　B. 齿面磨损
    C. 齿面疲劳点蚀　　　　　　D. 齿面胶合

21. 一般开式齿轮传动的主要失效形式是（　　）。
    A. 轮齿疲劳折断　　　　　　B. 齿面磨损
    C. 齿面疲劳点蚀　　　　　　D. 齿面胶合

22. 高速重载齿轮传动，当润滑不良时，最可能出现的失效形式为（　　）。
    A. 轮齿疲劳折断　　　　　　B. 齿面磨损
    C. 齿面疲劳点蚀　　　　　　D. 齿面胶合

23. 齿轮的齿面疲劳点蚀经常发生在（　　）。
    A. 靠近齿顶处　　　　　　　B. 靠近齿根处
    C. 节线附近的齿顶一侧　　　D. 节线附近的齿根一侧

24. 一对45钢调质齿轮，过早地发生了齿面点蚀，更换时可用（　　）的齿轮代替。
    A. 40Cr调质　　　　　　　　B. 适当增大模数 $m$
    C. 45钢齿面高频淬火　　　　D. 铸钢ZG310-570

25. 设计一对软齿面减速齿轮传动，从等强度要求出发，选择硬度时应使（　　）。
    A. 大、小齿轮的硬度相等　　B. 小齿轮硬度高于大齿轮硬度
    C. 大齿轮硬度高于小齿轮硬度　D. 小齿轮用硬齿面，大齿轮用软齿面

26. 设计硬齿面齿轮传动，当直径一定，常取较少的齿数、较大的模数以（　　）。
    A. 提高轮齿的弯曲疲劳强度　　B. 提高齿面的接触疲劳强度
    C. 减少加工切削量，提高生产率　D. 提高轮齿抗塑性变形能力

27. 在下面的各种方法中，（　　）不能提高齿轮传动的齿面接触疲劳强度。

A. 直径 $d$ 不变而增大模数　　　　　B. 改善材料
C. 增大齿宽 $b$　　　　　　　　　　D. 增大齿数以增大 $d$

28. 为提高齿轮传动的接触疲劳强度，可采取的方法是（　　）。
A. 采用闭式传动　　　　　　　　　B. 增大传动的中心距
C. 模数不变，减少齿数　　　　　　D. 中心距不变，增大模数

29. 圆柱齿轮传动的中心距不变，减小模数、增加齿数，可以（　　）。
A. 提高齿轮的弯曲强度　　　　　　B. 提高齿面的接触强度
C. 改善齿轮传动的平稳性　　　　　D. 减少齿轮的塑性变形

30. 与齿轮传动相比较，（　　）不能作为蜗杆传动的优点。
A. 传动平稳，噪声小　　　　　　　B. 传动效率高
C. 可产生自锁　　　　　　　　　　D. 传动比大

31. 阿基米德圆柱蜗杆与蜗轮传动的（　　）模数，应符合标准值。
A. 法面　　　　　B. 端面　　　　　C. 中间平面

32. 蜗杆直径系数 $q = $（　　）。
A. $q = d_1/m$　　B. $q = d_1 m$　　C. $q = a/d_1$　　D. $q = a/m$

33. 在蜗杆传动中，当其他条件相同时，增加蜗杆直径系数 $q$，将使传动效率（　　）。
A. 增大　　　　　B. 减小　　　　　C. 不变　　　　　D. 增大也可能减小

34. 在蜗杆传动中，当其他条件相同时，增加蜗杆头数 $z_1$，则传动效率（　　）。
A. 提高　　　　　　　　　　　　　B. 降低
C. 不变　　　　　　　　　　　　　D. 可能提高，也可能降低

35. 起吊重物用的手动蜗杆传动，宜采用（　　）的蜗杆。
A. 单头、小导程角　　　　　　　　B. 单头、大导程角
C. 多头、小导程角　　　　　　　　D. 多头、大导程角

### 三、简答题

1. 在多根 V 带传动中，当一根带失效时，为什么全部带都要更换？
2. 简述带传动产生弹性滑动的原因和不良后果。
3. 何谓带传动的弹性滑动和打滑？能否避免？
4. 链传动张紧的主要目的是什么？链传动怎样布置时必须张紧？
5. 齿轮齿面疲劳点蚀多发生在齿面的什么部位？为什么？
6. 在什么情况下会发生齿轮齿面的胶合失效？
7. 齿轮轮齿折断可有哪两种情况？为什么？

### 四、计算题

1. 已知一对外啮合标准直齿圆柱齿轮传动的标准中心距 $a = 108$ mm，传动比 $i_{12} = 3$，小齿轮的齿数 $z_1 = 18$。试确定大齿轮的齿数 $z_2$、齿轮的模数 $m$ 和两轮的分度圆直径、齿顶圆直径。

2. 图示蜗杆传动均以蜗杆为主动件，试在图上标出蜗杆（或蜗轮）的转向，蜗轮齿的螺旋线方向，蜗杆、蜗轮所受各分力的方向。

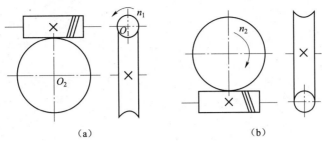

(a) (b)

3. 如图已知各齿轮齿数为 $z_1=8$,$z_2=24$,$z_3=20$,$z_4=36$,$z_5=18$,$z_6=12$,输入转速 $n_1=1\,800$ r/min,齿轮1转向如图所示。

求:

(1) 判断齿轮6的转向;

(2) 齿轮1和齿轮6的传动比 $i_{16}$;

(3) 齿轮6的转速 $n_6$。

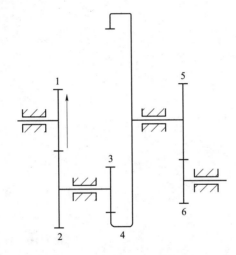

# 项目四

## 汽车典型机械零件

# 任务一

## 轴

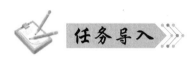

图4-1（a）所示为减速装置传动简图，电动机的运动和动力经联轴器传递给减速器的输入轴Ⅰ，再经减速齿轮传递给输出轴Ⅱ，最后再将运动和动力传递给机械零件。图4-1（b）为减速器输出轴Ⅱ的结构简图，轴上装有轴承、齿轮、联轴器等件，并通过轴实现传动。因此，轴的主要功用是支承回转零件（齿轮、链轮等），并传递运动和动力。

分析图4-1（b）减速器输出轴，轴采用了什么材料？轴的结构如何？轴上零件是如何实现合理固定的？

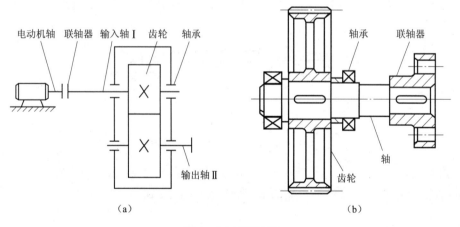

**图4-1 减速装置**

（a）减速装置传动简图；（b）减速器输出轴

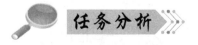

通过对减速装置的传动分析可知，轴在工作过程中承受一定的作用力，经过一定时间后会出现磨损或损坏现象，因此，在进行轴的设计时，要选用适合的材料，进行必要的结构设计。

1. 熟悉轴的功用、种类及应用特点；

2. 了解轴的材料选用及常见失效形式;
3. 掌握轴的结构设计方法。

## 相关知识

### (一) 轴的分类

1. 按轴线几何形状分类

**1) 直轴**

直轴按外形不同可分为直径无变化的光轴[图4-2 (a)]和直径有变化的阶梯轴[图4-2 (b)]。光轴形状简单、加工方便、应力集中源少,但其轴上零件拆装和定位不方便。阶梯轴因便于轴上零件的安装和定位,广泛应用于机械零件当中。轴一般制成实心,但在结构要求或为了提高轴的刚度、减轻轴的重量的情况下,制成空心轴,如图4-2 (c) 所示。

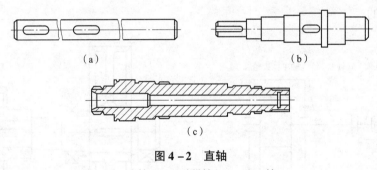

图 4-2 直轴
(a) 光轴;(b) 阶梯轴;(c) 空心轴

**2) 曲轴**

曲轴常用于往复式机械当中,如内燃机等,如图4-3所示。

**3) 挠性钢丝轴**

挠性钢丝轴用于两传动轴线不在同一直线或工作时彼此有相对运动的空间传动,常用于电动的手持小型机具,如图4-4所示。

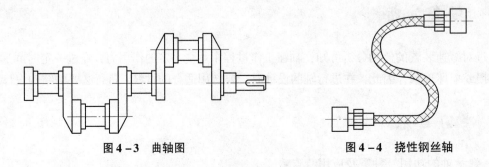

图 4-3 曲轴图　　　　图 4-4 挠性钢丝轴

2. 按轴受载情况分类

**1）转轴**

既传递转矩又同时承受弯矩的轴称为转轴［图4-1（b）］，如减速器的轴。

**2）心轴**

只承受弯矩不承受转矩的轴称为心轴。心轴按其是否转动又分为固定心轴，如自行车前轮轴［图4-5（a）］和转动心轴，如列车车轴［图4-5（b）］。

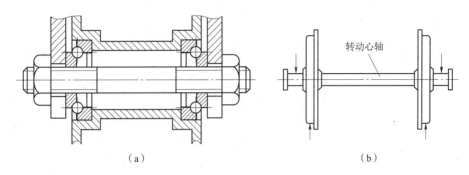

图4-5 心轴

(a) 固定心轴；(b) 转动心轴

**3）传动轴**

只承受转矩，不承受弯矩或承受很小的弯矩的轴称为传动轴（图4-6），如汽车的传动轴。

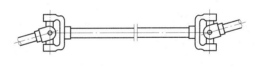

图4-6 传动轴

## （二）轴的材料选择

轴的主要失效形式是疲劳断裂，因此轴的材料要求有一定的疲劳强度和韧性；轴与轴上零件发生相对运动的表面应具有一定的耐磨性；同时根据经济性和工艺性等的要求，合理地选择轴的材料。

轴常用的材料主要有碳素钢和合金钢。碳素钢比合金钢价格低，对应力集中的敏感性小，应用较为广泛。常采用的碳素钢有30、40、45和50钢，以45钢最常用，为了保证力学性能，通常进行正火或调质处理。对不重要的或低速轻载的轴可选用Q235、Q275等普通碳素钢制造。

合金钢比碳素钢具有更好的力学性能和热处理性能，但应力集中敏感，价格较高，常用于制造高速、重载轴，或受力大而要求尺寸小、重量轻的轴，或处于高温、低温或腐蚀介质中工作的轴。常用的合金钢有20Cr、40Cr、20CrMnTi、35CrMo、40MnB等。

轴也可以采用铸钢、合金铸铁或球墨铸铁。球墨铸铁吸振性、耐磨性好，价廉，对应力集中的敏感性低，但其强度低、韧性差，铸造品质不容易控制，多用于制造外形复杂的轴，如内燃机的曲轴等。

表4-1列出了轴的常用材料及其主要力学性能。

表4-1 轴的常用材料及其主要力学性能

| 材料牌号 | 热处理 | 毛坯直径/mm | 硬度/HBW | 抗拉强度极限 $\sigma_b$ | 屈服强度极限 $\sigma_s$ | 弯曲疲劳极限 $\sigma_{-1}$ | 剪切疲劳极限 $\tau_{-1}$ | 许用弯曲应力 $[\sigma_{-1}]$ | 备注 |
|---|---|---|---|---|---|---|---|---|---|
| | | | | | | MPa | | | |
| Q235A | 热轧或锻后空冷 | ≤100 | | 400~420 | 225 | 170 | 105 | 40 | 用于不重要及受载荷不大的轴 |
| | | >100~250 | | 375~390 | 215 | | | | |
| 45 | 正火回火 | ≤10 | 170~217 | 590 | 295 | 225 | 140 | 55 | 应用最广泛 |
| | | >100~300 | 162~217 | 570 | 285 | 245 | 135 | | |
| | 调质 | ≤200 | 217~255 | 640 | 355 | 275 | 155 | 60 | |
| 40Cr | 调质 | ≤100 | 241~286 | 735 | 540 | 355 | 200 | 70 | 用于载荷较大，而无很大冲击的重要轴 |
| | | >100~300 | | 685 | 490 | 355 | 185 | | |
| 40CrNi | 调质 | ≤100 | 270~300 | 900 | 735 | 430 | 260 | 75 | 用于很重要的轴 |
| | | >100~300 | 240~270 | 785 | 570 | 370 | 210 | | |
| 38SiMnMo | 调质 | ≤100 | 229~286 | 735 | 590 | 365 | 210 | 70 | 用于重要的轴，性能近于40CrNi |
| | | >100~300 | 217~269 | 685 | 540 | 345 | 195 | | |
| 38CrMoAlA | 调质 | ≤60 | 293~321 | 930 | 785 | 440 | 280 | 75 | 用于要求高耐磨性、高强度且热处理（氮化）变形很小的轴 |
| | | >60~100 | 277~302 | 835 | 685 | 410 | 270 | | |
| | | >100~160 | 241~277 | 785 | 590 | 375 | 220 | | |
| 20Cr | 渗碳淬火回火 | ≤60 | 渗碳 56~62 HRC | 640 | 390 | 305 | 160 | 60 | 用于要求强度及韧性均较高的轴 |
| 3Cr13 | 调质 | ≤100 | ≥241 | 835 | 635 | 395 | 230 | 75 | 用于腐蚀条件下的轴 |
| 1Cr18Ni9Ti | 淬火 | ≤100 | ≤192 | 530 | 195 | 190 | 115 | 45 | 用于高低温及腐蚀条件下的轴 |
| | | 100~200 | | 490 | | 180 | 110 | | |
| QT600-3 | | | 190~270 | 600 | 370 | 215 | 185 | | 用于制造复杂外形的轴 |
| QT800-2 | | | 245~335 | 800 | 480 | 290 | 250 | | |

注：表中所列疲劳极限 $\sigma_{-1}$ 值是按下列关系计算的，供设计时参考。碳钢 $\sigma_{-1} \approx 0.43\sigma_b$；合金钢 $\sigma_{-1} \approx 0.2(\sigma_b + \sigma_s) + 100$；不锈钢：$\sigma_{-1} \approx 0.27(\sigma_b + \sigma_s)$，$\tau_{-1} \approx 0.156(\sigma_b + \sigma_s)$；球墨铸铁 $\sigma_{-1} \approx 0.36\sigma_b$，$\tau_{-1} \approx 0.31\sigma_b$。

## (三) 轴的结构设计

轴的结构设计主要取决于轴在机器中的安装位置及形式，轴上零件的定位、固定以及连接方法，轴所承受的载荷，轴的加工工艺以及装配工艺要求等。如果轴的结构设计不合理，可能会影响轴的工作能力，增加轴的制造成本或轴上零件装配的困难。因此轴的结构设计是轴设计中的重要内容，一般满足以下要求：

(1) 轴及轴上零件要有确定、牢固的工作位置。
(2) 轴的结构要便于加工制造，便于轴上零件的拆装和调整。
(3) 轴的受力合理，尽量减少应力集中。
(4) 有利于提高轴的强度和刚度。
(5) 轴应具有良好的制造工艺性和经济性。

如图4-7所示，轴一般由轴头、轴身和轴颈三部分组成。轴上与轴承配合的部分称为轴颈；与传动零件（带轮、齿轮、联轴器）配合的部分称为轴头；连接轴头与轴颈的部分称为轴身。

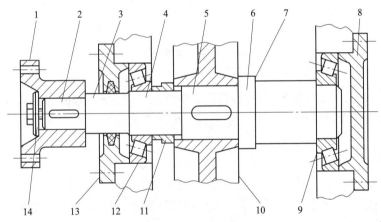

**图4-7 轴的结构**

1—联轴器；2—轴头；3—轴身；4—轴颈；5—轴头；6—轴环；7—轴肩；8—轴承端盖
9—轴承；10—齿轮；11—套筒；12—轴承；13—轴承端盖；14—轴端挡圈

下面讨论轴的结构设计中要解决的几个主要问题。

### 1. 轴上零件的装配方案

所谓装配方案，就是预定出轴上主要零件的装配尺寸、顺序和相互关系。如图4-7所示，图中的装配方案是：先装平键，再从左端一次装入齿轮、套筒、滚动轴承、轴承端盖、联轴器、轴端挡圈；右端只装轴承和轴承端盖。这样就对各轴段直径的大小做了初步安排。在拟订方案时，应考虑几个方案，以供比较选择。

### 2. 轴上零件的定位

为了保证轴和轴上零件有确定的工作位置，防止轴上零件受力时发生沿轴向或周向的相对运动，轴上零件都要进行轴向和周向定位。

**1)零件的轴向定位**

轴上零件常用的轴向固定方法主要有以下几种:

(1)轴肩和轴环。

阶梯轴上截面变化处称为轴肩,起轴向定位和单向固定轴上零件的作用。如图4-7所示,右端滚动轴承的内圈左端的定位靠轴肩完成,图中齿轮右端是靠轴环来定位的。

轴肩由定位面和过渡圆角组成,如图4-8(a)所示;轴环功能与轴肩相同,其尺寸参数如图4-8(b)所示。为保证零件端面能靠紧定位面,轴肩(环)圆角半径 $r$ 必须小于零件毂孔的圆角半径 $R$ 或倒角高度 $C$;轴肩(环)高度 $h$ 应大于 $C$ 和 $R$。为了有足够的强度来承受轴向力,通常取 $h=(0.07\sim0.1)d$。轴环宽度 $b\geqslant1.4h$。

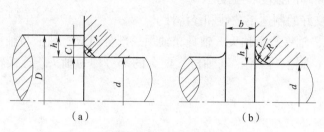

图4-8 轴肩与轴环

(a)轴肩定位;(b)轴环定位

轴肩和轴环定位,结构简单,固定可靠,能承受较大的轴向载荷。但采用轴肩和轴环来定位,就必然会使轴的直径加大,且由于直径的突然变大而导致产生应力集中。

(2)套筒。

套筒适用于轴上两个相距较近零件之间的定位,其两个端面为定位面,因此应有较高的平行度和垂直度。为使轴上零件定位可靠,应使轴段长度比零件毂长短2~3 mm,如图4-9所示。使用套筒定位,轴上不需要开槽、钻孔和切制螺纹,简化了轴的结构、减小了应力集中。但由于套筒与轴配合较松,两者难以同心,故不宜用在高速轴上。

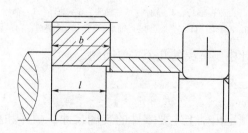

图4-9 套筒

(3)圆螺母。

可用圆螺母与轴肩、轴环等的组合实现零件在轴上的双向定位和固定。

圆螺母定位装拆方便,通常用细牙螺纹来增强防松能力和减小对轴的强度削弱及应力集中。为了进一步提高防松能力,结构上常用双圆螺母[图4-10(a)]和圆螺母加止动垫圈[图4-10(b)],但止动垫圈要求轴上开槽,对轴强度的削弱较大。

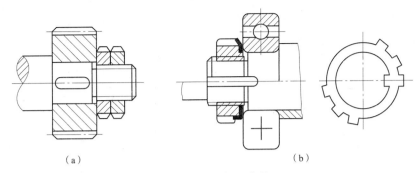

图 4-10 圆螺母定位

(a) 双圆螺母；(b) 圆螺母加止动垫圈

(4) 弹性挡圈。

在轴上切出环形槽，将弹性挡圈嵌入槽中，利用它的侧面压紧被定位零件的端面，如图 4-11 所示。这种定位方法工艺性好，装拆方便，但对轴的强度削弱较大，常用于所受轴向力小的轴。

(5) 轴端挡圈。

轴端挡圈又称压板，如图 4-12 所示，适用于轴端零件的定位。该方法简单可靠、装拆方便，可承受剧烈振动和冲击载荷。

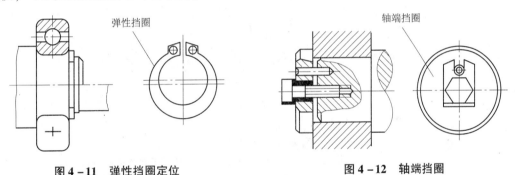

图 4-11 弹性挡圈定位    图 4-12 轴端挡圈

(6) 圆锥面。

将轴与零件的配合面加工成圆锥面，可以实现轴向定位，如图 4-13 所示。圆锥面定位能消除轴与轮毂的径向间隙，拆装方便，可兼作周向定位。适用于有冲击载荷的场合及轴端零件的定位。

(7) 锁紧挡圈与紧定螺钉。

如图 4-14 所示，锁紧挡圈用紧定螺钉固定在轴上，装拆方便，结构简单，紧定螺钉还可兼做周向固定，但不能承受大的轴向力，不适用于高速转动的轴。

**2) 零件的周向定位**

为了保证零件传递扭矩和防止零件与轴产生相对转动，零件在轴上必须周向定位。

零件在轴上的周向定位方式根据其传递转矩的大小和性质、零件对中精度的高低、加工难易等因素来选择。如图 4-15 所示，常用的周向定位方法有键连接、花键连接、成形面连接、弹性环连接、销连接、过盈配合等。紧定螺钉也可用作周向定位，但仅用于转矩不大的场合，或用作安装调试时的初定位。

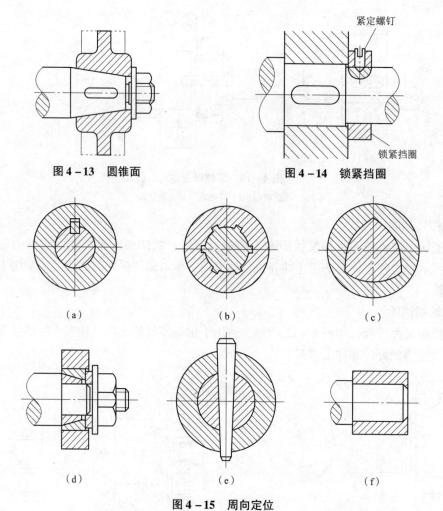

图 4-13 圆锥面　　图 4-14 锁紧挡圈

图 4-15 周向定位

(a) 键连接；(b) 花键连接；(c) 成形面连接；(d) 弹性环连接；
(e) 销连接；(f) 过盈配合

**3) 轴的结构工艺性**

所谓轴的结构工艺性，是指轴的结构应尽量简单，有良好的加工和装配工艺性，以减少劳动量，提高劳动生产率及减小应力集中，提高轴的疲劳强度。通常要注意以下几点：

(1) 为缩短加工时换刀时间及装夹工件时间，同一根轴上所有圆角半径、倒角尺寸、退刀槽宽度应尽可能统一；当轴上有两个以上键槽时，应置于轴的同一母线上，以便加工，如图 4-7 所示。

(2) 当轴上的某轴段需要磨削时，应留有砂轮的越程槽，如图 4-16（a）所示；当需要切制螺纹时，应留有退刀槽，如图 4-16（b）所示。

(3) 为了去掉毛刺，便于装配，轴端应制出 45°倒角。

(4) 如图 4-17 所示，当采用过盈配合连接时，配合轴段的零件装入端，常加工成导向锥面。若还附加键连接，则键槽的长度应延长到锥面处，便于轮毂上键槽与键对中。

(5) 如果需要从轴的一端装入两个过盈配合的零件，则轴上两个配合轴段的直径不应相等，否则第一个零件压入后，会把第二个零件配合的表面拉毛，影响配合。

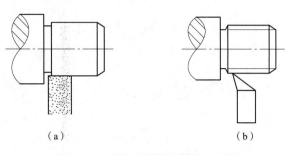

**图4-16 砂轮越程槽和螺纹退刀槽**

(a) 砂轮越程槽；(b) 螺纹退刀槽

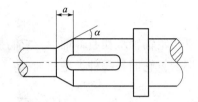

**图4-17 导向锥面**

# 任务二
## 轴承

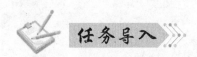

图4-18所示为汽车发动机凸轮轴轴承和曲轴轴承,它们是分别保证凸轮轴和曲轴平稳运转、可靠润滑的重要部件。那么,它们是哪种类型的轴承?

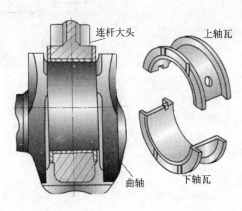

(a) (b)

**图4-18 凸轮轴轴承和曲轴轴承**
(a) 凸轮轴轴承;(b) 曲轴轴承

轴承的功用是支承转动的轴及轴上零件,保证轴的旋转精度。根据轴承工作的摩擦性质,可分为滑动轴承和滚动轴承。滑动轴承具有工作平稳、无噪声、径向尺寸小的优点,适用于耐冲击和承载能力大的场合,如汽车曲轴轴承。而滚动轴承是标准零件,成批量生产,成本低,安装方便,摩擦阻力小,效率高,广泛应用,如发动机凸轮轴轴承。

1. 掌握滑动轴承的结构、类型、材料及失效形式;
2. 掌握滚动轴承的结构、类型、主要特性及轴承代号;
3. 掌握滚动轴承的支承结构、润滑与密封及失效形式。

## 相关知识

### （一）滑动轴承

工作时，轴承与轴颈的接触表面间形成直接或间接接触，并有相对滑动而存在滑动摩擦的轴承，称为滑动轴承。如内燃机中连杆大头与曲轴间的滑动轴承连接、连杆小头与活塞销间的滑动轴承连接、曲轴在气缸体上的支承也是滑动轴承连接。

#### 1. 滑动轴承的类型及结构

滑动轴承按其承受载荷的方向分为：
（1）径向滑动轴承，它主要承受径向载荷。
（2）止推滑动轴承，它只承受轴向载荷。

**1）径向滑动轴承**

（1）整体式滑动轴承。

整体式滑动轴承结构如图 4-19 所示，由轴承座 1 和整体轴瓦 2 组成，轴承座上部有油孔，整体轴瓦内有油沟，分别用以加油和引油，进行润滑。这种轴承结构简单，价格低廉，但轴的装拆不方便，磨损后轴承的径向间隙无法调整。适用于轻载低速或间歇工作的场合。

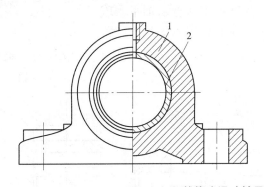
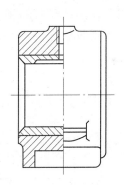

图 4-19 整体式滑动轴承结构
1—轴承座；2—整体轴瓦

（2）剖分式滑动轴承。

剖分式滑动轴承结构如图 4-20 所示，由轴承座、轴承盖、剖分式轴瓦（上、下轴瓦）、双头螺柱和垫片组成。为了定位对中，轴承座和轴承盖接合面做成阶梯形。此处放有垫片，以便磨损后调整轴承的径向间隙。故装拆方便，广泛应用。

（3）自动调心式滑动轴承。

自动调心式滑动轴承结构如图 4-21 所示，其轴瓦外表面做成球面形状，与轴承支座孔的球状内表面相接触，能自动适应轴在弯曲时产生的偏斜，可以减少局部磨损。适用于轴承支座间跨距较大或轴颈较长的场合。

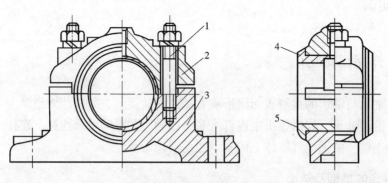

**图 4-20 剖分式滑动轴承**
1—双头螺柱连接；2—轴承盖；3—轴承座；4—上轴瓦；5—下轴瓦

### 2) 止推滑动轴承

止推滑动轴承由轴承座和止推轴颈组成。如图 4-22 所示，常用的结构形式有实心式、空心式、单环式和多环式。实心止推滑动轴承，轴颈端面的中部压强比边缘的大，润滑油不易进入，润滑条件差，通常不采用。空心止推滑动轴承，轴颈端面的中空部分能存油，轴颈接触面上压力分布较均匀，承载能力不大，润滑条件比实心式好。单环式止推滑动轴承利用轴颈的环形端面作为止推面，结构简单，润滑方便，可承受双向轴向载荷。广泛用于低速、轻载的场合。多环式止推滑动轴承，压强较均匀，能承受较大载荷。但各环间载荷分布不均匀，环数不能太多。

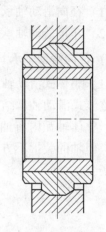

**图 4-21 自动调心式滑动轴承结构**

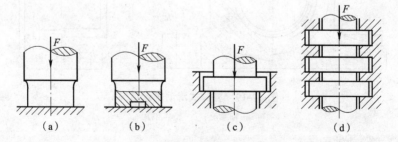

**图 4-22 止推滑动轴承**
(a) 实心式；(b) 空心式；(c) 单环式；(d) 多环式

### 2. 轴瓦结构

轴瓦是滑动轴承中的重要元件，其结构对轴承的性能有很大的影响。为了使轴瓦既有一定的强度，又具有良好的减摩性，同时节省贵重合金材料，常以钢、铸铁或青铜作轴瓦基体，在其表面浇铸或轧制一层很薄的减摩材料，称为轴承衬。常见的轴承衬与轴瓦的结合形式如图 4-23 所示。轴承衬直接与轴颈接触，轴瓦只起支承作用。

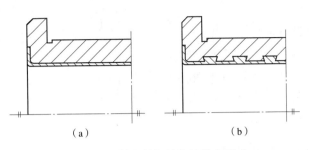

**图 4-23 轴承衬与轴瓦的结合形式**

(a) 普通槽；(b) 燕尾槽

轴瓦的结构如图 4-24 所示，分为整体式和剖分式两种结构。剖分式轴瓦有承载区和非承载区，一般载荷向下，故上瓦为非承载区，下瓦为承载区。润滑油应由非承载区进入。故上瓦顶部开有进油孔。如图 4-25 所示，在轴瓦内表面，以进油口为对称位置，沿斜向 (a)、周向 (b) 或轴向 (c) 开有油沟，油经油沟分布到各个轴颈。

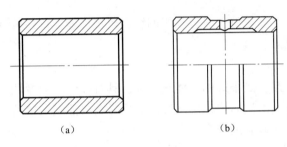

**图 4-24 轴瓦结构**

(a) 整体式轴瓦；(b) 剖分式轴瓦

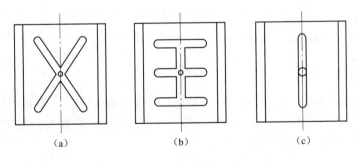

**图 4-25 油孔和油沟**

(a) 斜向；(b) 周向；(c) 轴向

### 3. 滑动轴承的失效形式及材料

**1) 滑动轴承的失效形式**

造成滑动轴承失效的原因有很多，失效形式也有多种。主要的失效形式有磨损和胶合。其他常见的失效形式有压溃、刮伤、疲劳剥伤、腐蚀以及轴承衬脱落等。

**2) 滑动轴承材料的性能要求**

轴瓦和轴承衬的材料统称为轴承材料。根据轴承的失效形式，对轴承材料的主要要求是：

(1) 良好的减摩性（摩擦系数低）、耐磨性（抗磨损）和抗胶合性（耐热性和抗黏附）。
(2) 良好的摩擦顺应性、嵌入性和磨合性。
(3) 具有足够的疲劳强度、抗压强度和抗腐蚀能力。
(4) 良好的导热性、工艺性、经济性等。

**3) 常用滑动轴承材料**

(1) 轴承合金（通称巴氏合金）。

轴承合金是专门为滑动轴承的需要研制的合金，由锡（Sn）、铅（Pb）、锑（Sb）、铜（Cu）等组成。轴承合金的顺应性和嵌入性非常好，很容易与轴相跑合，也不易发生胶合。但轴承合金强度差，价格高，多用于重载、中高速场合。

(2) 铜合金。

铜合金具有较好的强度、减摩性与耐磨性，但是顺应性和嵌入性不如轴承合金。

(3) 铝基合金。

铝基合金的抗疲劳强度较好，具有较好的综合机械性能，价格较低，是取代价格较高的轴承合金和铜合金的良好材料。

(4) 铸铁。

由于铸铁内含有石墨，是很好的固体润滑剂，具有一定的减摩性，润滑油与铸铁表面的吸附性较好，所以加入润滑油后容易形成良好的边界润滑油膜。铸铁较硬、脆，顺应性和嵌入性较差，通常用于低速轻载的场合。

(5) 多孔质金属材料。

金属粉末经压制、烧结成的材料，材料内部包含孔隙（10%～35%），可渗入润滑油，用这种材料制成轴承，当受压或受热时润滑油被挤出，起到润滑作用，冷却后润滑油被吸入轴承内，这些渗入材料内部的润滑油不会流失，长期起作用，在不易润滑位置使用这种轴承可以很好地工作。

(6) 非金属材料。

塑料的化学性质稳定，抗腐蚀性强，具有一定的自润滑性，质地软，具有较好的嵌入性，减摩性和耐磨性均较好，但是塑料的导热性能差，热膨胀系数大，为防止受热膨胀后卡死，必须在设计中留有较大的间隙。

**4. 滑动轴承的润滑**

**1) 润滑剂及其选用**

选择润滑油主要考虑油的黏度和润滑性（油性），但润滑性尚无定量的理化指标，故通常只按黏度来选择。选择润滑油的一般原则是：低速、重载、工作温度高时，应选较高黏度的润滑油；反之可选用较低黏度的润滑油。

润滑脂主要用于工作要求不高、难以经常供油的不完全油膜滑动轴承的润滑。选用润滑脂时主要考虑其稠度（针入度）和滴点。选用的一般原则是：

(1) 当压力高和滑动速度低时，选择针入度小的润滑脂；反之，选择针入度大的润滑脂；

(2) 所用润滑脂的滴点,一般应比轴承的工作温度高 20~30℃,以免工作时润滑脂过多地流失。

**2) 润滑方法和润滑装置**

(1) 润滑油润滑。

根据供油方式的不同,润滑油润滑可分为间断润滑和连续润滑。间断润滑只适用于低速轻载和不重要的轴承。对于可靠重要的轴承必须采用连续润滑。

a. 人工加油润滑。在轴承上方设置油孔或油杯,如图 4-26 所示,用油壶或油枪定期向油孔或油杯供油。其结构最为简单,但不能调节供油量,只能起到间断润滑的作用。

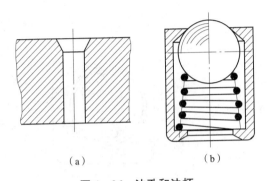

图 4-26 油孔和油杯
(a) 油孔;(b) 压配式压注油杯

b. 油杯滴油润滑。依靠油的自重通过滴油杯进行供油润滑。图 4-27 为针阀式滴油杯,手柄卧倒时 [图 (b)],针阀受弹簧推压向下而堵住底部阀座油孔。手柄直立时 [图 (c)],便提起针阀打开下端油孔,油杯中润滑油流进轴承,处于供油状态。调节螺母可用来调节油的流量。滴油润滑结构简单,使用方便,但供油量不易控制。

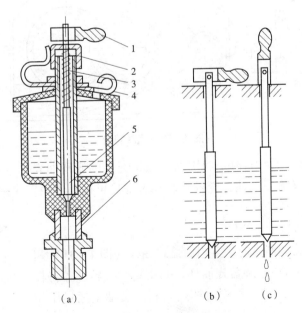

图 4-27 针阀式滴油杯
1—手柄;2—调节螺母;3—弹簧;4—油孔遮盖;5—针阀杆;6—观察孔

c. 油绳润滑。油绳润滑的润滑装置为油绳式油杯，如图4-28所示。油绳的一端浸入油中，利用毛细管作用将润滑油引到轴颈表面，其结构简单，但其供油量少且不易调节。

d. 油环润滑。如图4-29所示，轴颈上套一油环，油环下部浸入油池内，靠轴颈摩擦力带动油环旋转，从而将润滑油带到轴颈表面。这种装置只适用于连续运转的水平轴轴承的润滑，并且轴的转速应在50~3 000 r/min的范围内。

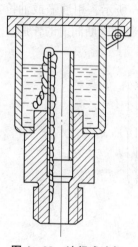

图4-28 油绳式油杯

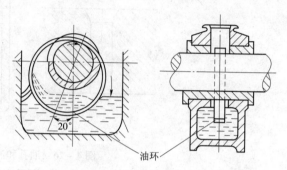

图4-29 油环润滑

e. 飞溅润滑。如图4-30所示，飞溅润滑是利用浸入油池中的齿轮、曲轴等旋转零件或附装在轴上的甩油盘，将润滑油搅动并使之飞溅到箱壁上，再沿油沟进入轴承。

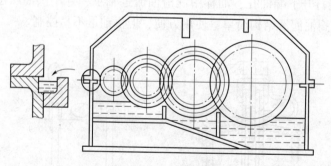

图4-30 飞溅润滑

f. 压力循环润滑。压力润滑是利用油泵供给充足的润滑油来润滑轴承，用过的油又流回油池，经过冷却和过滤后可循环使用。常用于高速重载的轴承中。

（2）润滑脂润滑。

润滑脂润滑一般为间断供应，常用旋盖式油杯（图4-31）和压注油杯［图4-26（b）］，旋盖式油杯是利用定期旋转杯盖将杯内润滑脂压进轴承进行润滑。压注油杯则是利用黄油枪通过压注油杯向轴承补充润滑脂。

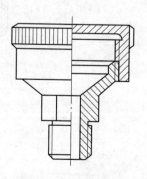

图4-31 旋盖式油杯

## （二）滚动轴承

### 1. 滚动轴承的基本结构

如图4-32所示，滚动轴承一般由内圈、外圈、滚动体和保持架四部分组成。通常外圈是装在轴承座孔内，一般不转动，内圈装在轴颈上，随轴转动。保持架的作用是将滚动体均匀隔开，避免摩擦。轴承工作时，滚动体在内、外圈的滚道中滚动。

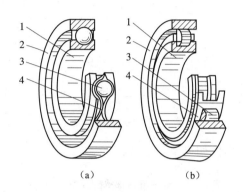

**图4-32 滚动轴承的基本结构**

1—内圈；3—外圈；3—滚动体；4—保持架

如图4-33所示，常用的滚动体有球形、圆柱滚子、滚针、圆锥滚子、球面滚子、非对称球面滚子等几种。

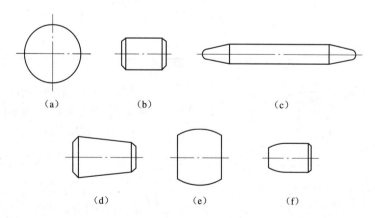

**图4-33 滚动体的类型**

(a) 球形；(b) 圆柱滚子；(c) 滚针；
(d) 圆锥滚子；(e) 球面滚子；(f) 非对称球面滚子

### 2. 滚动轴承的类型及其特性

滚动轴承按其所能承受的载荷方向分为两类：

(1) 向心轴承：主要用于承受径向载荷的滚动轴承；

（2）推力轴承：主要用于承受轴向载荷的滚动轴承。

滚动体和外圈接触处的法线 $n$—$n$ 与轴承径向平面（垂直于轴承轴心线的平面）之间所夹的锐角 $\alpha$，称为公称接触角，如图 4-34 所示。$\alpha$ 的大小反映了轴承承受轴向载荷的能力的大小，向心轴承的公称接触角 $0°\leq\alpha\leq45°$，推力轴承的公称接触角 $45°<\alpha\leq90°$。接触角 $\alpha$ 越大，轴承的轴向承载能力就越大。

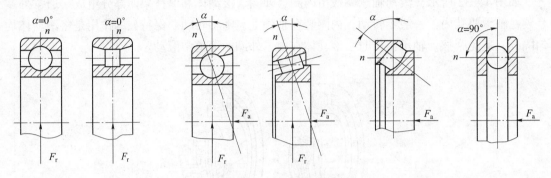

图 4-34 公称接触角

常用滚动轴承的类型和特性如表 4-2 所示。

表 4-2 常用滚动轴承的类型和特性

| 轴承类型 | 简图及承载方向 | 类型代号 | 基本特征 |
| --- | --- | --- | --- |
| 双列角接触球轴承 | | 0 | 可同时承受径向和轴向载荷，也可承受纯轴向载荷（双向） |
| 调心球轴承 | | 1 | 主要承受径向载荷，同时也能承受少量轴向载荷。因为外滚道表面是以轴承中点为中心的球面，故能调心 |
| 调心滚子轴承 | | 2 | 能承受很大的径向载荷和少量轴向载荷。承载能力大，具有调心性能 |
| 圆锥滚子轴承 | | 3 | 能同时承受较大的径向和轴向载荷。因线性接触，承载能力大，内外圈可分离，装拆方便，一般成对使用 |

续表

| 轴承类型 | 简图及承载方向 | 类型代号 | 基本特征 |
|---|---|---|---|
| 双列深沟球轴承 | | 4 | 能同时承受径向和轴向载荷 |
| 推力球轴承 | | 5 | 只能承受轴向载荷,且作用线必须与轴线重合。分为单、双向两种。高速时,因滚动体离心力大,球与保持架摩擦发热严重,寿命较低 |
| 深沟球轴承 | | 6 | 主要承受径向载荷,也可承受一定的双向轴向载荷 |
| 角接触球轴承 | | 7 | 能同时承受较大的径向和轴向载荷,也可承受纯轴向负荷 |
| 圆柱滚子轴承 | | N | 因线性接触,内外圈只允许有小的相对偏转,能承受较大的径向载荷 |

### 3. 滚动轴承的代号

滚动轴承类型繁多,同一类型的轴承又有几种不同的结构、尺寸、公差等级和技术性能等。为了便于组织生产和选用,GB/T 273—1993 规定了轴承代号的表示方法。

滚动轴承代号由前置代号、基本代号和后置代号三部分组成,用字母和数字表示。基本代号表示轴承的类型与尺寸等主要特征,后置代号表示轴承的精度与材料的特征,前置代号表示轴承的分部件。

滚动轴承代号的构成见表4-3。

表4-3 滚动轴承代号构成

| 前置代号 | 基本代号 | | | | 后置代号 | | | | | | | |
|---|---|---|---|---|---|---|---|---|---|---|---|---|
| | 五 | 四 | | 三 | 二 | 一 | | | | | | | |
| | | 尺寸系列代号 | | | | | | | | | | |
| 轴承的分部件代号 | 类型代号 | 宽(高)度系列代号 | 直径系列代号 | 内径代号 | 内部结构代号 | 密封与防尘结构代号 | 保持架及其材料代号 | 特殊轴承材料代号 | 公差等级代号 | 游隙代号 | 多轴承配置代号 | 其他代号 |

**1) 基本代号**

基本代号由轴承类型代号、尺寸系列代号和内径代号三部分自左至右顺序排列组成。

(1) 类型代号。

类型代号用数字或字母表示,滚动轴承类型代号见表4-4。

表4-4 滚动轴承类型代号

| 轴承代号 | 轴承类型 | 轴承代号 | 轴承类型 |
|---|---|---|---|
| 0 | 双列角接触球轴承 | 6 | 深沟球轴承 |
| 1 | 调心球轴承 | 7 | 角接触球轴承 |
| 2 | 调心滚子轴承和推力调心滚子轴承 | 8 | 推力圆柱滚子轴承 |
| 3 | 圆锥滚子轴承 | N | 圆柱滚子轴承 |
| 4 | 双列深沟球轴承 | U | 外球面球轴承 |
| 5 | 推力球轴承 | QJ | 四点接触球轴承 |

(2) 尺寸系列代号。

尺寸系列代号由轴承的宽(高)度系列代号(1位数字)和直径系列代号(1位数字)左右排列组成,见表4-5。宽度与直径系列代号的数字及其意义分别见表4-6、表4-7。它反映了同种轴承在内圈孔径相同时内、外圈的宽度、厚度的不同及滚动体大小不同。显然,尺寸系列代号不同的轴承其外廓尺寸不同,承载能力也不同。尺寸系列代号有时可以省略:除圆锥滚子轴承外,其余各类轴承宽度系列代号"0"省略不表示;深沟球轴承和角接触球轴承的尺寸系列代号中的"1"可以省略。

(3) 内径代号。

滚动轴承内径用两位数字表示轴承的内径,具体轴承内径表示方法如表4-8所示。

表 4-5 尺寸系列代号

| 直径系列代号 | 向心轴承 | | | | | | | | 推力轴承 | | | |
|---|---|---|---|---|---|---|---|---|---|---|---|---|
| | 宽度系列代号 | | | | | | | | 高度系列代号 | | | |
| | 8 | 0 | 1 | 2 | 3 | 4 | 5 | 6 | 7 | 9 | 1 | 2 |
| | 尺寸系列代号 | | | | | | | | | | | |
| 7 | — | — | 17 | — | 37 | — | — | — | — | — | — | — |
| 8 | — | 08 | 18 | 28 | 38 | 48 | 58 | 68 | — | — | — | — |
| 9 | — | 09 | 19 | 29 | 39 | 49 | 59 | 69 | — | — | — | — |
| 0 | — | 00 | 10 | 20 | 30 | 40 | 50 | 60 | 70 | 90 | 10 | — |
| 1 | — | 01 | 11 | 21 | 31 | 41 | 51 | 61 | 71 | 91 | 11 | — |
| 2 | 82 | 02 | 12 | 22 | 32 | 42 | 52 | 62 | 72 | 92 | 12 | 22 |
| 3 | 83 | 03 | 13 | 23 | 33 | — | — | — | 73 | 93 | 13 | 23 |
| 4 | — | 04 | — | 24 | — | — | — | — | 74 | 94 | 14 | 24 |
| 5 | — | — | — | — | — | — | — | — | — | 95 | — | — |

表 4-6 宽度系列代号的数字及其意义

| 代号 | 7 | 8 | 9 | 0 | 1 | 2 | 3 | 4 | 5 | 6 |
|---|---|---|---|---|---|---|---|---|---|---|
| 意义 | 特低 | 特窄 | 低 | 窄 | 正常 | 宽 | 特宽3 | 特宽4 | 特宽5 | 特宽6 |

表 4-7 直径系列代号的数字及其意义

| 代号 | 7 | 8 | 9 | 0 | 1 | 2 | 3 | 4 | 5 |
|---|---|---|---|---|---|---|---|---|---|
| 意义 | 超特轻 | 超轻 | 超轻 | 特轻 | 特轻 | 轻 | 中 | 重 | 特重 |

表 4-8 滚动轴承内径表示

| 轴承公称内径/mm | | 内径代号 | 示例 |
|---|---|---|---|
| 0.6 到 10（非整数） | | 用公称内径毫米数直接表示，在其与尺寸系列代号之间用"/"分开 | 深沟球轴承 618/2.5<br>$d = 2.5$ mm |
| 1~9（整数） | | 用公称内径毫米数直接表示，对深沟及角接触球轴承 7, 8, 9 直径系列，内径与尺寸系列代号之间用"/"分开 | 深沟球轴承 625 618/5<br>$d = 5$ mm |
| 10~17 | 10 | 00 | 深沟球轴承 6200<br>$d = 10$ mm |
| | 12 | 01 | |
| | 15 | 02 | |
| | 17 | 03 | |

续表

| 轴承公称内径/mm | 内径代号 | 示例 |
|---|---|---|
| 20～480（22，28，32除外） | 公称内径除以5的商数，商数为个位数，需在商数左边加"0"，如08 | 调心滚子轴承 23208 $d=40$ mm |
| ≥500 以及 22，28，32 | 用公称内径毫米数直接表示，但与尺寸系列之间用"/"分开 | 调心滚子轴承 230/500 $d=500$ mm 深沟球轴承 62/22 $d=22$ mm |

滚动轴承代号表示方法举例如下：

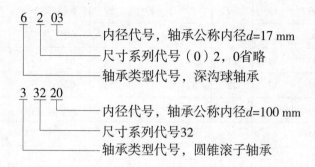

**2) 前置代号**

前置代号用字母表示，用以说明成套轴承部件的特点。如 L 表示可分离轴承的可分离内圈或外圈，K 表示滚子和保持架组件，R 表示不带可分离内圈和外圈的轴承。

**3) 后置代号**

后置代号用字母（或加数字）表示，后置代号置于基本代号的右边并与基本代号空半个汉字距（代号中有符号"-""/"除外）。标写顺序见表 4-3。

（1）内部结构代号。

内部结构代号是以字母表示轴承内部结构的变换情况，如角接触球轴承的三种不同公称接触角 15°、25°和 40°，其内部结构代号分别标注为：7210C/7210AC 和 7210B。

（2）公差等级代号。

轴承的公差等级有 0 级、6 级和 6x 级、5 级、4 级、2 级共六个等级，代号分别为：/P0、/P6 和/P6x、/P5、/P4、/P2，其精度依次提高。0 级为普通级，可省略不标注；6x 级只适用于圆锥滚子轴承。

（3）游隙代号。

游隙代号用"/C+数字"表示，数字为游隙组号。游隙组有 1、2、0、3、4、5 六组，游隙量按序由小到大排列，其中 0 组为基本游隙组，"/C0"在轴承代号中省略不标注，其余组别的代号分别为/C1、/C2、/C3、/C4 和/C5。

**4. 滚动轴承的工作情况及失效形式**

**1) 滚动轴承工作时的受力情况**

滚动轴承只受轴向载荷作用时，可认为各滚动体受载均匀，但在承受径向载荷时，情况就有所不同。如图 4-35 所示，深沟球轴承在工作的某一瞬间，径向载荷 $F_r$ 通过轴颈作用于内圈，位于上半圈的滚动体不受力，载荷由下半圈的滚动体传到外圈再传到轴承座。假设轴承内、外圈的几何形状不变，下半圈滚动体与套圈的接触变形量的大小，决定了各滚动体承受载荷的大小。从图中可以看出，处于力作用线正下方位置的滚动体变形量最大，承载也就最大，而$F_r$作用线两侧的各滚动体，承载逐渐减小。各滚动体从开始受载到受载终止所滚过的区域叫作承载区，其他区域称为非承载区。

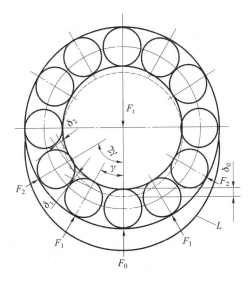

图4-35 滚动轴承的受力情况

2）滚动轴承的失效形式

滚动轴承在运转时可能出现各种类型的失效，导致轴承不能继续正常工作，滚动轴承常见的失效形式有以下几种。

（1）疲劳点蚀。

滚动轴承在工作过程中，滚动体与内圈（或外圈）不断地转动，滚动体与滚道接触表面受到变应力作用，工作若干时间后，内外滚道或滚动体表面会出现疲劳点蚀，如图4-36所示。在正确使用下，滚动轴承最主要的失效形式是疲劳点蚀。

图4-36 疲劳点蚀

（2）塑性变形。

当轴承工作转速很低或只作低速摆动时，在过大的静载荷和冲击载荷作用下，轴承工作表面的接触应力超过材料的屈服极限，元件表面出现不均匀的塑性变形凹坑，致使轴承失效，如图4-37所示。

（3）磨损。

滚动轴承在密封不良以及多灰尘等恶劣条件下工作时，易发生磨粒磨损，如图4-38所示。在润滑不良的情况下工作，轴承发热严重时，可能使滚动体回火，甚至产生胶合磨损。

除了以上失效以外，轴承还可能发生其他多种失效形式。例如，转速较高而润滑油不足时引起轴承烧伤；装配不当而使轴承卡死、胀破内圈、挤碎内外圈和保持架等。

图4-37 塑性变形

图4-38 磨损

### 5. 滚动轴承的支承

**1)滚动轴承的轴向定位与固定**

轴承的轴向定位与固定是指轴承的内圈与轴颈、外圈与座孔间的轴向定位与固定。单个支点处的轴承,其内圈在轴上和轴承外圈在轴承座孔内轴向定位与固定的方法见表4-9。

表4-9 滚动轴承的轴向定位与固定方法

| | 名称 | 图例 | 说明 |
|---|---|---|---|
| 轴承内圈的轴向固定 | 轴肩定位 | | 轴承内圈由轴肩实现轴向定位,是最常见的形式 |
| | 弹簧挡圈与轴肩固定 | | 轴承内圈由轴用弹簧挡圈与轴肩实现轴向固定,可承受不大的轴向载荷,主要用于深沟球轴承 |
| | 轴端挡圈与轴肩固定 | | 轴承内圈由轴端挡圈与轴肩实现轴向固定,可在高转速下承受较大的轴向力 |

续表

| 名称 | 图例 | 说明 |
|---|---|---|
| 轴承内圈的轴向固定 — 锁紧螺母与轴肩固定 | 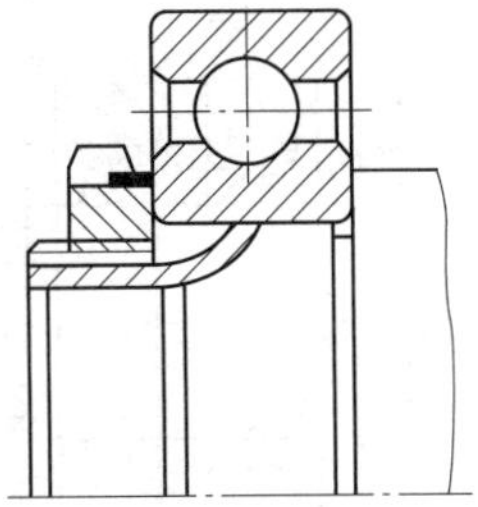 | 轴承内圈由锁紧螺母与轴肩实现轴向固定，止动垫圈具有防松的作用，安全可靠 |
| 轴承外圈的轴向固定 — 弹簧挡圈与凸肩固定 | 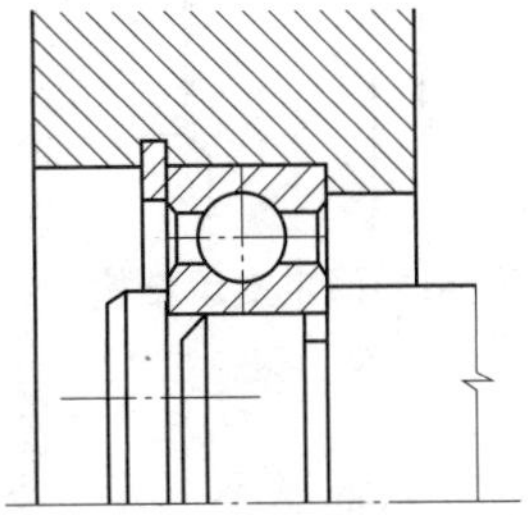 | 轴承外圈由弹性挡圈与座孔内凸肩实现轴向固定，结构简单、装拆方便 |
| 轴承外圈的轴向固定 — 止动卡环固定 | | 轴承外圈由止动卡环实现轴向固定 |
| 轴承外圈的轴向固定 — 轴承端盖固定 | | 轴承外圈由轴承端盖实现轴向定位与固定 |

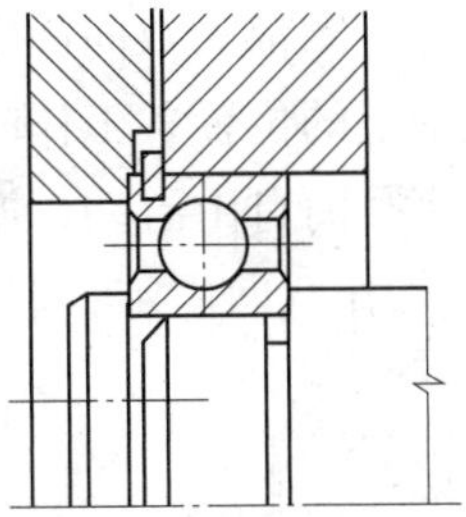

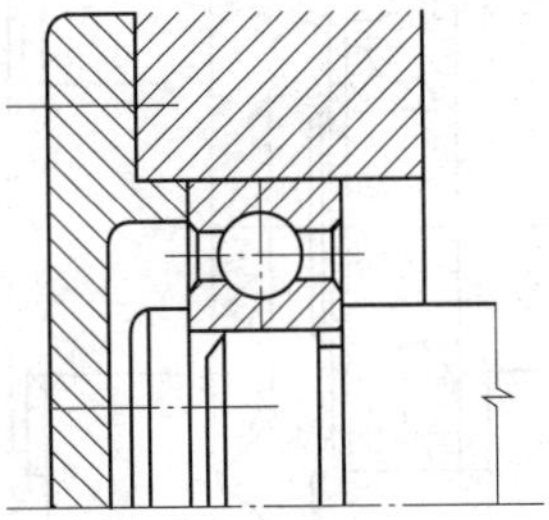

**2）滚动轴承支承的结构形式**

（1）两端单向固定支承。

如图4-39所示，两端单向固定支承的一端轴承的固定只限制轴沿一个方向的窜动，另一端轴承的固定限制另一方向的窜动，两端轴承的固定共同限制轴的双向窜动。这种结构简单，安装调整容易，适用于温度变化不大的短轴。

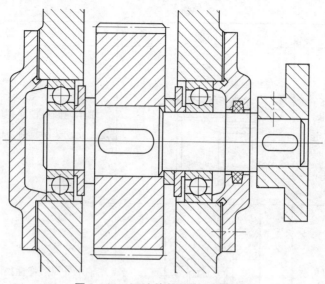

图 4-39　两端单向固定支承结构

（2）一端固定一端游动支承。

一端轴承固定即限制轴的双向窜动；另一端轴承不固定，为游动支承。这种结构型式，轴的位置准确，但结构较复杂，适用于温度变化大的长轴。如图 4-40（a）所示，轴的两端各用一个深沟球轴承支承，左端轴承的内、外圈都为双向固定，而右端轴承的外圈在座孔内没有轴向固定，内圈用弹性挡圈限定其在轴上的位置。工作时轴上的双向轴向载荷由左端轴承承受，轴受热伸长时，右端轴承可以在座孔内自由游动。游动端轴承采用圆柱滚子轴承更为合适，如图 4-40（b）所示，内、外圈均作双向固定，但相互间可作相对轴向移动。

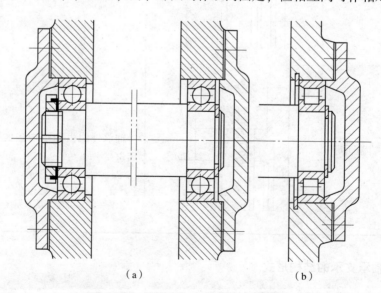

(a)　　　(b)

图 4-40　一端固定一端游动支承结构

（3）两端游动。

两端轴承的固定均不限制轴的轴向窜动，均为游动支承。如图 4-41 所示，高速人字齿轮轴两游动端采用内、外圈可分离的圆柱滚子轴承，但内、外圈都要固定。

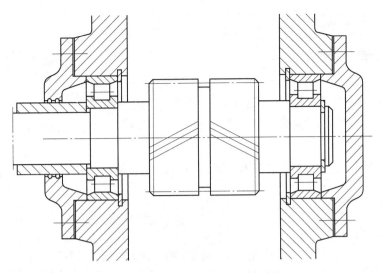

图 4-41 两端游动支承结构

### 6. 滚动轴承的安装与拆卸

设计轴承装置时，应便于轴承的安装和拆卸，避免在装拆中产生损坏。

轴承内圈通常与轴颈配合较紧，安装前应清洗配合表面，并涂上润滑油或润滑脂，防止压入时产生咬伤。对于中小型轴承，安装时可用锤子打入（图 4-42）或用压力机压入，但需要在轴承圈上垫一装配套管（铜管或软钢管）。对于尺寸较大的轴承，通常利用热胀冷缩原理，将轴承放在热油中加热到 80~100℃ 后进行装配。

当维修设备的时候，有时需要把轴承暂时拆下；当轴承损坏后，就更需要把损坏的轴承拆下，更换新的轴承。常用的拆卸方法有压力机拆卸和拉拔工具拆卸（图 4-43）。为了便于拆卸，设计时应限制轴承的定位轴肩高度，使轴承内圈在轴肩上露出足够的高度，并要有足够的空间位置，以便于安放拆卸工具。若轴承拆下后还将再次使用，则绝不允许通过滚动体传递拆卸力，否则滚动体和套圈滚道都会被压伤。

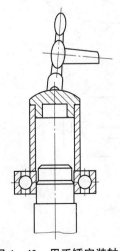

图 4-42 用手锤安装轴承

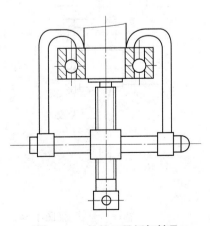

图 4-43 拉拔工具拆卸轴承

#### 7. 滚动轴承的润滑与密封

**1) 滚动轴承的润滑**

（1）润滑目的：

a. 润滑可以降低滚动轴承内部的摩擦，减少磨损和发热量。

b. 轴承的摩擦发热使轴承升温，油润滑可以起到冷却作用，从而降低轴承的工作温度，延长使用寿命。

c. 良好的润滑状态，可在滚动体与滚道间形成一层使两者隔开的油膜，可以使接触压力减小。

d. 轴承零件表面覆盖一层润滑剂，可以防止表面氧化生锈。

（2）润滑剂的选择：

常用的润滑剂有润滑油、润滑脂和固体润滑剂。滚动轴承一般可用润滑油或润滑脂来润滑，通常可按轴承内径与转速的乘积（$dn$）来决定采用油或脂进行润滑。

脂润滑一般用于 $dn$ 值较小的轴承中。润滑脂油膜强度高、承载能力大、不易流失、便于密封，一次加脂可以维持较长时间。润滑脂的填充量一般不超过轴承内部空间容积的 $1/3 \sim 1/2$，润滑脂过多会引起轴承发热，影响正常工作。

轴承的 $dn$ 值超过一定界限，应采用油润滑。油润滑的优点是摩擦阻力小，润滑充分，且具有散热、冷却和清洗滚道的作用，缺点是对密封和供油的要求高。

**2) 滚动轴承的密封**

滚动轴承的密封目的是为了防止外界的灰尘、水分等侵入滚动轴承，并防止润滑剂的流失。密封装置分为接触式密封和非接触式密封两大类。

（1）接触式密封。

接触式密封是通过轴承盖内部放置的密封件与转动轴表面的直接接触而起密封作用。如图 4-44 所示，常用的有毛毡圈密封（图 a）和唇形密封圈密封（图 b）。

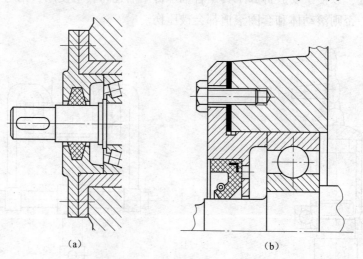

图 4-44 接触式密封

(a) 毛毡圈密封；(b) 唇形密封圈密封

（2）非接触式密封。

非接触式密封常用的有间隙密封（图4-45）和迷宫密封（图4-46）。间隙密封靠轴与端盖间的细小环形间隙密封，并在沟槽内填充润滑脂以增加密封效果。

迷宫密封（又叫曲路密封）是将轴套与端盖之间做成迷宫形式，并在间隙中填充润滑脂或润滑油加强密封效果。常用的有径向迷宫密封［图4-46（a）］和轴向迷宫密封［图4-46（b）］。

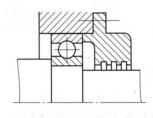

**图4-45　间隙密封**

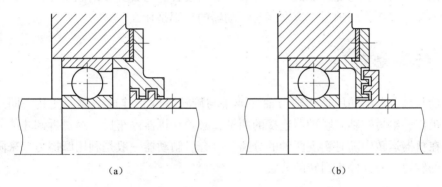

**图4-46　迷宫密封（曲路密封）**

（a）径向迷宫密封；（b）轴向迷宫密封

# 任务三
## 联轴器、离合器与制动器

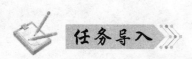 任务导入

汽车传动系中，变速器的输出轴和主减速器的输入轴之间用联轴器连接。驾驶员踩踏离合器，可以实现发动机与变速器的暂时分离和逐渐接合。驾驶员踩踏制动器，可以使车轮减速或静止不动。那么，联轴器、离合器与制动器的功用是什么？

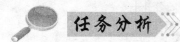 任务分析

联轴器与离合器的功用是将轴与轴（或轴与旋转零件）连成一体，使其一同运转，并将一轴转矩传递给另一轴。联轴器连接的两轴，必须在机器停车后，经过拆卸才能分离，而离合器可在机器运转中随时实现两轴的分离或接合。制动器一般是利用摩擦力矩来降低机器运动部件的转速或使其停止回转的装置。

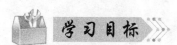 学习目标

1. 掌握联轴器、离合器、制动器的功用、类型及结构特点；
2. 掌握联轴器、离合器、制动器的工作原理及应用场合。

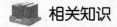 相关知识

### （一）联轴器

**1. 联轴器的分类**

联轴器所连接的两轴，由于制造及安装误差、承载后的变形以及温度变化的影响等，往往不能保证严格的对中，而是存在着某种程度的相对位移，如图4-47所示，这就要求设计联轴器时，要从结构上采取各种不同的措施，使之具有适应一定范围的相对位移的性能。

联轴器根据其结构特点可分为刚性联轴器和挠性联轴器两大类。刚性联轴器不具有缓冲性和补偿两轴线相对位移的能力，要求两轴安装严格对中。挠性联轴器又可分为无弹性元件挠性联轴器和有弹性元件挠性联轴器。

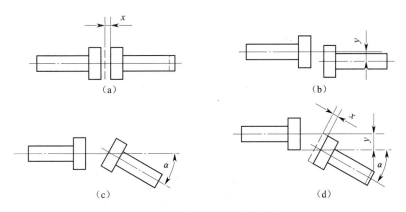

图 4-47　两轴间的相对位移

(a) 轴向位移；(b) 径向位移；(c) 偏角位移；(d) 综合位移

### 2．刚性联轴器

#### 1）凸缘联轴器

凸缘联轴器是刚性联轴器中应用最广泛的一种，是由两个带凸缘的半联轴器用螺栓连接而成，半联轴器与两轴之间用键连接。两个半联轴器轴孔的对中和转矩的传递主要有如下两种形式：

（1）用铰制孔螺栓来连接两个半联轴器，铰制孔用螺栓实现对中，靠螺栓杆承受挤压与剪切来传递转矩，如图 4-48（a）所示。

（2）用普通孔螺栓来连接两个半联轴器，靠接合面的摩擦力来传递转矩。一个半联轴器的凸榫与另一个半联轴器上的凹槽相配合而对中，如图 4-48（b）所示。

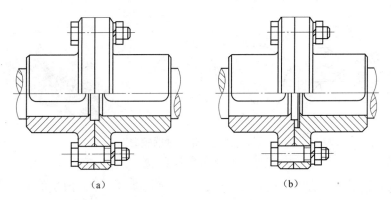

图 4-48　凸缘联轴器

凸缘联轴器对中精度高，传递的转矩大，结构简单，装拆方便，但要求两轴的同轴度好，主要用于载荷平稳的连接中。

#### 2）套筒联轴器

套筒联轴器由连接两轴轴端的套筒和连接套筒与轴的键或销组成。可采用紧定螺钉做轴向固定，键做周向固定并传递转矩，如图 4-49（a）所示；或采用圆锥销既做轴向固定又做周向固定，并传递转矩，如图4-49（b）所示，且当轴超载时，圆锥销会被剪断，起安全保护作用。

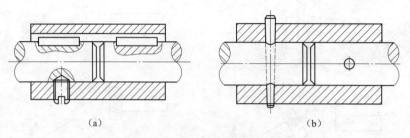

图4-49 套筒联轴器

（a）键连接；（b）销连接

套筒联轴器结构简单，径向尺寸小，制造方便，多用于低速、轻载、工作平稳的场合。

### 3. 挠性联轴器

挠性联轴器对两轴间的位移具有一定的补偿能力，常用的挠性联轴器有以下几种：

**1）无弹性元件挠性联轴器**

这类联轴器虽然可以补偿两轴间的位移，但因无弹性元件，故不能缓冲减振。常用的有以下几种：

（1）滑块联轴器。

常用的滑块联轴器有十字滑块联轴器。如图4-50所示，十字滑块联轴器利用端面具有互相垂直的凸榫的中间滑块2与两半联轴器1、3端面的径向槽配合以实现两轴连接。安装时两个半联轴器通过过盈配合（或键）分别与主动轴和从动轴相连，中间滑块上的凸榫与两半联轴器上的凹槽相嵌合而构成移动副，故可以补偿两轴间的位移。

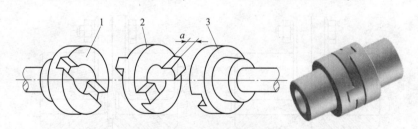

图4-50 十字滑块联轴器

1, 3—半联轴器；2—滑块

十字滑块联轴器结构简单，径向尺寸小，但转速较高时，中间滑块的偏心将产生较大的离心力和磨损，并给轴和轴承带来附加动载荷，因此它只适用于低速运动的场合。

（2）万向联轴器。

万向联轴器用于传递两相交轴之间的动力和运动，而且在传动过程中，两轴之间的夹角还可以改变，广泛应用于汽车、机床等机械传动系统中。常见的万向联轴器有十字轴式万向联轴器，简称为万向节。

如图4-51所示，十字轴万向联轴器由两个叉形半联轴器、一个十字轴及销钉、套筒、圆锥销等组成。销钉与圆柱销互相垂直，分别将两个半联轴器与十字轴连接起来，形成可动的连接。当主动轴做等速转动时，从动轴做周期性变速转动。这种联轴器允许两轴间有较大的偏角位移，最大夹角可达35°～45°，并允许工作中两轴间夹角发生变化。但随着两轴间夹角的增大，从动轴转动的不均匀性将增大，传动效率也显著降低。

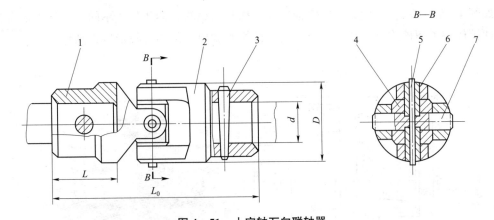

**图4-51　十字轴万向联轴器**

1，2—半联轴器；3—圆锥销；4—十字轴；5—销钉；6—套筒；7—圆柱销

为了消除从动轴变速转动的缺点，常将十字轴万向联轴器成对串联使用，构成双十字轴万向联轴器，具体结构如图4-52（a）所示。采用这种方式，为了保证从动轴与主动轴的角速度相等，必须使中间轴两端的叉形接头位于同一平面内，主动轴、从动轴、中间轴三轴共面，主动轴、从动轴的轴线与中间轴的轴线之间的夹角应相等，如图4-52（b）所示。

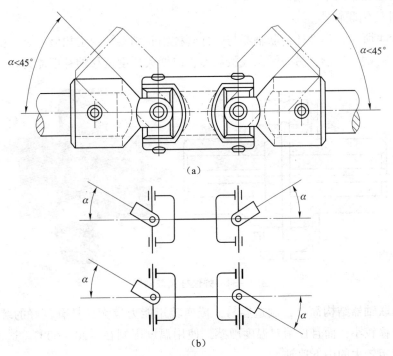

**图4-52　双十字轴万向联轴器**

（a）双十字轴万向联轴器；（b）双十字轴万向联轴器成等速传动布置

### 2) 有弹性元件挠性联轴器

有弹性元件挠性联轴器的类型很多，常用的有以下两种。

(1) 弹性套柱销联轴器。

如图 4-53 所示，弹性套柱销联轴器的结构与凸缘联轴器相似，不同之处是用带有弹性套的柱销代替了螺栓连接，弹性套一般用耐油橡胶制成，剖面为梯形以提高弹性。

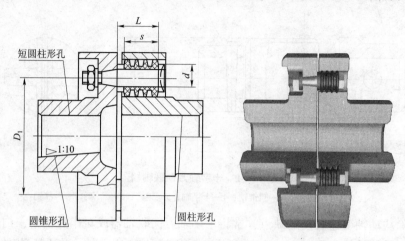

图 4-53 弹性套柱销联轴器

弹性套柱销联轴器结构简单，装配方便，能缓冲、吸振。但弹性套易损坏，寿命低。用于正反转、启动频繁的中小载荷场合。

(2) 弹性柱销联轴器。

如图 4-54 所示，弹性柱销联轴器与弹性套柱销联轴器结构也相似，只是柱销材料为尼龙，柱销形状一端为柱形，另一端制成腰鼓形，以增大角度位移的补偿能力。

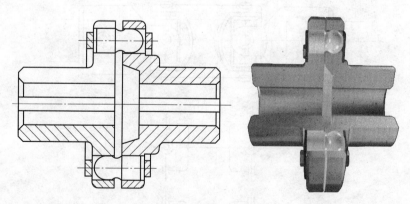

图 4-54 弹性柱销联轴器

弹性柱销联轴器结构简单，制造容易，传递转矩能力较大，具有良好的缓冲、吸振能力，但补偿位移较小，而且柱销对温度敏感，使用温度限制在 -20~60℃。适用于正反转、启动频繁的转矩较大的中低速轴。

## ❋ (二) 离合器

### 1. 离合器的功用、类型及基本要求

离合器是机器在运转过程中，主、从动轴在同一轴线上传递动力或运动时，使两轴随时接合或分离的装置。它可用来操纵机器传动系统的断续，以便进行变速及换向等。

离合器的类型很多，按离合的工作原理可分为牙嵌式离合器和摩擦式离合器。牙嵌式离合器利用牙齿啮合传递转矩，可保证两轴同步运转，但只能在低速或停车时进行离合。摩擦式离合器利用工作表面的摩擦传递扭矩，能在任何转速下离合，但不能保证两轴同步运转。

对离合器的基本要求是：
(1) 工作可靠，接合、分离迅速而平稳，操纵灵活、省力。
(2) 外形小、重量轻，调节和修理方便。
(3) 对摩擦式离合器，还要求其耐磨性好并具有良好的散热能力。

### 2. 常用离合器

#### 1) 牙嵌式离合器

牙嵌式离合器由端面带牙的两个半离合器组成，通过端面上的凸牙传递运动和转矩。如图 4-55 所示，半离合器 1 用平键与主动轴连接，而半离合器 2 装在从动轴上，操纵移动滑环 4 可使它沿导向平键 3 移动，以实现离合器的分离与接合。为使两个半离合器能够对中，在主动轴端的半离合器上固定一个对中环 5，从动轴可在对中环内自由转动。

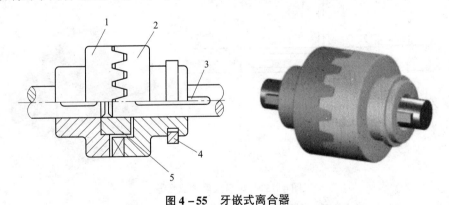

**图 4-55 牙嵌式离合器**
1，2—半离合器；3—导向平键；4—滑环；5—对中环

牙嵌式离合器常用的牙型有矩形牙 [图 4-56 (a)]、三角形牙 [图 4-56 (b)]、梯形牙 [图 4-56 (c)]、锯齿形牙 [图 4-56 (d)] 等。矩形牙制造容易，无轴向分力，但接合与分离较困难，一般用于不常离合的场合中，且需在静止或极低速的场合下接合。三角形牙只适用于传递中小转矩；梯形牙强度较高，能传递较大的转矩，并能补偿凸牙磨损后产生的间隙；锯齿形牙强度最高，可传递较大转矩，但仅能传递单方向的转矩，因反转时有较大轴向力会迫使离合器分离。

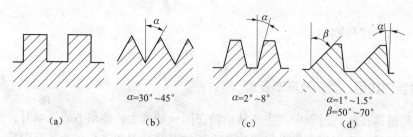

**图 4-56 牙嵌式离合器的牙型**

(a) 矩形；(b) 三角形；(c) 梯形；(d) 锯齿形

牙嵌式离合器结构简单，外廓尺寸小，能传递较大转矩，适用于两轴静止或转速差很小时的离合。

**2) 圆盘摩擦离合器**

圆盘摩擦离合器依靠两接触面间的摩擦力来传递运动和动力。圆盘摩擦离合器分为单盘式和多盘式两种。

(1) 单盘式摩擦离合器。

如图 4-57 所示，单盘摩擦离合器的主动摩擦盘 3 与主动轴 1 之间通过平键和轴肩做周向和轴向定位，并紧配，从动摩擦盘 4 可沿导向平键在从动轴上移动。移动滑环 5 可使两盘接合或分离；工作时，施加轴向压力 $F$，使两圆盘的接合面产生足够的摩擦力以传递转矩。

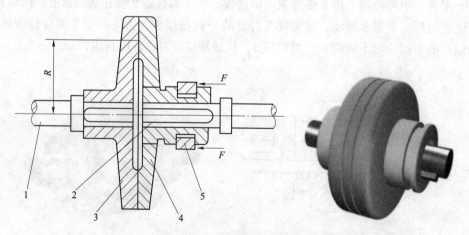

**图 4-57 单盘式摩擦离合器**

1—主动轴；2—从动轴；3—主动摩擦盘；4—从动摩擦盘；5—滑环

单盘式摩擦离合器结构简单，散热性好，但径向尺寸大，而且传递的转矩有限。

(2) 多盘式摩擦离合器。

如图 4-58 所示为多盘式摩擦离合器的结构，它有两组摩擦盘：一组外摩擦盘 5 [图 (b)]，以其外齿插入主动轴 1 上的鼓轮 2 内缘的纵向槽中，盘的孔壁则不与任何零件接触，故盘 5 可与轴 1 一起转动，并可在轴向力推动下沿轴向移动；另一组内摩擦盘 4 [图 (c)]，以其内孔的凹槽与从动轴 10 上的套筒 9 的凸齿相配合，而盘的外缘不与任何零件接触，故盘 4 与轴 10 一起转动，也可在轴向力推动下做轴向移动。另外在套筒 9 上开有三个纵向槽,其中安置可绕销轴转动的曲臂压杆7;当滑环8向左移动时,曲臂压杆7通过压板3将所有内、外摩擦盘紧压在调节螺母6上,离合器即处于接合状态。当内、外盘磨损后,调节螺母6可用来调节内、外盘之间的压力。反之,当滑环8向右移动时,曲臂压杆7下面的弹簧使压杆绕支点逆时针转动,内外摩擦片松开。内摩擦盘也可做成碟形[图(d)],当承压时,可被压平而与外盘贴紧;松脱时,内盘由于弹力作用可以迅速与外盘分离。

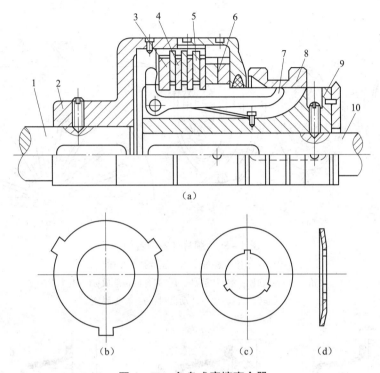

**图4-58 多盘式摩擦离合器**

(a) 多盘式摩擦离合器结构;(b) 外摩擦盘;(c) 内摩擦盘;(d) 碟形内摩擦盘
1—主动轴;2—鼓轮;3—压板;4—内盘;5—外盘;6—调节螺母;
7—曲臂压杆;8—滑环;9—套筒;10—从动轴

多盘式摩擦离合器由于摩擦接合面较多,因而能传递较大的转矩,接合和分离过程较平稳,但结构复杂,轴向尺寸较大,成本较高。在机床、汽车及摩托车等机械中应用广泛。

**3) 膜片弹簧离合器**

膜片弹簧离合器的组成如图4-59(a)所示,其特点是用弹簧钢板制成的带有锥度的膜片弹簧作为压紧弹簧。膜片弹簧上开有若干个径向切槽,切槽的内段开通,外端为圆孔,每两切槽之间的钢板形成一个弹性杠杆,它既是压紧弹簧又是分离杠杆,如图4-59(b)所示。

如图4-60所示,膜片弹簧离合器的压紧装置由压盘3、离合器盖2、膜片弹簧4、支承圈5和7、分离钩6和传动片组成。膜片弹簧中间的两侧有支承圈5和7,用铆钉装在离合器盖2上。支承圈为膜片弹簧工作时的支点。如图4-60(a)所示,在离合器盖未装到飞轮1上时,膜片弹簧不受力,处于自由状态。此时,离合器盖与飞轮之间有一距离L。如图4-60(b)所示,当把离合器盖靠向飞轮时,支承圈5压迫膜片弹簧4,使之发生弹性变形。这样,膜片弹簧的反弹力使其外缘对压盘及从动盘产生压紧力,从而使离合器处于压紧状态。如图4-60(c)所示,当离合器分离时,分离轴承压移在膜片弹簧的外端,膜片弹簧被压在支承圈7上,膜片弹簧内缘前移,其径向截面以支撑圈为支点转动,其外缘通过分离钩6拉动压盘3而使离合器分离。膜片弹簧离合器结构简单、轴向尺寸小、操纵轻便,具有良好的弹性性能和高速时稳定等优点,因此在汽车上得到了广泛的应用。

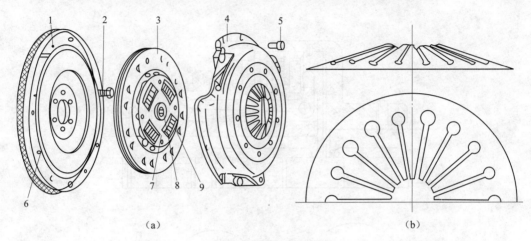

**图4-59 膜片弹簧离合器**

(a)结构示意图;(b)膜片弹簧结构

1—飞轮;2,5—螺栓;3—从动盘;4—离合器盖总成;6—定位销;

7—扭转减震器;8—从动盘毂;9—减振弹簧

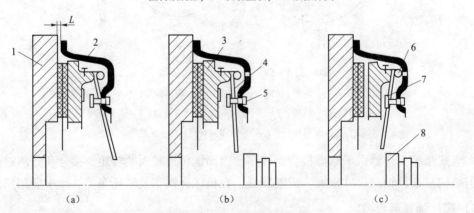

**图4-60 膜片弹簧离合器工作原理**

(a)安装前位置;(b)接合位置;(c)分离位置

1—飞轮;2—离合器盖;3—压盘;4—膜片弹簧;5,7—膜片弹簧支承圈;6—分离钩;8—分离轴承

### 4) 滚柱超越离合器

超越离合器又称为定向离合器,是一种自动离合器。如图4-61所示,内星轮滚柱离合器是一种常用的定向超越离合器,主要由星轮、外环、滚柱、弹簧顶杆等组成。星轮与外轮的活动关系可多样化。当星轮主动并顺时针转动时,滚柱受摩擦力作用而滚向星轮和外环空隙的收缩部分,被楔紧在星轮与外环间,从而带动外环与星轮一起转动,离合器处于接合状态。当星轮反向转动时,滚柱被滚到空隙的宽敞部分,离合器处于分离状态。此外,如果外

环与星轮同时做顺时针转动并且外环的角速度大于星轮角速度时,外环并不能带动星轮转动,离合器也处于分离状态,即外环(从动件)可以超越星轮(主动件)而转动,因而称为超越离合器。

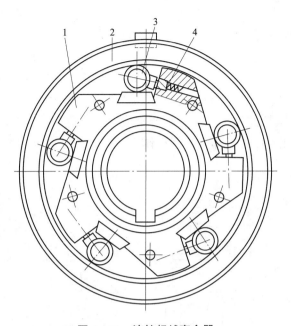

图 4-61 滚柱超越离合器
1—星轮;2—外环;3—滚柱;4—弹簧顶杆

## (三) 制动器

在机器设备中,为了降低某些运动部件的转速或使其停止,就必须利用制动器。制动器一般是利用摩擦力矩来消耗机器运动部件的动能,从而实现制动的。制动器的构造和使用性能必须满足以下要求:

(1) 能产生足够大的制动力矩。
(2) 结构简单,外形紧凑。
(3) 制动迅速、平稳、可靠。
(4) 制动器的零件要有足够的强度和刚度,还要有较高的耐磨性和耐热性。
(5) 调整和维修方便。

制动器按照制动零件的结构特征分为块式、带式、盘式等型式的制动器。下面介绍几种常用的摩擦式制动器。

### 1. 抱块式制动器

抱块式制动器是借助瓦块与制动轮之间的摩擦力来实现制动,根据机构不工作时制动零件所处状态分常闭式和常开式两种制动器。

常闭式抱块式制动器断电时制动,通电时解除制动作用,处于松闸状态。具体工作过程如图 4-62 所示,当松闸器 6 断电时,主弹簧 3 通过制动臂 4 使闸瓦块 2 压紧在制动轮 1

上,达到制动目的。当松闸器 6 通电时,电磁力顶起立柱,通过推杆 5 和制动臂 4 操纵闸瓦块 2 与制动轮 1 松开。通过调整推杆 5 的长度来补偿闸瓦块 2 的磨损。常闭式抱块式制动器制动和开启迅速、尺寸小、质量小,但制动时冲击大,不适用于制动力矩大的场合,如提升机构中的制动器。常开式抱块式制动器的工作原理与常闭式相反,断电时处于松闸状态,通电时制动,如机动车辆中的制动器。

### 2. 内张蹄式制动器

如图 4-63 所示,内张蹄式制动器是利用内置的制动蹄在径向向外挤压制动轮,产生制动转矩来制动的。制动器工作时,泵 4(液压缸或气缸)克服拉簧 5 的作用使左、右制动蹄 2、7 分别与制动轮 6 相互压紧,即产生制动作用。泵 4 卸压后,拉簧 5 使两制动蹄 2、7 与制动轮 6 分离。

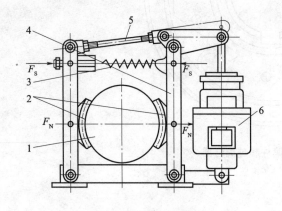
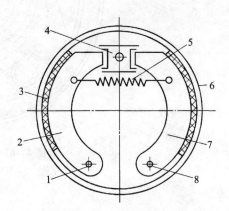

图 4-62 抱块式制动器
1—制动轮;2—闸瓦块;3—主弹簧;4—制动臂;
5—推杆;6—松闸器

图 4-63 内张蹄式制动器
1,8—销轴;2,7—制动蹄;3—摩擦片;
4—泵;5—弹簧;6—制动轮

内张蹄式制动器结构紧凑,散热性好,密封容易。广泛应用于各种车辆结构尺寸受到限制的场合。

### 3. 带式制动器

如图 4-64 所示,带式制动器是利用制动带与制动轮之间的摩擦力来实现制动的。当施加外力 $F_Q$ 于制动杠杆上时,利用杠杆作用使制动带抱住制动轮产生摩擦力达到制动的目的。带式制动器结构简单、紧凑、包角大、制动力矩大。但制动轮轴受较大的弯曲作用力,制动带的压强和磨损不均匀,且受摩擦系数变化的影响大,散热差。

### 4. 盘式制动器

常用的盘式制动器有钳盘式和全盘式两种。钳盘式制动器可分为定钳盘式制动器和浮动钳盘式制动器,此处主要介绍浮动钳盘式制动器。如图 4-65 所示,浮动钳盘式制动器由制动盘、分泵、制动钳、制动块、油管等组成,制动钳 1 相对制动盘 5 可以轴向滑动,制动时,活塞 2 在液压力的作用下,将活动制动块 3 推向制动盘,同时反力使制动钳 1 右移,致使固定制动块 4 压靠到制动盘 5 上,从而达到制动目的。这种制动器的结构紧凑,动作灵敏,可通过调节油压来改变制动力矩,因此在汽车(尤其是轿车)上得到了广泛的应用。

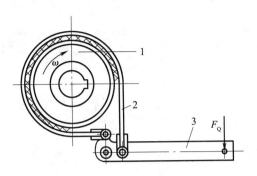

图 4-64 带式制动器
1—制动轮;2—制动带;3—杠杆

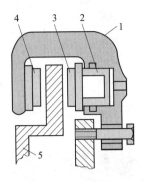

图 4-65 浮动钳盘式制动器
1—制动钳;2—活塞;3—活动制动块;
4—固定制动块;5—制动盘

# 任务四
## 常用连接件

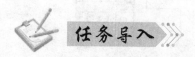

汽车零部件之间用不同的连接方法组合而成。汽车变速器齿轮与轴之间采用的是键连接[图4-66（a）]，汽车发电机前端盖与后端盖采用的是螺栓连接[图4-66（b）]，发动机活塞与连杆小头之间采用的是销连接[图4-66（c）]。那么汽车上常用的连接有哪些？

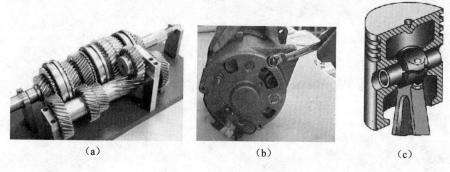

图4-66 汽车上常用连接

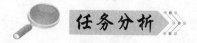

由于使用、结构、制造、装配、运输等方面的原因，机器中很多零件需要彼此连接。机械零件之间的连接分为静连接和动连接。动连接是机器工作时，零部件之间可以有相对运动的连接，如各种运动副之间的连接。静连接是指在机器工作中，不允许零部件之间存在相对运动的连接。静连接又分为可拆连接和不可拆连接两类。可拆连接是不需毁坏连接中的任何一个零件就可拆开的连接，如螺纹连接、键连接。不可拆连接是至少毁坏连接中的一部分才能拆开的连接，如铆接、粘接等。

1. 掌握螺纹连接的类型、结构特点、连接方法及预紧与防松；
2. 掌握键连接、花键连接、销连接的类型、结构及连接方法和应用；
3. 掌握弹簧的种类、结构及作用。

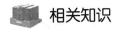相关知识

## （一）螺纹连接

螺纹连接是利用螺纹零件构成的可拆连接，它的主要功能是把需要相对固定在一起的零件连接起来。这种连接装拆方便，连接可靠，且多数螺纹连接件已标准化，大批生产，成本低，因此应用非常广泛。

### 1. 螺纹的形成、类型及应用

**1）螺纹的形成**

（1）螺旋线。

如图4-67所示，一动点在一圆柱体的表面上，绕轴线等速旋转，同时沿轴向做等速移动所形成的轨迹即为螺旋线。

（2）螺纹。

螺纹是在圆柱或圆锥表面上，沿着螺旋线所形成的具有规定牙型的连续凸起，如图4-68所示。

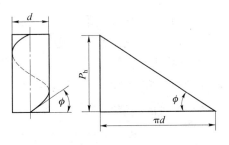

图4-67 螺旋线

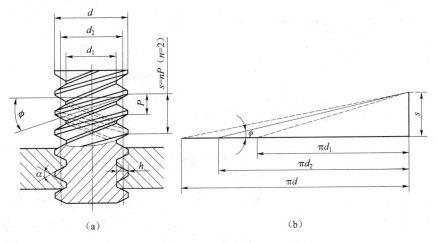

图4-68 圆柱螺纹

**2）螺纹的基本要素**

螺纹的基本要素包括牙型、公称直径、螺距和导程、线数及旋向等。现以圆柱螺纹为例，说明螺纹的主要几何参数，如图4-68所示。

（1）牙型。

在通过螺纹轴线的剖面上，螺纹的轮廓形状称为螺纹牙型。在轴向截面内，螺纹牙型两侧边的夹角称为牙型角$\alpha$。

(2) 公称直径。

大径 $d$：与外螺纹牙顶或内螺纹牙底相切的假想圆柱面的直径，是螺纹的公称直径。

小径 $d_1$：与外螺纹牙底或内螺纹牙顶相切的假想圆柱面的直径。

中径 $d_2$：一个假想圆柱的直径，该圆柱的母线通过牙型上牙厚和牙间宽度相等的直径。

(3) 螺距和导程。

相邻两牙在中径线上对应两点间的轴向距离称为螺距 $P$。同一条螺旋线相邻两牙在中径线上对应两点间的轴向距离称为导程 $P_h$。$P$ 与 $P_h$ 之间的关系为：$P_h = nP$，$n$ 为螺纹的线数。

(4) 线数。

形成螺纹的螺旋线数目。

(5) 旋向。

螺纹的旋进方向，螺纹旋向判定方法：当螺纹的轴线垂直于水平面放置时，螺纹向右上方倾斜上升，为右旋螺纹；反之则为左旋螺纹，一般常用右旋螺纹。

螺纹的牙型、公称直径、螺距、线数和旋向称为螺纹的五大要素，只有上述五个要素完全相同的螺纹才能旋合在一起。

**3) 螺纹的类型及应用**

在圆柱外表面上所形成的螺纹称外螺纹，如图 4-69 (a) 所示；在圆柱内表面上所形成的螺纹称内螺纹，如图 4-69 (b) 所示。

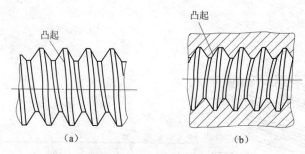

图 4-69 外螺纹和内螺纹

(a) 外螺纹；(b) 内螺纹

根据螺纹螺旋线旋绕方向的不同，螺纹可分为右旋螺纹和左旋螺纹。按螺旋线的数目不同，又可分成单线螺纹（沿一条螺旋线所形成的螺纹）和多线螺纹（沿两条或两条以上的螺旋线所形成的螺纹）。图 4-70 (a) 为单线右旋螺纹，图 4-70 (b) 为双线左旋螺纹，图 4-70 (c) 为三线右旋螺纹。

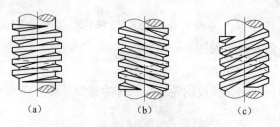

图 4-70 螺纹的旋向和线数

按螺纹牙型不同，常用的螺纹有三角形螺纹［图4-71（a）］、矩形螺纹［图4-71（b）］、梯形螺纹［图4-71（c）］和锯齿形螺纹［图4-71（d）］。

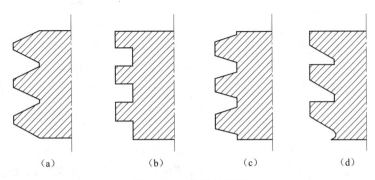

图4-71 螺纹的牙型
(a) 三角形螺纹；(b) 矩形螺纹；(c) 梯形螺纹；(d) 锯齿形螺纹

螺纹按其用途不同可分成连接螺纹和传动螺纹两大类，常用螺纹的类型、特点及应用见表4-10。

表4-10 常用螺纹的类型、特点及应用

| 类型 | | | 牙型图 | 特点及应用 |
|---|---|---|---|---|
| 连接螺纹 | 三角形螺纹 | 普通螺纹 | 内螺纹 60° 外螺纹 | 牙型角 $\alpha = 60°$，牙根较厚，牙根强度较高。同一公称直径，按螺距大小分为粗牙和细牙。一般情况下多用粗牙，而细牙用于薄壁零件或受动载的连接，还可用于微调机构的调整 |
| | | 英制螺纹 | 内螺纹 55° 外螺纹 | 牙型角 $\alpha = 55°$，长度单位用英制单位，多在修配英、美等国家的机件时使用 |
| | | 管螺纹 | 内螺纹 55° 外螺纹 管子 | 牙型角 $\alpha = 55°$，分为密封管螺纹和非密封管螺纹两种，多用于管道连接，如自来水管和煤气管的连接 |
| 传动螺纹 | 矩形螺纹 | | 内螺纹 外螺纹 | 牙型为正方形，$\alpha = 0°$，牙厚为螺距的一半，牙根强度较低，尚未标准化。传动效率高，但精确制造困难，可用于传动 |

续表

| 类型 | | 牙型图 | 特点及应用 |
|---|---|---|---|
| 传动螺纹 | 梯形螺纹 | | 牙型角 $\alpha = 30°$,传动效率比矩形螺纹低,工艺性好,牙根强度高,可补偿磨损间隙,广泛用于传动 |
| | 锯齿形螺纹 | | 工作面的牙侧角为 $3°$,非工作面的牙侧角为 $30°$,综合了矩形螺纹效率高和梯形螺纹牙根强度高的特点,但只能用于单向受力的传动 |

## 2. 螺纹连接的基本类型

螺纹连接由连接件和被连接件组成,它的基本类型有螺栓连接、双头螺柱连接、螺钉连接、紧定螺钉连接。

### 1) 螺栓连接

将螺栓穿过被连接件的孔,然后拧紧螺母,将被连接件连接起来,这样的连接方式即为螺栓连接,如图 4-72 所示。螺栓连接分为普通螺栓连接 [图 4-72 (a)] 和铰制孔用螺栓连接 [图 4-72 (b)],前者螺栓杆与孔壁之间留有间隙,后者螺栓杆与孔壁之间没有间隙。普通螺栓连接工作时螺栓受拉,无须在被联件上加工螺纹孔,装拆方便,用于两被连件均不太厚的场合。铰制孔用螺栓连接,工作时螺栓受剪,除起连接作用外,还起定位作用。

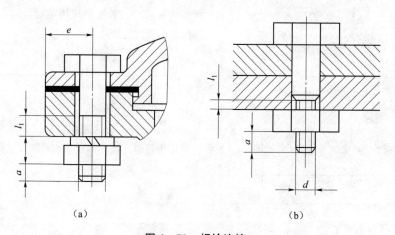

**图 4-72 螺栓连接**

(a) 普通螺栓连接;(b) 铰制孔用螺栓连接

### 2) 双头螺柱连接

双头螺柱连接(图 4-73)是将双头螺柱的一端旋紧在被连接件之一的螺纹孔中,另一端则穿过其余被连接件的通孔，然后拧紧螺母，将被连接件连接起来。双头螺柱连接用于有一连接件较厚，并经常装拆的场合，拆卸时只需拧下螺母即可。

**3) 螺钉连接**

螺钉连接（图4-74）是将螺钉穿过一被连接件的通孔，然后旋入另一被连接件的螺纹孔中。这种连接不用螺母，用于有一连接件较厚，且不需经常装拆的场合。

**4) 紧定螺钉连接**

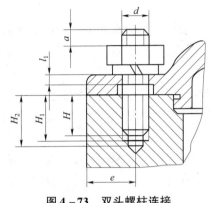

图4-73 双头螺柱连接

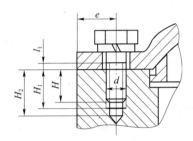

图4-74 螺钉连接

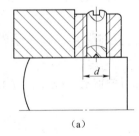
(a)

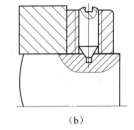
(b)

图4-75 紧定螺钉连接

### 3. 螺纹连接的预紧与防松

**1) 螺纹连接的预紧**

大多数螺纹连接在装配时都需要拧紧螺母，使之在承受工作载荷之前，预先受到力的作用，这个预加作用力称为预紧力。预紧的目的是增强连接的可靠性和紧密性，以防止受载后被连接件间出现缝隙或发生相对移动。

通常，利用控制拧紧力矩的方法来控制预紧力的大小，预紧力太小，达不到紧固的要求，预紧力太大会使连接件过载断裂。因此，必须很好地控制拧紧力矩。一般情况下，预紧力$F_0$和预紧力矩$T$之间的关系为

$$T \approx 0.2 F_0 d \text{ (N·mm)}$$

式中，$d$为螺纹大径（mm）。

通常，拧紧力矩一般由操作者按经验确定，对于重要的螺栓连接，采用测力矩扳手（图4-76）或定力矩扳手（图4-77）来控制拧紧力矩。

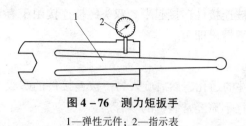
图4-76 测力矩扳手
1—弹性元件；2—指示表

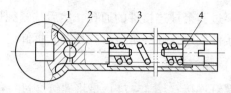
图4-77 定力矩扳手
1—扳手卡盘；2—圆柱销；3—弹簧；4—调整螺钉

**2）螺纹连接的防松**

螺纹连接一般都具有自锁性能，在静载荷下不会自动松脱。但在冲击、振动变载荷作用下，螺纹连接中的预紧力和摩擦力会逐渐减小或消失，导致连接失效。因此必须考虑螺纹连接的防松。

螺纹连接防松的根本问题在于防止螺纹副相对转动。按工作原理的不同，防松方法分为摩擦防松、机械防松和永久防松。

（1）摩擦防松。

摩擦防松是利用摩擦力防松，使螺纹副间有足够的轴向压力和摩擦力矩。常用的有对顶螺母防松、弹簧垫圈防松和尼龙圈锁紧螺母防松等，如图4-78所示，摩擦防松结构简单、使用方便，多用于冲击和振动较小的场合。

对顶螺母防松［图4-78（a）］是利用两螺母对顶拧紧，螺栓旋合段承受拉力而螺母受压，从而使螺纹副的接触面沿轴向压紧。

弹簧垫圈防松［图4-78（b）］，在螺纹连接拧紧后，弹簧垫圈被压平并产生弹性变形，其反弹力使螺纹间保持压紧力和摩擦力。

尼龙圈锁紧螺母防松［图4-78（c）］，螺母中嵌有尼龙圈，拧上后尼龙圈内孔被胀大，箍紧螺栓。

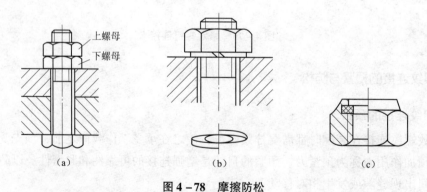

图4-78 摩擦防松
(a) 对顶螺母防松；(b) 弹簧垫圈防松；(c) 尼龙圈锁紧螺母防松

（2）机械防松。

机械防松是利用机械元件防松，适用于有冲击振动载荷的场合，但成本较高。如图4-79所示，常用的有开口销与开槽螺母防松、止动垫片防松、串联钢丝防松和圆螺母与止动垫片防松等。

开口销与开槽螺母防松［图4-79（a）］，在开槽螺母拧紧后，用开口销穿过螺栓尾部小孔和螺母的槽或用普通螺母拧紧后再配钻开口销孔。

止动垫片防松 [图4-79 (b)]，将垫片套入螺栓，并使其下弯的外舌放入被连接件的小槽中，再拧紧螺母，最后将垫片的另一边向上弯，使之和螺母的一边贴紧。

串联钢丝防松 [图4-79 (c)]，用拉紧的钢丝将各螺栓串联起来，钢丝串联必须有正确的穿行方向，否则起不到防松作用。

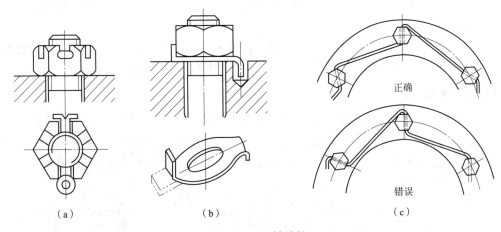

图4-79 机械防松
(a) 开口销与开槽螺母防松；(b) 止动垫片防松；(c) 串联钢丝防松

(3) 永久防松。

永久防松是在拧紧螺纹连接后，破坏螺纹副使之不能相对转动。常用的有冲点防松、点焊防松和黏合防松等，如图4-80所示。

冲点防松（图a）是用冲头冲2~3个点，起永久防松作用。点焊防松（图b）是在螺母拧紧后，将其与螺栓上的螺纹焊住，用于装配后不再拆开的场合。黏合防松（图c）是将黏合剂涂于螺纹旋合表面，螺母拧紧后自行固化。

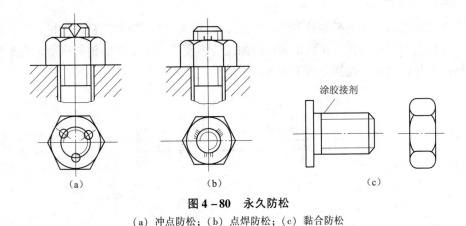

图4-80 永久防松
(a) 冲点防松；(b) 点焊防松；(c) 黏合防松

## （二）键连接

键是一种标准件，通常用于连接轴与轴上旋转零件（如齿轮、带轮），起周向固定作用，并得以传递旋转运动和扭矩，有的还能实现轴上零件的轴向固定或作轴上移动的导向装置。键连接的主要类型有平键连接、半圆键连接、楔键连接和切向键连接。

### 1. 平键连接

平键根据用途又可分为普通平键（图4-81）、导向平键（图4-82）和滑键（图4-83）。普通平键用于静连接，即轴与轮毂间无相对轴向移动。导向平键和滑键用于动连接，即轴与轮毂间有相对轴向移动。

如图4-81（a）所示，平键的两侧面是工作面，上表面与轮毂上的键槽底部之间留有间隙，键的上、下面为非工作面。工作时靠键与键槽侧面的挤压来传递扭矩，故定心性较好。

#### 1）普通平键

普通平键（图4-81）按端部形状不同可分为圆头（A型，图b）、方头（B型，图c）和单圆头（C型，图d）。A型平键定位好，但键槽端部应力集中较大，应用最广。B型平键常用螺钉固定，轴的应力集中较小，应用较少。C型平键常用于轴端与轮毂连接。

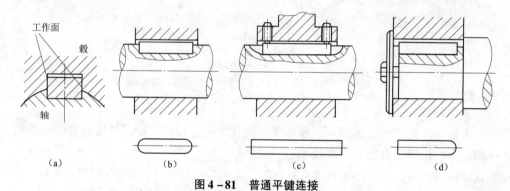

图4-81 普通平键连接

(a) 键槽剖面；(b) A型；(c) B型；(d) C型

#### 2）导向平键和滑键

如图4-82所示，导向平键比普通平键长，需用紧定螺钉固定在键槽中，为了便于拆卸，键上设有起键螺孔。键与轮毂槽采用间隙配合，便于轴上零件的轴向移动。汽车变速箱中的滑移齿轮与轴之间的连接即可采用导向平键。

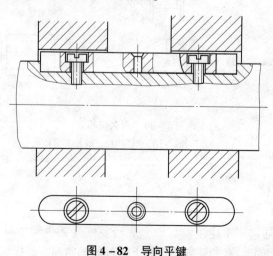

图4-82 导向平键

如图4-83所示，滑键固定在轮毂上，轮毂带动滑键做轴向移动，键长不受滑动距离限制。滑键装拆方便，作用可靠，但只能做周向固定，不能承受轴向力。

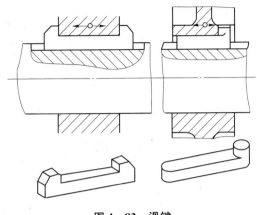

图4-83 滑键

### 2. 半圆键连接

如图4-84（a）所示，半圆键连接的工作面为键的两侧面，有较好的对中性，工作时靠其侧面的挤压来传递扭矩。键能在槽中绕几何中心摆动，以适应轮毂上键槽斜度，适用于锥形轴与轮毂的连接，如图4-84（b）所示。但轴上键槽较深，对轴的强度削弱较大，只适用于轻载连接。

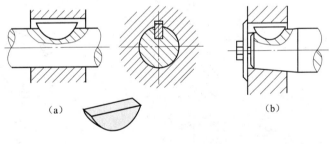

图4-84 半圆键连接

### 3. 楔键连接

如图4-85（a）所示，楔键的上、下表面为工作面，上表面相对下表面有1:100的斜度，轮毂槽底面相应也有1:100的斜度。装配时，将楔键打入轴与轴上零件之间的键槽内，使之连接成一整体，从而实现转矩传递。楔键与键槽的两个侧面不相接触，为非工作面。楔键连接能使轴上零件轴向固定，并能使零件承受单方向的轴向力。由于键侧面为非工作面，因此楔键连接的对中性差，在冲击和变载荷的作用下容易发生松脱。楔键连接又分为普通楔键和钩头楔键两种，如图4-85（b）所示。

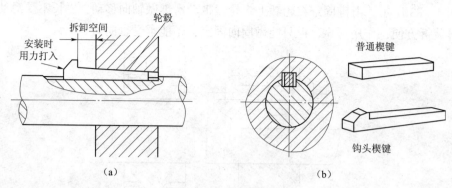

图 4-85 楔键连接

### 4. 切向键连接

如图 4-86（a）所示为切向键连接。切向键由两个 1:100 斜度的楔键沿斜面拼合而成，其上下两工作面互相平行，轴和轮毂上的键槽底面没有斜度。装配时，一对键分别自轮毂两边打入，使两工作面分别与轴和轮毂上键槽底面压紧。工作时，靠工作面的压紧作用传递转矩。一对切向键只能传递单向转矩，需要传递双向转矩时，可安装两对互成 120°~135°的切向键，如图 4-86（b）所示。切向键连接承载能力强，但装配后对中性差，键槽对轴的削弱较为严重，适用于低速、重载、精度要求不高的场合。

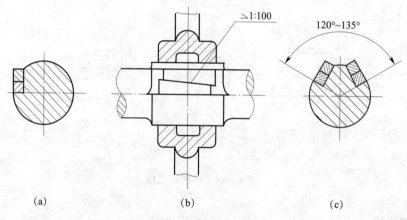

图 4-86 切向键连接

### 5. 花键连接

在轴上加工出多个键齿称为花键轴，在轮毂孔上加工出多个键槽称为内花键，二者组成的连接称为花键连接，如图 4-87 所示，花键齿的侧面为工作面，靠轴与毂的齿侧面的挤压传递转矩。由于工作面互为均匀多齿的齿侧面，且齿槽浅，齿根应力集中小，对轴的削弱小，所以花键连接定心精度高、导向性好、承载能力强、能传递较大的转矩，但花键连接的制造较困难，成本较高。

按齿型不同，花键连接可分为矩形花键连接和渐开线花键连接。

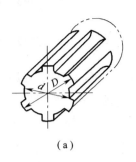 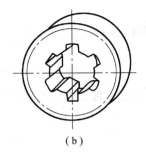

图 4-87 花键连接

(a) 外花键；(b) 内花键

**1) 矩形花键**

如图 4-88 所示，端平面上外花键的键齿或内花键的键槽的两侧齿形为相互平行的直线且对称于轴平面的花键称为矩形花键。花键通常要进行热处理，表面硬度应高于 40 HRC，由于制造时轴和毂上的接合面都要经过磨削，所以能消除热处理引起的变形。矩形花键具有定心精度高、定心稳定性好、应力集中较小、承载能力较大的特点，故应用广泛。

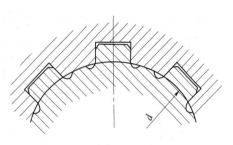

图 4-88 矩形花键连接

**2) 渐开线花键**

如图 4-89 所示，键齿在圆柱（或圆锥）面上且齿形为渐开线的花键称为渐开线花键。渐开线花键又分为圆柱直齿渐开线花键、圆锥直齿渐开线花键和圆柱斜齿渐开线花键。

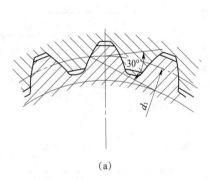 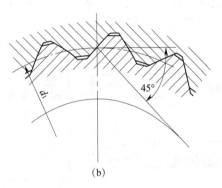

图 4-89 渐开线花键连接

(a) $\alpha=30°$；(b) $\alpha=45°$

渐开线花键的齿廓为渐开线，与渐开线齿轮相比，渐开线花键的分度圆压力角有 30°[图 4-89（a）] 和 45°[图 4-89（b）] 两种，对应的齿顶高系数分别为 0.5 和 0.4；键齿较短、齿根较宽；不产生根切的最少齿数较少，渐开线花键不产生根切的最少齿数 $Z_{min}=4$。

渐开线花键连接工艺性较好，制造精度较高，花键齿的齿根强度高，应力集中小，故承载能力大，使用寿命长；渐开线花键的定心方式为齿形定心，定心精度高，当键齿受载时，在齿面压力的作用下能自动平衡定心，有利于各齿均匀承载。

### (三) 销连接

通常用来固定零件间的相互位置的销称为定位销，如图 4-90 (a) 所示，它是组合加工和装配时的重要辅助零件；用于轴与轮毂的连接，且传递不大的载荷的销称为连接销，如图 4-90 (b) 所示；用作为安全装置中的过载剪断零件的销称为安全销，如图 4-90 (c) 所示。

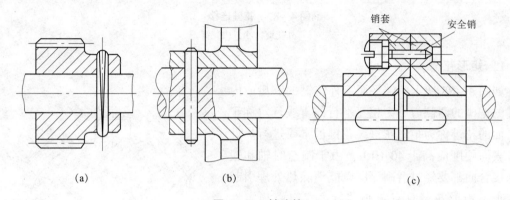

**图 4-90 销连接**
(a) 定位销；(b) 连接销；(c) 安全销

### 1. 销的基本形式

销的主要类型如表 4-11 所示，这些销已标准化，常用的销主要有圆柱销和圆锥销。

**表 4-11 销的基本类型、特点及应用**

| 类型 | | 简图 | 特点 | 应用 |
|---|---|---|---|---|
| 圆柱销 | 圆柱销 | | 销孔需铰制，多次拆卸会降低定位精度和连接紧密性，只能传递不大的载荷，直径公差有 m6 和 m8 两种，以满足不同的使用要求 | 主要用于定位，也可用于连接 |
| | 内螺纹圆柱销 | | 直径公差有 m6 一种 | 内螺纹圆柱销供拆卸用 |
| 圆锥销 | 圆锥销 | | 具有 1:50 的锥度，安装较方便，定位精度比圆柱销高，多次装拆对定位精度的影响也较小，受横向力作用时亦能可靠地自锁，因此比圆柱销应用更为广泛 | 主要用于定位，也可用于固定零件，多用于经常拆卸的场合 |
| | 螺尾圆锥销 | | | 常用于盲孔或拆卸困难的场合 |
| | 开尾圆锥销 | | | 常用于有冲击、振动和高速运行的场合，以防止锥销松动 |

续表

| 类型 | 简图 | 特点 | 应用 |
|---|---|---|---|
| 开口销 | | 工作可靠，拆卸方便 | 用于固定其他紧固件 |
| 销轴 | | 工作可靠，拆卸方便 | 用于两零件的铰接处，构成铰链连接 |

**2. 销连接的应用特点**

定位销常采用圆锥销，因为圆锥销具有 1∶50 的锥度，使连接具有可靠的自锁性，且可以在同一销孔中，多次装拆而不影响连接零件的相互位置精度。定位销在连接中一般不承受或只承受很小的载荷。定位销的直径可按结构要求确定，使用数量不得少于 2 个。销在每一个连接零件内的长度约为销直径的 1～2 倍。

连接销，可采用圆柱销或圆锥销，销孔须经铰制。连接销工作时受剪切和挤压作用。

安全销的作用是，当传递的动力或转矩过载时，安全销首先被切断，从而保护被连接零件免受损坏，销的尺寸通常以过载 20%～30% 时即折断为依据确定。使用时，应考虑销切断后不易飞出和易于更换。

销的材料常用 35、45 钢，使用时，可根据工作情况和结构要求，按标准选择其形式和规格尺寸。

## （四）弹簧

弹簧是一种应用很广的弹性元件，在载荷的作用下它可以产生较大的弹性变形，将机械功或动能转变为变形能，在恢复变形时，则将变形能转变为机械功或动能。

弹簧的主要功用有缓冲与减振（如汽车减振弹簧），控制机构的运动（如内燃机气缸的阀门弹簧），储存及输出能量（如钟表弹簧），测量力的大小（如测力器和弹簧秤中的弹簧）。

弹簧的种类很多，按受载后变形的不同，可分为拉伸弹簧、压缩弹簧、扭转弹簧和弯曲弹簧 4 种。按照弹簧形状的不同，又可分为螺旋弹簧、碟形弹簧、环形弹簧和板弹簧等。此外，还有橡胶弹簧、空气弹簧和扭杆弹簧等，它们主要用于车辆的悬挂装置和机械的隔振，表 4 - 12 列出了弹簧的基本类型、特点及应用。

表 4 - 12 弹簧的基本类型、特点及应用

| 类型 | | | 简图 | 特点及应用 |
|---|---|---|---|---|
| 螺旋弹簧 | 圆柱形 | 拉伸 | | 制造方便，适用范围广，用于各种机械 |

续表

| 类型 | | 简图 | 特点及应用 |
|---|---|---|---|
| 螺旋弹簧 | 圆柱形 压缩 | | 制造方便，适用范围广，用于各种机械 |
| | 圆柱形 扭转 | | |
| | 圆锥形 压缩 | | 结构紧凑，稳定性良好，防振好 |
| 碟形弹簧 | 压缩 | | 刚度和承载能力大，常用于载荷很大、轴向尺寸受限制的缓冲和减振装置 |
| 环形弹簧 | 压缩 | | 缓冲和吸振能力大，适用于机车车辆、锻压设备和起重机等的缓冲装置 |
| 盘簧 | 扭转 | | 承受转矩，常用于仪器、钟表的储能装置 |
| 板弹簧 | 弯曲 | | 这种弹簧变形大，缓冲和减振能力好，用于各种车辆的悬架装置 |

 思考与练习

一、填空题

1. 根据轴的承载情况，工作时既承受弯矩又承受转矩的轴称为_____；主要承受转矩的轴称为_____；只承受弯矩的轴称为_____。

2. 根据轴的承载情况，自行车的前后轴属于_____。

3. 根据轴承中摩擦性质的不同，轴承可分_____和_____两大类。

4. 滚动轴承是由_____、_____、_____和保持架四部分组成的。

5. 滚动轴承按其结构特点和承受载荷的方向不同分为_____和_____两大类。

6. 一般来说，滚动轴承的滚动体是球形时，转速_____，承载能力_____；滚动体是滚子时，相对来说转速_____，承载能力_____。

7. 标准规定，滚动轴承代号由_____、_____、后置代号三段组成。

8. 轴承内圈与轴的配合必须是_____制，轴承外圈与机体壳孔的配合是_____制。

9. 轴承润滑的目的在于_____、缓和冲击以及防锈，常用的润滑剂有_____和_____两大类。轴承密封的目的是防止灰尘的侵入和_____。

10. 6201轴承内径尺寸是_____mm；6208轴承内径尺寸是_____mm。

11. 传递两相交轴间运动而又要求轴间夹角经常变化时，可以采用_____。

12. 普通螺栓的公称直径为螺纹_____径；它是指与外螺纹_____或与内螺纹_____相重合的假想圆柱面的直径。

13. 普通三角形螺纹的牙型角为_____度，而梯形螺纹的牙型角为_____度。

14. 当两个连接件之一太厚，不宜制成通孔，且需经常拆装时，宜采用_____。

15. 常用的螺纹类型有_____、_____、_____和_____。

16. 普通平键的三种形式为_____、_____、_____，其的工作面是_____面，楔键的工作面是_____面。

17. 按齿形不同，花键分为_____和_____。

18. 当轴上零件需在轴上做距离较短的相对滑动，且传递转矩不大时，应用_____连接；当传递转矩较大，且对中性要求高时，应用_____连接。

19. 半圆键的_____为工作面，当需要用两个半圆键时，一般布置在轴的_____。

20. 销连接分为_____、_____、_____三种。

二、选择题

1. 下列各轴中，属于转轴的是（　　）。
   A. 减速器中的齿轮轴　　　　B. 自行车的前车轴
   C. 铁路机车的轮轴　　　　　D. 滑轮轴

2. 对于只承受转矩作用的直轴，一般称为（　　）。
   A. 传动轴　　B. 固定心轴　　C. 转动心轴　　D. 转轴

3. 一般二级齿轮减速器的中间轴是（　　）。
   A. 传动轴　　B. 固定心轴　　C. 转动心轴　　D. 转轴

4. 减速器中，齿轮轴的承载能力主要受到（　　）的限制。
   A. 短期过载下的静强度　　　　B. 疲劳强度
   C. 脆性破坏　　　　　　　　　D. 刚度
5. 轴环的用途是（　　）。
   A. 作为加工时的轴向定位　　　B. 使轴上零件获得轴向定位
   C. 提高轴的强度　　　　　　　D. 提高轴的刚度
6. 当采用轴肩定位轴上零件时，零件轴孔的倒角应（　　）轴肩的过渡圆角半径。
   A. 大于　　B. 小于　　C. 大于或等于　　D. 小于或等于
7. 定位滚动轴承的轴肩高度应（　　）滚动轴承内圈厚度，以便于拆卸轴承。
   A. 大于　　B. 小于　　C. 大于或等于　　D. 等于
8. 为了保证轴上零件的定位可靠，应使其轮毂长度（　　）安装轮毂的轴头长度。
   A. 大于　　B. 小于　　C. 等于　　D. 大于或等于
9. 向心轴承是以承受（　　）载荷为主。
   A. 径向　　B. 轴向　　C. 径向和轴向　　D. 以上三个都可以
10. 推力轴承是以承受（　　）载荷为主。
    A. 径向　　B. 轴向　　C. 径向和轴向　　D. 以上三个都可以
11. 向心滚子轴承适用的场合为（　　）。
    A. 径向载荷为主，转速较高　　B. 径向载荷较大，转速较低
    C. 径向和轴向载荷均较大　　　D. 轴向载荷为主
12. 下列可以对滚动轴承内圈实现轴向固定的方法为（　　）。
    A. 轴肩，弹性挡圈，圆螺母　　B. 普通平键，导向平键
    C. 圆锥销，圆柱销
13. 代号为 3108、3208、3308 的滚动轴承的（　　）相同。
    A. 外径　　B. 内径　　C. 精度　　D. 类型
14. 代号为 30310 的单列圆锥滚子轴承的内径为（　　）。
    A. 10 mm　　B. 100 mm　　C. 50 mm　　D. 110 mm
15. （　　）是只能承受径向载荷的轴承。
    A. 深沟球轴承　　　　　　　B. 调心球轴承
    C. 角接触球轴承　　　　　　D. 圆柱滚子轴承
16. 联轴器与离合器的主要作用是（　　）。
    A. 缓和冲击和振动　　　　　B. 补偿两轴间的偏移
    C. 连接两轴并传递运动和转矩　D. 防止机器发生过载
17. 刚性联轴器和挠性联轴器的主要区别是（　　）。
    A. 挠性联轴器内装有弹性件，而刚性联轴器没有
    B. 挠性联轴器能补偿两轴间的偏移，而刚性联轴器不能
    C. 刚性联轴器要求两轴对中，而挠性联轴器不要求对中
    D. 挠性联轴器过载时能打滑，而刚性联轴器不能
18. 安装凸缘联轴器时，对两轴的要求是（　　）。
    A. 两轴严格对中　　　　　　B. 两轴可有径向偏移

C. 两轴可相对倾斜一角度  D. 两轴可有综合位移

19. 下列（　　）不是弹性套柱销联轴器的特点。
   A. 结构简单，装拆方便
   B. 价格低廉
   C. 能吸收振动和补偿两轴的综合位移
   D. 弹性套不易损坏，使用寿命长

20. 啮合式离合器适用于在（　　）接合。
   A. 单向转动时  B. 高速转动时
   C. 正反转工作时  D. 低速或停车时

21. 万向联轴器是（　　）
   A. 刚性联轴器  B. 无弹性元件挠性联轴器
   C. 非金属弹性元件挠性联轴器  D. 刚性安全离合器

22. （　　）结构与凸缘联轴器相似，只是用带有橡胶弹性套的柱销代替了连接螺栓。制作容易，装拆方便，成本较低，但使用寿命短。适用于载荷平稳、启动频繁、转速高、传递中小转矩的轴。
   A. 凸缘联轴器  B. 弹性套柱销联轴器
   C. 万向联轴器  D. 滑块联轴器

23. 常用螺纹连接中，自锁性最好的螺纹是（　　）。
   A. 三角螺纹  B. 梯形螺纹  C. 锯齿形螺纹  D. 矩形螺纹

24. 常用螺纹连接中，传动效率最高的螺纹是（　　）。
   A. 三角螺纹  B. 梯形螺纹  C. 锯齿形螺纹  D. 矩形螺纹

25. 为连接承受横向工作载荷的两块薄钢板，一般采用（　　）。
   A. 螺栓连接  B. 双头螺柱连接  C. 螺钉连接  D. 紧定螺钉连接

26. 当两个被连接件不太厚时，宜采用（　　）。
   A. 双头螺柱连接  B. 螺栓连接
   C. 螺钉连接  D. 紧定螺钉连接

27. 当两个被连接件之一太厚，不宜制成通孔，且需要经常拆装时，往往采用（　　）。
   A. 螺栓连接  B. 螺钉连接  C. 双头螺柱连接  D. 紧定螺钉连接

28. 当两个被连接件之一太厚，不宜制成通孔，且连接不需要经常拆装时，往往采用（　　）。
   A. 螺栓连接  B. 螺钉连接  C. 双头螺柱连接  D. 紧定螺钉连接

29. 螺纹连接防松的根本问题在于（　　）。
   A. 增加螺纹连接的轴向力  B. 增加螺纹连接的横向力
   C. 防止螺纹副的相对转动  D. 增加螺纹连接的刚度

30. 螺纹连接预紧的目的之一是（　　）。
   A. 增强连接的可靠性和紧密性  B. 增加被连接件的刚性
   C. 减小螺栓的刚性

31. 用于连接的螺纹牙型为三角形，这是因为三角形螺纹（　　）。
   A. 牙根强度高，自锁性能好  B. 传动效率高

  C. 防振性能好      D. 自锁性能差

32. 当螺纹公称直径、牙型角、螺纹线数相同时，细牙螺纹的自锁性能比粗牙螺纹的自锁性能（　　）。

  A. 好    B. 差    C. 相同    D. 不一定

33. 在螺栓连接中，有时在一个螺栓上采用双螺母，其目的是（　　）。

  A. 提高强度      B. 提高刚度
  C. 防松      D. 减小每圈螺纹牙上的受力

34. 在螺栓连接中，采用弹簧垫圈防松是（　　）。

  A. 摩擦防松   B. 机械防松   C. 冲边防松   C. 黏结防松

35. 单线螺纹的螺距（　　）导程。

  A. 等于    B. 大于    C. 小于    D. 与导程无关

36. 切向键连接的斜度是做在（　　）上的。

  A. 轮毂键槽底面      B. 轴的键槽底面
  C. 一对键的接触面      D. 键的侧面

37. 普通平键连接的主要用途是使轴与轮毂之间（　　）。

  A. 沿轴向固定并传递轴向力    B. 沿轴向可做相对滑动并具有导向作用
  C. 安装与拆卸方便    D. 沿周向固定并传递转矩

38. 在键的连接中工作面是上、下两个面的是（　　）。

  A. 普通平键   B. 楔键    C. 半圆键

39. 普通平键按键的形状不同分为三种类型，其中 A 型普通平键端部形状为（　　）。

  A. 圆头    B. 方头    C. 半圆头

40. 对中性好、常用于轴端为锥形表面连接中的键是（　　）。

  A. 普通平键   B. 半圆键    C. 切向键

41. 平键连接中，键的上表面与轮毂键槽底面应（　　）。

  A. 紧密配合   B. 留有一定间隙   C. 过渡配合

42. 在键的连接中，多齿承载、承载能力高且齿浅、对轴的强度削弱小的键连接是（　　）。

  A. 普通平键   B. 花键    C. 切向键

43. 销连接的主要作用是（　　）。

  A. 定位      B. 装配时的辅助零件
  C. 安全装置

44. 普通平键连接传递动力是靠（　　）。

  A. 两侧面的摩擦力    B. 两侧面的挤压力
  C. 上下面的挤压力    D. 上下面的摩擦力

45. 可以承受不大的单方向的轴向力，上、下两面是工作面的连接是（　　）。

  A. 普通平键连接      B. 楔键连接
  C. 半圆键连接      D. 花键连接

46. 圆锥销的锥度是（　　）。

  A. 1:60    B. 1:50    C. 1:40    D. 60:1。

47. 普通平键的长度应（　　）。
    A. 稍长于轮毂的长度　　　　B. 略短于轮毂的长度
    C. 是轮毂长度的三倍　　　　D. 是轮毂长度的二倍
48. 下列键连接中，属于紧键连接的是（　　）。
    A. 平键　　　B. 半圆键　　　C. 楔键　　　D. 花键
49. 常用的松键连接有（　　）连接两种。
    A. 导向平键和钩头楔键　　　B. 普通平键和普通楔键
    C. 花键和切向键　　　　　　D. 平键和半圆键

### 三、判断题

1. 滚动轴承的结构一般是由内圈、外圈和滚动体所组成。（　　）
2. 推力滚动轴承主要承受径向力。（　　）
3. 矩形螺纹是用于单向受力的传力螺纹。（　　）
4. 三角螺纹具有较好的自锁性能，在振动或交变载荷作用下不需要防松。（　　）
5. 普通螺纹多用于连接，梯形螺纹多用于传动。（　　）
6. 楔形键连接不可以用于高速转动的连接。（　　）
7. 在平键连接中，平键的两侧面是工作面。（　　）
8. 花键连接通常用于要求轴与轮毂严格对中的场合。（　　）
9. 为保证定位精度和连接的紧固性，圆柱销宜多次装拆，而圆锥销不宜多次装拆。（　　）
10. 可用键来实现轴上零件的轴向定位。（　　）

### 四、简答题

1. 说明 7208、6309 轴承的含义。
2. 轴上零件轴向和周向固定的目的是什么？常用的轴向和周向固定方法有哪些？
3. 螺纹的牙型有哪几种？各有什么特点？
4. 为什么一般普通螺栓连接都需要预紧？
5. 为什么大多数螺纹连接必须防松？防松措施有哪些？
6. 联轴器与离合器的主要功能是什么？两者功能的主要区别是什么？
7. 什么是万向联轴器？应用于什么场合？成对使用时应满足什么条件？
8. 简述销的基本类型及其功用。
9. 简述弹簧的主要功用。
10. 指出图中轴系的结构错误，并改正。

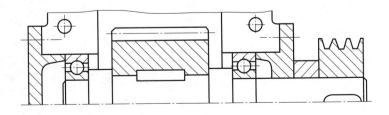

# 项目五
## 汽车液压传动系统

# 任务一
## 液压传动概述

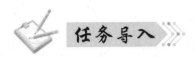

液压传动是一种在密封系统中,以受压液体(油或合成液体)为工作介质,利用液体受到的压力传递运动和动力的传动形式。目前,液压传动在汽车领域得到广泛应用,如汽车维修使用的汽车举升机、汽车上的液压助力转向系统、液压制动系统、汽车 ABS 防抱死制动装置等。

图 5-1 所示就是汽车维修中常用的手动液压千斤顶,通过手柄的上下按压,车身会在很短的时间内上升,然后完成换胎等维修工作。从手柄的上下按压到千斤顶可以顶起整个车身,这个过程是如何实现的呢?工作原理又是怎样的呢?

图 5-1 手动液压千斤顶

手动液压千斤顶是液压系统的典型应用,它是通过液压油的流动在千斤顶中完成动力传递的。

 **学习目标**

1. 掌握液压传动的组成及特点；
2. 掌握液压传动的工作原理；
3. 熟悉液压传动的优缺点。

 相关知识

## 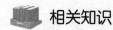 （一）液压传动的组成及特点

### 1. 液压传动组成

图 5-2 所示为机床工作台的液压传动系统，其工作原理是电动机带动液压泵 2 从油箱吸油，油液经过过滤器进入液压泵，在液压泵出口向系统输出一定压力和流量的液压油，通过节流阀 4、换向阀 5 进入液压缸 6 的右腔，推动活塞带动工作台左移，液压缸左腔里的油液经换向阀流回油箱。如果换向阀手柄扳向右位，可以实现液压缸左腔进油，右腔回油，工作台向右移动。可见换向阀用于控制液压缸工作台的运动方向。

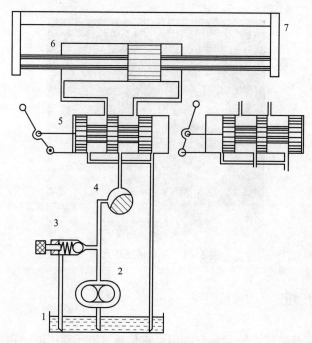

**图 5-2 机床工作台的液压传动系统**
1—油箱；2—液压泵；3—溢流阀；4—节流阀；5—换向阀；6—液压缸；7—工作台

而工作台的运动速度可以通过节流阀 4 来调节，当节流阀口开大时，进入缸内的油液流量增大，工作台运动速度就快。工作台运动时必须克服各种阻力，如切削力和摩擦力等，要求液压缸必须产生足够大的推力，而推力的大小由液压缸内油液压力保证，因此液压油的压

力应根据克服负载的大小进行调节,这主要由溢流阀3调定,同时,当节流阀口一定时,多余的油液需经溢流阀流回油箱。

通过以上对机床工作台液压传动系统的分析,液压传动系统主要由以下几部分组成:

(1) 动力装置。把机械能转换成液压能的装置,如液压泵。

(2) 执行装置。把压力能转换成机械能的装置,如液压缸(实现直线运动)、液压马达(实现旋转运动)。

(3) 控制调节装置。对液压系统中流体的压力、流量和流动方向进行控制和调节的装置,如单向阀、换向阀、节流阀、溢流阀等。

(4) 辅助装置。包括油箱、过滤器、蓄能器、管件等。

(5) 工作介质。传递能量的载体,即液压油。

### 2. 液压传动特点

传动与控制方式可分为机械传动、电力传动、液压传动、气压传动。与机械传动、电力传动、气压传动相比,液压传动的优缺点如表5-1所示。

表5-1 液压传动优缺点

| 优点 | 缺点 |
| --- | --- |
| (1) 在相同功率的情况下,液压传动体积小,重量轻。<br>(2) 液压传动可以实现无级调速,调速范围广(可达1:2 000)。<br>(3) 液压传动工作平稳,换向冲击小,反应速度快,易于实现频繁的换向。<br>(4) 液压传动便于实现过载保护,液压油使元件自润滑,使用寿命长。<br>(5) 液压传动对液体的压力、流量和流向进行控制和调节,容易实现自动化,操纵方便。<br>(6) 液压元件已标准化、系列化、通用化 | (1) 液压传动存在泄漏及液体被压缩,使传动不准确。<br>(2) 液压传动中存在流量损失、压力损失及摩擦损失,传动效率不高,且不宜做远距离传动。<br>(3) 液压传动对油温、油污比较敏感。不能在高温和低温下工作,对油液质量要求较高 |

## (二) 液压传动的工作原理

现以液压千斤顶为例,说明液压与传动的工作原理。

液压千斤顶
工作原理

如图5-3所示,大小活塞可以分别在大小缸体内上下移动,由于活塞与缸体内壁间有良好的密封,形成一个容积可变的密封空间,当提起手柄,小活塞在小缸体内上移,其下部缸体内容积增大,形成局部真空,这时大活塞上的重物使大缸内的液压油作用在单向阀6上,单向阀6关闭,而油箱内液压油在大气压作用下,冲开单向阀2进入小缸体,完成吸油;用力压下手柄,小活塞下移,其下腔内压力升高,单向阀2关闭,液压油冲开单向阀6进入大缸体,迫使大活塞上移，顶起重物 $G$。再次提起手柄，大缸体内压力油使单向阀 6 自动关闭，小缸体下腔继续从油箱吸油。不断往复提压手柄，就能不断把油液压入大缸体下腔，使重物逐渐升起。如果将放油阀 9 转过 90°，油液流回油箱，大活塞下移，重物回落。可见手柄、小缸体、小活塞、两个单向阀组成了手动液压泵。

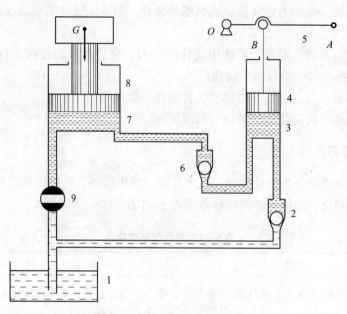

图 5-3　手动液压千斤顶原理图

1—油箱；2，6 单向阀；3—小油缸；4—小活塞；5—手动提压杆；7—大油缸；8—大活塞；9—放油阀

综上所述，液压传动是以油液作为工作介质，依靠密封容积的变化传递运动，依靠介质内压力传递动力的。其实质是能量转换，先将机械能转换成压力能，通过各种元件组成的控制回路实现能量控制，再将压力能转换成机械能。

# 任务二
## 认识液压元件

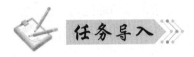  任务导入

任何液压设备均是由许多液压元件组成（图5-4），液压元件主要分为动力元件、执行元件、控制元件和辅助元件。

图5-4　液压设备

  任务分析

液压动力元件是向系统提供一定流量和压力，执行元件把液压能转变为机械能，控制元件控制液流的方向、压力和流量，辅助元件对系统的动态性能、工作可靠性、噪声和温升有直接影响。

  学习目标

1. 掌握齿轮泵、叶片泵和柱塞泵的原理和分类、特点；
2. 掌握液压马达和液压缸的原理和特点；
3. 掌握各种阀的工作原理和动作；
4. 掌握辅助元件的工作原理。

## 相关知识

### （一）液压泵

#### 1. 液压泵的工作原理

任何工作系统都需要动力驱动。液压系统则是以液压泵作为向系统提供一定流量和压力的动力元件。液压泵由电动机带动将液压油从油箱中吸出，并以一定的压力输送到系统，驱动执行元件运动做功。液压泵性能的好坏将直接影响到液压系统的工作性能和可靠性。汽车发动机中的机油泵、电动燃油泵都是液压泵的典型应用。

图 5-5 所示为一种典型液压泵的工作原理图。柱塞 2 装在缸体 3 内，并做左右移动，在弹簧 4 的作用下，柱塞紧压在偏心轮 1 的外表面上，当电动机带动偏心轮 1 旋转时，偏心轮即推动柱塞 2 左右运动，从而使密封容积 $a$ 的空间大小发生周期性的变化。当容积由小到大变化时，$a$ 腔形成部分真空，油箱中的油液在大气压的作用下，经吸油管道顶开单向阀 6 进入油腔 $a$ 实现吸油过程；反之，当容积由大到小变化时，$a$ 腔中的油液将在压力的作用下，顶开单向阀 5 进入液压系统实现压油过程。电动机带动偏心轮连续旋转，液压泵就不断地吸油和压油。液压泵是依靠工作腔的容积变化进行吸油和排油的，故又称为容积泵。

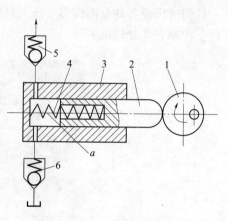

图 5-5 液压泵工作原理图
1—偏心轮；2—柱塞；3—缸体；
4—弹簧；5，6—单向阀

液压泵的职能符号如图 5-6 所示。

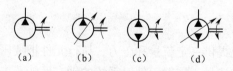

**图 5-6 液压泵的职能符号**

（a）单向定量液压泵；（b）单向变量液压泵；（c）双向定量液压泵；（d）双向变量液压泵

#### 2. 液压泵分类

液压泵的种类很多，按照液压泵的机构形式不同，可分为齿轮泵、叶片泵、柱塞泵等，这些泵在汽车上均得到较广泛的应用。

**1) 齿轮泵**

齿轮泵是一种常用的液压泵，是汽车发动机中机油泵的主要类型之一。主要特点是：结构简单、工艺性好、体积小、重量轻、价格低、自吸性能好、对油的污染不敏感、工作可靠，由于齿轮泵是轴对称的旋转体，允许有较高的转速，但流量脉动和困油现象较严重，噪声大，排量不可变。低压齿轮泵的工作压力为 2.5 MPa；中高压齿轮泵的工作压力为 16~20 MPa；某些高压齿轮泵的工作压力可达 32 MPa。

齿轮泵是利用一对齿轮的啮合运动，造成吸、排油腔的容积变化进行工作的。啮合的齿轮为其核心零件。按其啮合形式可分为外啮合齿轮泵和内啮合齿轮泵。外啮合齿轮泵一般采用一对齿数相同的渐开线直齿圆柱齿轮啮合，内啮合齿轮泵除采用渐开线齿轮外，也可采用摆线齿轮。

下面主要介绍外啮合齿轮泵。

如图 5-7 所示为外啮合齿轮泵结构及工作原理图。齿轮泵由壳体、端盖和齿轮的各个齿间槽组成了许多密封工作腔，当齿轮转向如图所示时，左侧吸油腔由于相互啮合的轮齿逐渐脱开，密封工作腔容积逐渐增大，形成部分真空，油箱中的油液被吸入泵体，将齿间槽充满，并随着齿轮旋转，把油液带到右侧压油腔中。在压油腔一侧，由于齿轮逐渐进入啮合，密封工作腔容积不断减少，油液被挤压出去。吸油区和压油区是由相互啮合的轮齿以及泵体分隔开的。

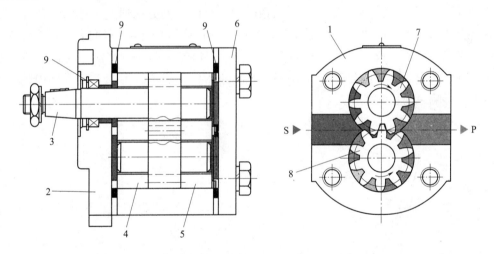

图 5-7 外啮合齿轮泵结构及工作原理图

1—壳体；2—前端盖；3—传动轴；4，5—轴承套；6—后端盖；
7—主动齿轮；8—从动齿轮；9—密封圈

外啮合齿轮泵运转时存在以下几个问题：

a. 泄漏。泄漏原因主要有：一是齿顶与齿轮壳内壁的间隙；二是齿端面与侧板之间的间隙。当压力增加时，齿顶与齿轮壳内壁之间的间隙不会改变，但侧板的挠度会增加，成为外啮合齿轮泵泄漏最主要的原因。故齿轮泵不适合做高压泵。为解决外啮合齿轮泵的内泄漏问题，提高其工作压力，现已开发出固定侧板式齿轮泵，其最高压力可达 7~10 MPa；可动侧板式齿轮泵在高压时侧板被往里推，其最高压力可达 14~17 MPa。

b. 困油现象。实际工作中，为保证齿轮泵的齿轮平稳地啮合运转，必须使齿轮啮合的重叠系数 $\varepsilon$ 略大于 1，即前一对轮齿未脱离啮合之前，后一对轮齿已进入啮合。齿的啮合是使泵的高、低压油腔隔开的必要条件。从齿轮泵工作原理来看，也必须保证在任何时刻至少有一对齿轮处于啮合状态。当两对齿轮同时啮合时，由于齿轮的端面间隙很小，因此这两对轮齿之间的油液与泵的吸、排油腔互不相通,形成一个封闭容积。齿轮转动时,封闭容积会发生变化,使其中的液体受压缩或膨胀,造成封闭容积内液体的压力发生急剧变化,这种现象称为困油现象。如封闭容积减少[图5-8(a)到(b)],会使被困油液受挤压,并从缝隙中挤出而产生很高的压力,油液发热,使机件(如轴承)受到额外的负载。如封闭容积增大[图5-8(b)到(c)],又会造成局部真空,使油液中溶解的气体分离,产生气穴现象。这将引起泵产生强烈的振动和噪声,所以困油现象对齿轮泵的正常工作非常有害。

消除困油现象的措施:在两侧盖板上开卸荷槽,使封闭腔容积减小时,通过左边的卸荷槽与压油腔相通;封闭腔容积增大时,通过右边的卸荷槽与吸油腔相通。

c. 径向力不平衡。齿轮泵(特别是中高压齿轮泵)的轴承磨损是影响泵寿命的主要原因之一,因此对齿轮泵的齿轮受径向作用力的分析有重要意义。齿轮泵产生径向力不平衡的原因有三方面:一是液体压力产生的径向力,这是因为齿轮泵工作时排油腔的油压高于吸油腔的油压,并且齿顶圆与泵体内表面之间存在径向间隙,油液会通过间隙泄漏,因此从排油腔起,沿齿轮外缘至吸油腔的每个齿间内的油压不同,压力依次递减,其分布情况如图5-9所示;二是齿轮传递力矩时产生的径向力,径向力的方向通过齿轮的啮合线,使主动齿轮所受合力减小,被动齿轮所受合力增大;三是困油现象产生的径向力,致使齿轮泵径向力不平衡现象加剧。齿轮泵由于径向力不平衡,把齿轮压向一侧,使齿轮轴受到弯曲作用,影响轴承寿命,同时还会使吸油腔的齿轮径向间隙减小,从而使齿轮与泵体内腔产生摩擦或卡死,影响泵的正常工作。

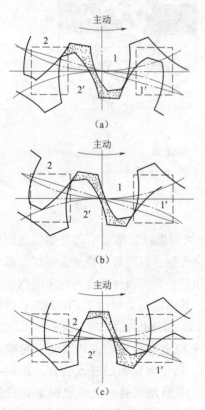

图5-8 困油现象

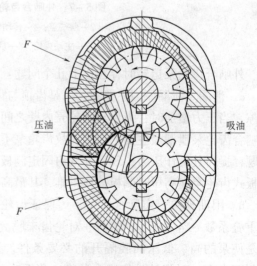

图5-9 径向力不平衡

消除径向力不平衡的措施：一是缩小排油口直径，使高压仅作用在 1~2 个轮齿的范围内，这样使压力油作用于齿轮上的面积减小，因此径向力也相应减小；二是开压力平衡槽，在相关零件（通常在轴承座圈）上开出四个接通齿间的压力平衡槽，使其中两个与排油腔相通，另两个与吸油腔相通，这种方法可使作用在齿轮上的径向力大致平衡，但同时也会使泵的高、低压油区更加接近，增加泄漏和降低容积效率。

2) 叶片泵

叶片泵是汽车发动机内置式燃油泵的主要类型之一，具有流量均匀、运转平稳、噪声低、体积小、结构紧凑、寿命长等优点，但与齿轮泵相比对油液污染较敏感，油液中杂质较多时，叶片易出现卡死现象；结构较复杂。中低压叶片泵的工作压力一般为 8 MPa，中高压叶片泵的工作压力可达 25~32 MPa。泵的转速范围为 600~2 500 r/min。叶片泵可分为单作用（转子每转完成吸、排油各一次）和双作用（转子每转完成吸、排油各两次）两种型式。双作用式叶片泵与单作用式相比，其流量均匀性好，转子体所受的径向力基本平衡。

(1) 单作用式叶片泵。

图 5-10 所示为单作用式叶片泵的工作原理。定子的内表面是圆柱形孔，转子 2 与定子 1 之间有一偏心，叶片 3 在转子的槽内可灵活滑动，在转子转动的离心力和通入叶片根部压力油的作用下，叶片顶部贴紧在定子内表面上，使两相邻叶片、配油盘、定子和转子之间形成了一个密封的工作腔。当转子转动时，右侧的叶片向外伸出，密封工作腔容积逐渐增大，产生真空，此时由吸油口和配油盘上窗口将油吸入。而图的右侧，叶片向里缩回，密封腔容积逐渐减小，将油液由配油盘的另一窗口和压油口压入系统中。这种泵在转子每转一转中，吸、排油各一次，故称单作用式。同齿轮泵相似，其转子上也会受到单方向的径向液压不平衡作用力，又称为非平衡泵，其轴承所受负载较大，使泵的工作压力受到限制。改变定子和转子之间的偏心方向和大小，可改变泵的进、出油方向和排量，故又称为双向变量泵。

单作用式叶片泵为防止吸、排油腔的相通，配油盘的吸、排油窗口间的密封角稍大于相邻两叶片间的夹角。因定子与转子不是同心圆，当密封容积变化时，则产生类似齿轮泵的困油现象。这时可通过将配油盘排油窗口边缘开三角形卸荷槽来消除。有时让密封容积中的油液被压缩至接近额定工作压力，再与排油腔相通，这样可减少和排油腔相通时的压力差，降低冲击和噪声。

为使叶片工作时易甩出，叶片槽常做成后倾结构。为使叶片能始终贴紧在定子内表面上，应在排油腔叶片底部通高压油，在吸油腔叶片底部通低压油。

(2) 双作用式叶片泵。

图 5-11 所示为双作用式叶片泵的结构简图。定子 2 的内表面由两段长半径圆弧、两段短半径圆弧和四段过渡曲线组成，定子 2 与转子 1 同心。如按图示转动时，密封容积在左上角和右下角处逐渐增大，是吸油区；在左下角和右上角处逐渐减小，是排油区；吸、排油区之间有一段封油区将两者隔开。这种泵转子每转一转时，每个密封工作腔完成吸、排油两次，故称为双作用式。吸油区与排油区在结构上是径向对称的，作用于转子上的液压力径向平衡，故又称为平衡式叶片泵。

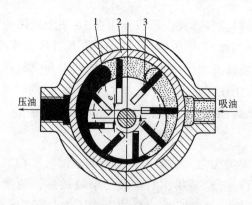

图 5-10 单作用式叶片泵工作原理
1—定子；2—转子；3—叶片

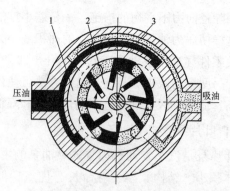

图 5-11 双作用式叶片泵工作原理
1—转子；2—定子；3—叶片

### 3) 柱塞泵

柱塞泵依靠柱塞在其缸体内往复运动时密封工作腔的容积变化进行吸油和排油。由于缸体内孔与柱塞均为圆柱表面，易得到高精度的配合，这种泵的泄漏小，容积效率高，适用于高压、大流量、大功率场合。但其结构较复杂，制造困难，故在各类容积泵中，柱塞泵价格最贵，而且这类泵对油液的污染较敏感，对使用、维护的要求也较严格。柱塞泵在柴油机的燃油供给系统中应用较多。

柱塞泵按柱塞的排列和运动方向不同可分为径向和轴向柱塞泵。径向柱塞泵由于径向尺寸大，结构较复杂，自吸能力差，且配油轴受到不平衡液压力的作用，容易磨损，目前已应用不多，下面主要介绍轴向柱塞泵。

轴向柱塞泵有斜盘式和斜轴式两大类，图 5-12 所示为斜盘式轴向柱塞泵。斜盘 1 和配油盘 4 不动，传动轴 5 带动缸体 2、柱塞 3 一起转动，柱塞 3 紧靠在斜盘上。当传动轴 5 按图示旋转时，柱塞 3 在其自下而上回转的半周内逐渐伸出，缸体 2 孔内密封工作腔容积逐渐增加；产生真空，将油液自配油盘 4 上的吸油窗口吸入；反之亦然。缸体 2 每转一转，每个柱塞往复运动一次，完成一次吸油、排油过程。改变斜盘的倾角 $\gamma$，可改变柱塞行程的大小，从而改变泵的排量，改变斜盘的倾斜方向，可以改变泵输出油的方向，故柱塞泵为双向变量泵。

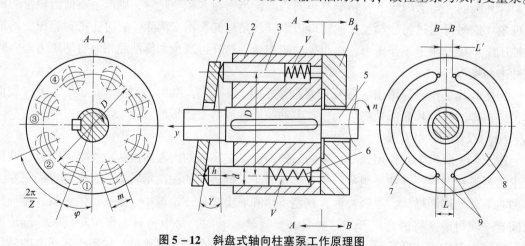

图 5-12 斜盘式轴向柱塞泵工作原理图
1—斜盘；2—缸体；3—柱塞；4—配油盘；5—传动轴；6—弹簧；7—吸油窗口；8—压油窗口；9—眉毛槽

斜盘式轴向柱塞泵的传动轴中心线与缸体中心线重合。

当泵的传动轴相对缸体中心线倾斜一个角度时，称为斜轴式柱塞泵，图 5-13 所示为其原理图。柱塞 2 的运动由连杆 4 来控制，工作原理与斜盘式相似。改变传动轴与缸体间的夹角 γ，可改变泵的排量。这种泵的结构复杂，适用于排量要求大的场合。

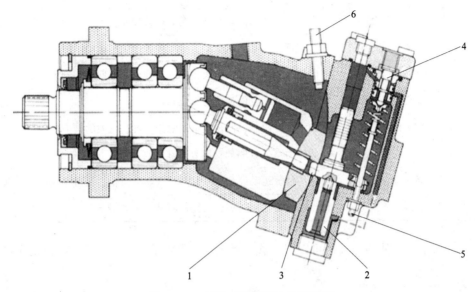

图 5-13　斜轴式柱塞泵工作原理图
1—配油盘；2—柱塞；3—缸体；4—连杆；5—传动轴；6—最小摆角限位螺钉

## （二）液压缸

液压缸是液压系统中的执行元件，以直线往复运动的形式，将液压能转变为机械能。液压缸结构简单，易制造，用来实现直线往复运动尤为方便，目前汽车中液压助力转向系统、液压制动系统中均离不开液压缸。

### 1. 液压缸的分类及特点

液压缸按额定工作压力、结构形式和作用等不同归类方法分类。表 5-2 是按结构形式和作用分类的名称及工作特点。

表 5-2　液压缸的名称及工作特点

| 分类 | 名称 | 工作特点 |
| --- | --- | --- |
| 单作用式液压缸 | 单活塞杆液压缸 | 活塞仅单向运动，返回行程是利用自重或负荷将活塞推回 |
| | 柱塞式液压缸 | 柱塞仅单向运动，返回行程是利用自重或负荷将柱塞推回 |
| | 双活塞杆液压缸 | 活塞的两侧都装有活塞杆，只能向活塞一侧供给压力油，返回行程通常利用弹簧力、重力或外力 |

续表

| 分类 | 名称 | 工作特点 |
| --- | --- | --- |
| 单作用式液压缸 | 伸缩式液压缸 | 可以短缸获得较长行程。用液压油由大到小逐节推出，靠外力由小到大逐节缩回 |
| 双作用式液压缸 | 单活塞杆液压缸 | 单边有杆，两向液压驱动，两向推力和速度不等 |
| | 双活塞杆液压缸 | 双边有杆，双向液压驱动，可实现等速往复运动 |
| | 伸缩式液压缸 | 双向液压驱动，伸出由大到小逐节推出，退回由小到大逐节缩回 |
| 组合式液压缸 | 弹簧复位液压缸 | 单向液压驱动，由弹簧力复位 |
| | 串联液压缸 | 缸的直径受限制，但长度不受限制，可获得大的推力 |
| | 增压缸（增压器） | 由低压力室 A 缸驱动，使 B 室获得高压油源 |
| | 齿条传动液压缸 | 活塞的往复运动经装在一起的齿条驱动齿轮，获得往复回转运动 |
| 摆动式液压缸 | | 输出轴直接输出转矩，其往复回转的角度小于 360° |

液压缸除了单个使用外，还可以组合或与其他机构相结合，实现某些特殊的功能。

**2. 液压缸的工作特点**

以双作用单活塞杆液压缸为例，图 5-14 所示为双作用单活塞杆液压缸，它的进、出油口的布置视其安装方式而定，可以缸筒固定，也可以活塞杆固定，工作台的移动范围都是活塞或缸筒的有效行程的 2 倍。单活塞杆液压缸只有一端有活塞杆伸出，两端作用面积不等。因此在输入相同流量时，两个方向的运动速度不同。

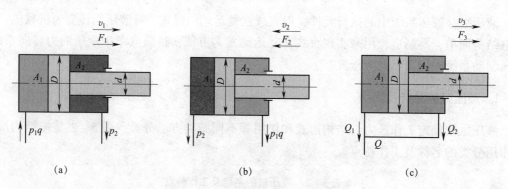

图 5-14 双作用单活塞杆液压缸

图（a）：$v_1 = \dfrac{Q}{A_1} = \dfrac{4Q}{\pi D^2}$

图（b）：$v_2 = \dfrac{Q}{A_2} = \dfrac{4Q}{\pi (D^2 - d^2)}$

比较两式可知：因为 $A_1 > A_2$，所以 $v_2 > v_1$。

两个方向的供油压力分别为 $p_1$ 和 $p_2$，液压缸往返运动的推力为

图 (a): $F_1 = p_1 A_1 = p_1 \dfrac{\pi}{4} D^2$

图 (b): $F_2 = p_2 A_2 = p_2 \dfrac{\pi}{4}(D^2 - d^2)$

假定 $p_1 = p_2$，因为 $A_1 > A_2$，故 $F_1 > F_2$，即无活塞杆端推力大，常用于工作端，$v_1$ 为工作方向，活塞杆受压。

单活塞杆液压缸在其左右两腔同时接通高压油时，称作"差动连接"，这种连接形式的液压缸被称为"差动缸"[图 5-14（c）]。差动连接时，活塞（或缸体）只能向一个方向运动，要使其反向运动，油路的连接应与非差动连接相同。差动连接时输出的速度和推力按下式计算：

$$v_{差} = \dfrac{Q}{A_1 - A_2} = \dfrac{4Q}{\pi d^2}$$

$$F_{差} = p(A_1 - A_2) = p \dfrac{\pi}{4} d^2$$

反向运动时，速度与推力由 $v_2$ 和 $F_2$ 确定。

如要求往返运动速度相等时，即 $v_2 = v_{差}$，$\dfrac{4Q}{\pi(D^2 - d^2)} = \dfrac{4Q}{\pi d^2}$，化简后得：$D^2 = 2d^2$，即要保证差动连接时的往返速度相等，只要使活塞与活塞杆的直径保持 $D = \sqrt{2}d$。

双作用双活塞杆液压缸如图 5-15 所示。两端有直径相同的活塞杆伸出，所以液压缸两端的有效作用面积相等。当输入的流量相等时，两个方向的运动速度相等；当输入的油压相等时，两个方向的推力相等。这种结构性能的液压缸可以用于双向负荷基本相等的场合，如磨床液压系统。

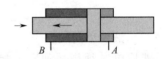

图 5-15　双作用双活塞杆液压缸

双活塞杆液压缸又分为缸体固定和活塞杆固定两种形式。缸体固定的液压缸，其工作台的运动范围约等于缸体有效长度的 3 倍，占地面积较大，常用于小型机床。活塞杆固定的液压缸，由缸体驱动工作机构运动，工作台的运动范围约等于活塞杆（或缸体）有效长度的 2 倍，占地面积小，常用于中型及大型机床。

## （三）液压控制阀

液压控制阀是液压系统中用来控制液流方向、压力和流量的元件。通过这些阀，对执行元件的启动、停止、运动方向、速度、动作顺序和克服负载的能力进行调节与控制，使各类液压机械都能按要求协调地进行工作。

液压控制阀根据功能的不同可分为方向控制阀、压力控制阀和流量控制阀。实际应用中，这三类阀还可根据需要互相组合成为组合阀，如单向顺序阀、单向节流阀等。

### 1. 方向控制阀

方向控制阀用以控制液压系统中油液流动的方向或液流的通与断，以便满足对执行元件的运动方向、启动和停止的要求。按其用途分为单向阀和换向阀两大类。

1) 单向阀

(1) 普通单向阀。

普通单向阀通常简称单向阀，它是一种只允许油液单向流动，不允许反向倒流的阀。如图 5-16 所示为管式和板式两种结构的单向阀。当液流从进油口 A 流入时，油液压力克服弹簧阻力和阀体 1 与阀芯 2 间的摩擦力，顶开锥阀芯（小规格直通式阀可用钢球作阀芯），从出油口 B 流出。当液流反向从 B 流入时，油液压力使阀芯紧密地压在阀座上，不能倒流。

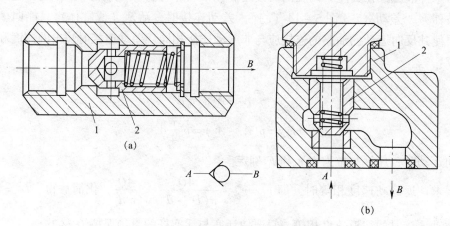

图 5-16 普通单向阀结构及职能符号

1—阀体；2—阀芯

(2) 液控单向阀。

液控单向阀是一种通入控制压力油打开阀芯实现液流反向流通的单向阀。它由阀体、阀芯和控制活塞等组成。在通常情况下，油液只允许从进油口 A 进入，顶开阀芯 1，自出油口 B 流出。当需要反向流动时，则在控制油口 K 通入控制压力油，推动控制活塞 3 和顶杆顶开阀芯 2，油即可通过。当控制油口 K 的控制油路切断后，恢复单向流动。

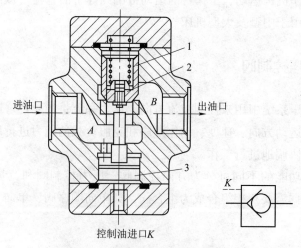

图 5-17 液控单向阀结构及职能符号

1，2—阀芯；3—控制活塞

液控单向阀未通控制油时具有良好的反向密封性能，常用于保压、锁紧和平衡回路。

**2）换向阀**

换向阀是通过变换阀芯在阀体内的相对位置，使阀体各油口连通或断开，从而控制执行元件的换向或启停。

换向阀按阀芯运动方式可分为滑阀和转阀，滑阀的阀芯是移动的，转阀的阀芯是摆动的。其中滑阀比转阀应用广泛。按移动阀芯的操纵方式，换向阀分为手动、机动、电磁、液动、电液换向阀。按阀芯在阀体中工作位置数，换向阀分为二位、三位等。按阀体油口通路数，换向阀分为二通、三通、四通、五通等。

（1）滑阀式换向阀。

滑阀式换向阀主要由阀体及阀芯组成，阀体内加工出环形通道及油口，阀杆上加工出台肩与之配合，有的阀芯内部有通孔。当阀芯在阀体内移动时，可改变各油口之间的连通关系。

图 5-18 所示为三位四通换向阀的工作原理。在图示位置，液压缸两腔不通压力油，处于停止状态。若使换向阀的阀芯 1 左移，阀体 2 上的油口 $P$ 和 $A$ 连通，$B$ 和 $T$ 连通。压力油经 $P$、$A$ 进入液压缸左腔，活塞右移，右腔油液经 $B$、$T$ 流回油箱。反之，若使阀芯右移，则 $P$ 和 $B$ 连通，$A$ 和 $T$ 连通，活塞左移。

a. 手动换向阀。

手动换向阀是用手动杠杆操纵阀芯换位的方向控制阀。手动换向阀有钢球定位式和弹簧复位式两种，如图 5-19 所示。钢球定位式因钢球卡在定位槽中，可保持阀芯处于换向位置；弹簧复位式则在弹簧力作用下使阀芯自动复位。

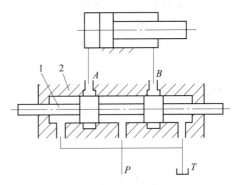

**图 5-18 三位四通换向阀**
1—阀芯；2—阀体

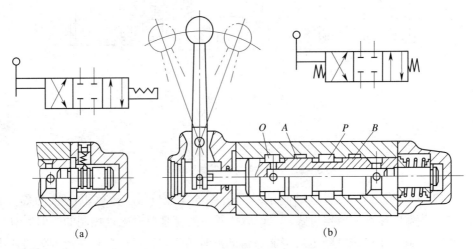

**图 5-19 手动换向阀机构及职能符号**

手动换向阀结构简单,动作可靠,还可人为地控制阀口的大小,从而控制执行元件的速度。只适用于间歇动作且要求人工控制的场合。

b. 机动换向阀。

机动换向阀又称行程阀。这种阀必须安装在液压缸附近,装在工作部件上的挡块或凸轮移动到预定位置时压下阀芯,实现换向。图 5-20 所示为二位四通机动换向阀的结构原理及符号。

机动换向阀通常是弹簧复位式的二位阀。它的结构简单,动作可靠,换向位置精度高,改变挡块的迎角 α 或凸轮外形,可使阀芯获得合适的换位速度,减小换向冲击。

c. 电磁换向阀。

电磁换向阀是利用电磁线圈通电后通过电磁铁吸力操纵阀芯换位的方向控制阀。图 5-21 所示为三位四通电磁换向阀的结构原理和符号。阀的两端各有一个电磁铁和一个对中弹簧,常态时阀芯处于中位。当右端电磁铁通电时,衔铁通过推杆将阀芯推至左端,换向阀在右位工作,$P$ 和 $B$ 通,$A$ 和 $T$ 通;反之,左端电磁铁通电吸合时,换向阀在左位工作。

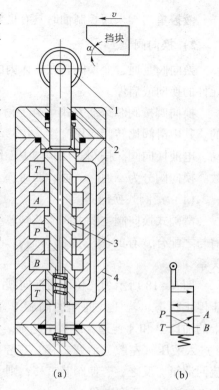

图 5-20 二位四通机动换向阀结构及职能符号

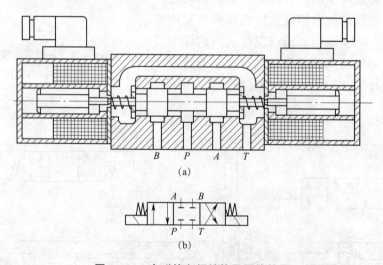

图 5-21 电磁换向阀结构及职能符号

图 5-22 所示为二位四通电磁阀的符号,图 5-22(a)为单电磁铁弹簧复位式,图 5-22(b)为双电磁铁钢球定位式。二位电磁阀一般都是单电磁铁控制的,但无复位弹簧的双电磁铁二位阀由于电磁铁断电后仍能保留通电时的状态,可以避免系统的失灵或出现事故,常用于连续作业的自动化系统。

**图5-22 二位四通电磁换向阀职能符号**

(a) 单电磁铁弹簧复位式；(b) 双电磁铁钢球定位式

电磁换向阀使用方便，易于实现自动化，但换向时间短，换向冲击大，一般只用于小流量、平稳性要求不高的液压系统。

d. 液动换向阀。

液动换向阀依靠控制回路提供的压力油来操纵阀芯换位，这种方式作用在阀芯上的力较大，适用高压大流量液压系统。图5-23分别表示二位三通液动阀和三位四通液动阀的图形符号。

e. 电液换向阀。

电液换向阀是由电磁换向阀和液动换向阀结合在一起的组合换向阀。电磁换向阀对控制油路起先导控制作用（称先导阀），液动换向阀则控制主油路换向（称主阀）。

图5-24为两端带主阀芯行程调节机构的三位四通电液换向阀的结构图。常态时，先导阀和主阀皆处于中位，控制油和主油路皆不进油。当左电磁铁通电时，先导阀处于左位工作，控制油自 $X$ 口经先导阀到主阀芯左端油腔，操纵主阀芯换向，主阀切换到左位工作，主阀芯右端油腔回油经先导阀及泄油口 $Y$ 流回油箱，此时主油路油口 $P$ 与 $A$、$B$ 与 $T$ 相通。当先导阀左电磁铁断电、右电磁铁通电时，则主油路油口换接，$P$ 与 $B$、$A$ 与 $T$ 相通，实现液流换向。该阀的职能符号如图5-25所示。

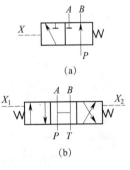

**图5-23 液动换向阀**

(a) 二位三通；(b) 三位四通

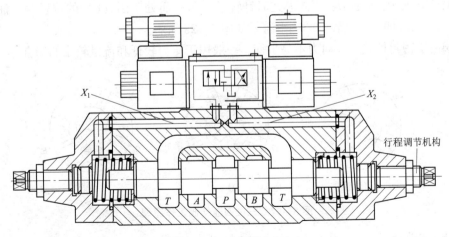

**图5-24 电液换向阀**

为保证换向时的平稳性，电液换向阀中设置以下机构：

a. 主阀芯行程调节机构。图5-24中调节主阀阀盖两端螺钉，则主阀芯换位时移动的行程和各阀口的开度即可改变，通过主阀的流量便随之变化，因而可对执行元件起粗略的速度调节作用。

b. 阻尼调节器。它是一叠加式单向节流阀,放在先导阀与主阀之间。如图 5-26 所示,左电磁铁通电后,控制油经左单向阀至主阀芯左控制腔,右控制腔回油需经右节流阀才能通过先导阀回油箱。调节节流阀开口,可调节主阀换向时间,从而消除执行元件的换向冲击。

c. 预压阀。以内控方式供油的电液换向阀,若在常态位泵卸荷（M、H 型中位机能）,阀在通电后因控制油压很低,主阀不能动作。如图 5-26 在泵出口装一个预压阀（具有硬弹簧的单向阀）,常态时泵通过预压阀及中位卸荷,阀通电后,由预压阀保证一定的控制油压,足以操纵主阀芯换向。

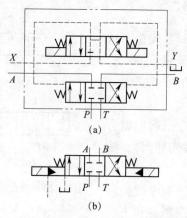

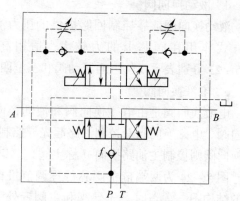

图 5-25　三位四通电液换向阀职能符号　　　　图 5-26　电动换向阀

（2）转阀式换向阀。

转阀式换向阀是通过阀芯的旋转运动实现油路启闭和换向的方向控制阀。转阀的操纵方式常用的有手动和机动两种。图 5-27 所示是三位四通转阀的工作原理图,当阀芯处于图 (a) 位置时,油口 $P$、$A$、$B$、$O$ 互不相通;当阀芯顺时针转过一个角度而处于图 (b) 的位置时,油口 $P$ 通 $B$,$A$ 通 $O$;当阀芯逆时针转过一角度而处于图 (c) 的位置时,油口 $P$ 通 $A$,$B$ 通 $O$。三位四通手动转阀的图形符号如图 5-28 所示。

转阀由于密封性差,径向力不易平衡,一般用于压力较低和流量较小的场合。

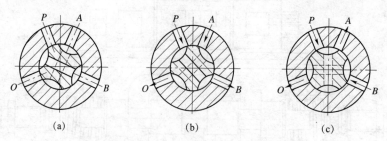

图 5-27　三位四通转阀工作原理

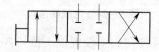

图 5-28　三位四通转阀图形符号

## 2．压力控制阀

控制油液压力高低或利用压力变化控制其他元件动作的阀通称为压力控制阀。常见的压力控制阀按功用分为溢流阀、顺序阀、减压阀、压力继电器等。压力阀的共同特点是利用作用在阀芯上的液压力与弹簧力相平衡来控制阀口开度，调节压力或产生动作。

**1）溢流阀**

溢流阀主要作用是在定量泵系统中起溢流稳压作用或在变量泵系统中起限压安全保护作用。溢流阀按其结构原理分为直动型和先导型两种。

（1）直动型溢流阀。

图 5-29 所示为锥阀式（还有球阀式和滑阀式）直动型溢流阀。当进油口 $P$ 接入油液压力不高时，锥阀芯 2 被弹簧 3 紧压在阀体 1 上，阀口关闭。当进口油压升高到能克服弹簧阻力时，推开锥阀芯，使阀口打开，油液就由进油口 $P$ 流入，再从回油口 $T$ 流回油箱（溢流），进油压力也就不会继续升高。当通过溢流阀的流量变化时，阀口开度即弹簧压缩量也随之改变。但在弹簧压缩量变化甚小的情况下，可以认为阀芯在液压力和弹簧力作用下保持平衡，溢流阀进口处的压力基本保持为定值。转动调压螺钉可以得到不同的调定压力。

直动式溢流阀
工作原理

这种溢流阀因压力油直接作用于阀芯，称为直动型溢流阀。直动型溢流阀在控制较高压力或较大流量时，需要装刚度较大的硬弹簧，不但手动调节困难，而且阀口开度（弹簧压缩量）略有变化便引起较大的压力波动，一般只用于低压小流量场合。系统压力较高时常采用先导型溢流阀。

（2）先导型溢流阀。

如图 5-30 所示的先导型溢流阀由先导阀和主阀两部分组成。先导阀就是一个小规格的直动型溢流阀，主阀阀芯是一个具有锥形端部，中心开有阻尼小孔的圆柱筒。

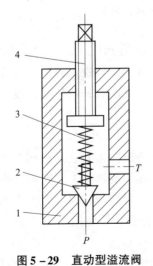

**图 5-29 直动型溢流阀**

1—阀体；2—锥阀芯；3—弹簧；4—调压螺钉

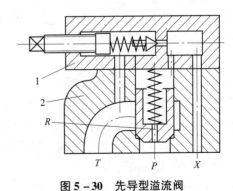

**图 5-30 先导型溢流阀**

1—先导阀；2—主阀；$R$—阻尼孔

油液从进油口 $P$ 进入，经阻尼孔 $R$ 到达主阀弹簧腔，并作用在先导阀锥阀芯上。当进油压力不高时，不能克服先导阀的弹簧阻力，先导阀口关闭，阀内无油液流动。这时，主阀芯因前后腔油压相等，故被主阀弹簧压在阀座上，主阀口亦关闭，P 与 T 不通。当进油压力升高到先导阀弹簧的预调压力时，先导阀口打开，主阀弹簧腔的油液流过先导阀口并经阀体上的通道（内泄油口）和回油口 T 流回油箱。这时，油液流过阻尼小孔 R，产生压力损失，在主阀芯两端形成压力差。主阀芯在此压差作用下克服主阀弹簧阻力上移，P 与 T 油口连通，实现溢流稳压。调节先导阀的调压螺钉，便能调整溢流压力。

根据液流连续性原理可知，流出先导阀的流量即为流经阻尼孔的流量，通常称泄油量。因阻尼孔很细，泄油量只占全溢流量极小的一部分，绝大部分油液均经主阀口溢回油箱。在先导型溢流阀中，先导阀控制和调节溢流压力，主阀的功能则在于溢流。

先导阀因为只通过泄油，其阀口较小，即使在较高压力的情况下，锥阀芯上的液压推力也不很大，因此调压弹簧的刚度不必很大，调压比较轻便。由于主阀芯开度由压差和主阀弹簧力的作用来调节，所以主阀弹簧刚度可以很小，当溢流量变化引起弹簧压缩量变化时，进油口的压力变化也不大，因此先导型溢流阀的稳压性能优于直动型溢流阀。但先导型溢流阀是二级阀，其灵敏度低于直动型溢流阀。

若溢流阀出口 T 不是接油箱，而是接具有一定压力的油路，该压力油通过内泄油路作用在先导锥阀上，使溢流阀进口压力高于 T 口接油箱时的调定压力。

溢流阀的主要特点：

a. 常态下，阀口常闭；
b. 出口 T 接油箱，溢流时进口压力稳定；
c. 采用内泄油口，简化油路。

图 5-31 所示为溢流阀的职能符号。

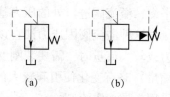

图 5-31 溢流阀的职能符号
(a) 直动型；(b) 先导型

（3）溢流阀应用。

a. 为定量泵系统溢流稳压。

定量泵液压系统中，因进油或回油路上有节流阀进行调速，液压泵出口处通常并联溢流阀将多余液压油流回油箱，同时调定系统压力与负载相适应，如图 5-32 所示。

b. 为变量泵系统提供过载保护。

变量泵系统中变量泵出口流量可随负载变化自动适应执行元件运动速度，无多余流量，不需溢流阀分流，泵压可随负载变化，也不需稳压。但变量泵出口也常并联一溢流阀，其调定压力约为系统最大工作压力的 1.1 倍。当负载升高时，系统压力一旦过载，溢流阀立即打开，起安全保护作用，如图 5-33 所示。

c. 远程及多级调压。

如图 5-34 所示，远程调压阀 1 与先导型溢流阀 2 的外控口 X 相连。这相当于给阀 2 又加接了一个先导阀。调节阀 1 便可实现远程调压。显然，远程调压阀 1 所能调节的最高压力不得超过溢流阀自身先导阀的调定压力。为了获得较好的远程控制效果，二阀之间的油管不宜太长（最好在 3 m 内），要尽量减小管内的压力损失，并防止管道振动。

d. 实现液压泵卸荷。

在图 5-35 中，正常工作时先导型溢流阀起溢流稳压作用。当二位二通阀电磁铁通电后，溢流阀的外控口接油箱，此时，主阀芯后腔压力接近于零，主阀弹簧又很软，主阀芯迅速移动到最大开口位置。这时进口压力很低，泵接近于空载运转，功耗很小，实现卸荷。二位二通阀可以是通径很小的阀。实际中常将溢流阀和串接在该阀外控口的电磁换向阀组合成电磁溢流阀。

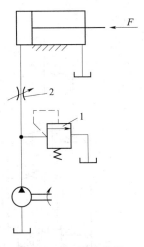

图 5-32 溢流稳压
1—溢流阀；2—节流阀

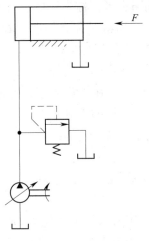

图 5-33 过载保护

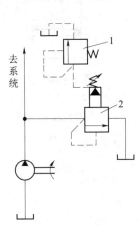

图 5-34 远程调压
1—调压阀；2—溢流阀

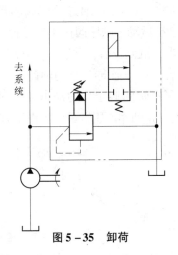

图 5-35 卸荷

**2）顺序阀**

顺序阀的作用是利用液压系统中压力的变化来控制油路的通断，从而实现多个执行元件按一定的顺序动作。顺序阀按结构分为直动型和先导型。

（1）顺序阀结构原理。

图 5-36 所示为一直动型顺序阀。压力油由进口 $A$ 经阀体 4 和下盖 7 的小孔流到控制活塞 6 的下方，使阀芯 5 受到一个向上的推力作用。当进油口压力较低时，阀芯在弹簧 2 的作用下落在阀体上，这时进、出油口 $A$、$B$ 不通。当进口油压增大到预调值克服阀芯上部的弹簧力，阀芯上移，进出油口连通，压力油经顺序阀出口进入后面的执行元件。此后，进出口压力可以随顺序阀后的执行元件负载的变化而变化。

顺序阀的开启压力可以用调压螺钉 1 来调节。图中弹簧腔内油液需单独开泄油口流回油箱。

顺序阀中，当控制压力油直接引自进油口时称为内控；若控制压力油不是来自进油口，而是从外部油路引入,称为外控;当阀的泄油从单独开的泄油口流回油箱时称为外泄;若阀出口接油箱,泄油可经内部通道并入阀的出油口,以简化管路连接,称为内泄。顺序阀不同控泄方式的职能符号如图5-37所示。实际应用中可通过变换阀的上盖或下盖的安装方位获得不同的控泄方式。

顺序阀的主要特点是:

a. 常态下,阀口常闭;

b. 出口接执行元件,控制油压力达调定值时,阀口开启;

c. 进油口压力不能保证稳定,泄油单独接油箱。

(2) 顺序阀应用。

a. 控制多个执行元件的顺序动作。

图5-38(a)中,通过顺序阀的控制可以实现 $A$ 缸先动,$B$ 缸后动。顺序阀在 $A$ 缸进行动作①时处于关闭状态,当 $A$ 缸到位后,油液压力升高,达到顺序阀的调定压力后,打开通向 $B$ 缸的油路,从而实现 $B$ 缸的动作②。顺序阀的调定压力应低于主油路压力 0.5~1 MPa 且大于先动作液压缸最大工作压力的 0.5~1 MPa。

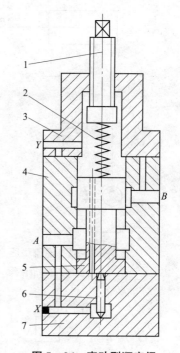

**图 5-36 直动型顺序阀**
1—调压螺钉;2—弹簧;3—上盖;4—阀体
5—阀芯;6—活塞;7—下盖

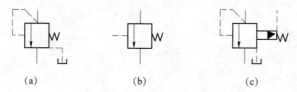

**图 5-37 顺序阀不同控泄方式的职能符号**
(a) 内控外泄(顺序阀);(b) 外控外泄(外控顺序阀);(c) 内控内泄(背压阀);(d) 外控内泄(卸荷阀)

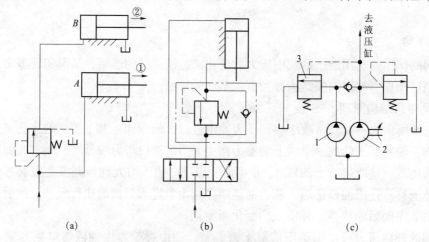

**图 5-38 顺序阀应用**
(a) 控制多个执行元件顺序动作;(b) 与单向阀组成平衡阀;(c) 控制双泵系统中的大流量泵卸荷
1—大流量泵;2—小流量泵;3—顺序阀

b. 与单向阀组成平衡阀。

为了保证垂直放置的液压缸不因自重而下落，可将单向阀与顺序阀并联构成单向顺序阀接入油路，如图5-38（b）所示。此单向顺序阀又称为平衡阀。顺序阀的开启压力应足以支承运动部件的自重。当换向阀处于中位时，液压缸即可悬停。

c. 控制双泵系统中的大流量泵卸荷。

图5-38（c）所示油路，泵1为大流量泵，泵2为小流量泵，两泵并联。在液压缸快速进退阶段，泵1输出的油液经单向阀后与泵2输出的油液汇合在一起流往液压缸，使缸快进；当液压缸转为慢速工进时，进油路压力升高，外控式顺序阀3被打开，泵1即卸荷，由泵2单独向系统供油以满足工进的流量要求。顺序阀3因能使泵卸荷，故又称卸荷阀。

**3）减压阀**

减压阀主要用于降低系统某一分支油路的油液压力，并保持稳定值。例如，夹紧支路、润滑支路等。减压阀有直动型和先导型之分。一般常用先导型减压阀，如图5-39所示。

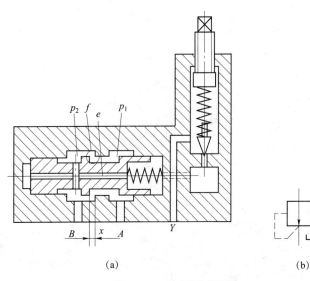

图5-39 先导型减压阀

压力油$p_1$由阀口$A$流入，经阀口$f$由出油口$B$流出。出口压力油经主阀芯内的径向孔和轴向孔$e$引入主阀芯的左腔和右腔，并以出口压力作用在先导阀锥上。当出口压力未达到先导阀的调定值时先导阀关闭，主阀芯左右两腔压力相等，主阀芯被弹簧压在最左端，减压口开度$x$为最大值，减压阀处于非工作状态。当进口压力升高出口压力也升高并超过先导阀的调定值时，先导阀被打开，主阀弹簧腔的液压油便由泄油口$Y$流回油箱。由于主阀芯的轴向孔$e$是阻尼孔，油在孔内流动，在主阀芯两端产生压力差，此压力差克服弹簧阻力推动主阀芯右移，阀口$f$开度$x$值减少，出口压力降低，直到等于先导阀调定值。反之，如出口压力减小，主阀芯左移，阀口开大，出口压力回升到调定值。

在减压阀出口油路的油液不再流动的情况下（如夹紧油路夹紧工件后），由于先导阀仍在泄油，减压口$f$仍有油液流动，阀仍然处于工作状态，出口压力也就保持调定的数值不变。

减压阀的最高调定值比系统主油路溢流阀调定值低0.5~1 MPa。

减压阀的主要特点是：
a. 常态位，阀口常开；
b. 从出口引压力油控制阀口开度；
c. 进口压力小于调定值时，不起减压作用；
d. 当进口压力高于调定值时，保持出口稳定低压；
e. 泄油口单独接油箱。

**4）压力继电器**

压力继电器是一种将油液的压力信号转换成电信号的液–电控制元件。当控制油压达到压力继电器的调定值时，触动开关发出电信号，控制电磁铁、继电器等元件动作。

压力继电器由压力–位移转换装置和微动开关两部分组成。按结构分，有柱塞式、弹簧管式、膜片式和波纹管式四类。

图 5–40 为常用柱塞式压力继电器。当从油口 $P$ 通入作用在柱塞 1 底部的油液压力达到弹簧的调定压力时，柱塞上移，通过顶杆 2 触动微动开关 4 接通电路。压力继电器的职能符号如图 5–40（b）所示。

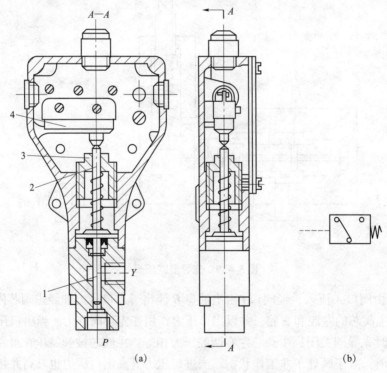

**图 5–40　常用柱塞式压力继电器**
1—柱塞；2—顶杆；3—调节螺钉；4—微动开关

### 3. 流量控制阀

流量控制阀通过改变阀口过流面积来改变输出流量，从而控制执行元件的运动速度。常用的流量控制阀有节流阀和调速阀两种。

**1) 节流阀**

如图 5-41 所示，压力油从进油口 $A$ 流入，经节流口从出油口 $B$ 流出。节流口所在阀芯底部通常开有二或四个三角槽。调节手轮，进出油口之间通流面积变化，即可调节流量。弹簧用于顶紧阀芯保持阀口开度不变。进口油液通过弹簧腔径向小孔和阀体上斜孔同时作用在阀芯的上下端，使阀芯两端液压力平衡，即使在高压下工作，也能轻便地调节阀口开度。

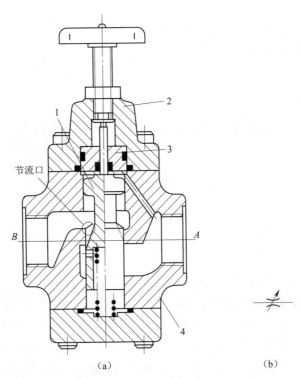

图 5-41 节流阀结构及图形符号
1—阀芯；2—顶盖；3—导套；4—阀体

**2) 调速阀**

（1）压力补偿调速阀。

图 5-42 所示的调速阀是由定差减压阀与节流阀串联而成的组合阀。节流阀用来调节通过的流量，定差减压阀则自动补偿负载变化的影响，使节流阀前后的压差为定值，消除负载变化对流量的影响，称压力补偿调速阀。其工作原理如下：定差减压阀 1 与节流阀 2 串联，定差减压阀左右两腔分别与节流阀前后端相通。减压阀的进口压力 $p_1$ 由溢流阀调定，油液经减压阀后出口压力为 $p_2$，此为节流阀进口压力，节流阀出口压力 $p_3$ 由液压缸负载 $F$ 决定。当负载 $F$ 变化时，调速阀两端压差 $p_1-p_3$ 随之变化，但节流阀两端压差 $p_2-p_3$ 基本不变。例如，$F$ 增大使 $p_3$ 增大，减压阀芯弹簧腔液压作用力也增大，阀芯左移，阀口开度 $x$ 加大，使 $p_2$ 增加，结果压差 $p_2-p_3$ 基本保持不变。如果 $p_1$ 增大，由于一开始减压阀芯来不及移动，$p_2$ 在这一瞬时也增加，阀芯右移，开口减小，又使 $p_2$ 减小，节流阀前后压力仍基本保持不变，通过调速阀的流量因此保持恒定。

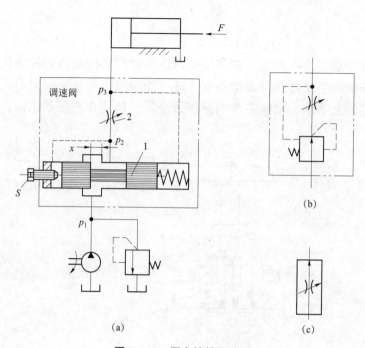

图 5-42 压力补偿调速阀
1—定差减压阀；2—节流阀；S—行程限位螺钉

（2）溢流调速阀。

图 5-43 所示的调速阀由溢流阀和节流阀组成，又称溢流调速阀。其工作原理如下：从泵输出的一部分油经节流阀进入执行机构，另一部分油经溢流阀流回油箱。溢流阀阀芯弹簧腔同节流阀后的油液相通，压力为负载压力。其工作原理为：当负载增大时压力 $p_2$ 即溢流阀阀芯上腔压力增大，使溢流阀阀芯下移，溢流口减小，泵的供油压力 $p_1$ 增加，这样节流阀前后的压差 $p_1-p_2$ 基本保持不变。当外负载减小时，溢流阀阀芯上腔压力 $p_2$ 也减小，溢流

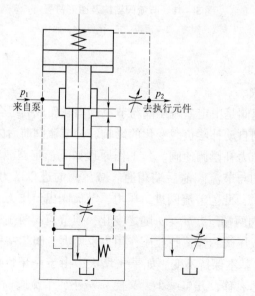

图 5-43 溢流调速阀

阀阀芯上移，使溢流口 $x$ 增大，压力 $p_1$ 就下降，压差 $p_1 - p_2$ 仍基本保持不变，实现了流量恒定。

对于压力补偿调速阀来说，液压泵输出的压力是一定的，为溢流阀的调定压力。当负载需要的流量小时，进入负载的有用功率很小，大部分液压能经溢流阀损失掉了。因此，用这种调速阀，液压泵消耗的功率大，系统效率低。

同压力补偿调速阀相比，溢流调速阀的入口压力随负载变化，当负载 $p_2$ 减小时，泵供油压力 $p_1$ 也随之降低。这样可减少泵的负荷，减少动力损耗和系统发热。但其速度稳定性较差些。

## （四）液压辅助元件

液压辅件是液压系统的一个重要组成部分，它包括蓄能器、过滤器、油箱、热交换器、压力表开关和管系元件等。液压辅件对系统的动态性能、工作可靠性、噪声和温升等都有直接影响，必须予以重视，以利于更好地选用和维护。

### 1. 蓄能器

**1) 蓄能器的功用**

蓄能器是系统中的一种储存油液压力能的元件，它储存多余的压力油，并在需要时释放出来供给系统。它的主要功用有四个方面：

（1）短时间内大量供油。在液压系统工作循环的不同阶段需要的流量变化较大，在系统不需要大量油液时，可以把液压泵输出的多余压力油液储存在蓄能器内，当系统需要大流量时，能立即释放出所储存的压力油液。图 5-44（a）所示液压缸停止运动时，泵向蓄能器充液。当液压缸运动时，蓄能器和泵一起向缸供油。

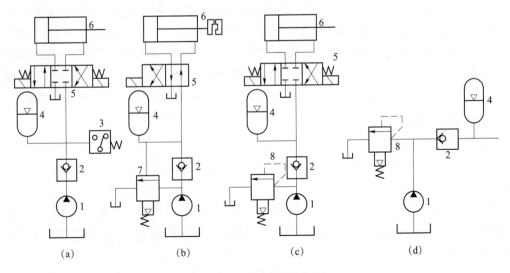

图 5-44 蓄能器的应用

(a) 短时间内大量供油；(b) 维修系统压力；(c) 缓和压力冲击；(d) 吸收压力脉动

1—液压泵；2—单向阀；3—压力继电器；4—蓄能器；5—换向阀；6—液压缸；7—顺序阀；8—溢流阀

(2) 维持系统压力。如图 5-45 (b) 所示，当执行机构停止工作后，卸荷阀被打开，使泵卸荷，蓄能器补偿系统的泄漏，维持系统的压力。

(3) 缓和压力冲击和吸收压力脉动。用于液压系统中压力波动较大的场合。当液压泵突然启动或停止、液压阀突然关闭或开启、液压缸突然运动或停止时，系统会产生液压冲击，可在液压冲击处安装蓄能器起吸收作用，以缓和压力冲击，如图 5-44 (c) 所示。液压泵输出的压力油大多存在压力脉动现象，如在泵的出口处安装蓄能器，用以吸收泵的压力脉动，可以提高系统工作的平稳性，如图 5-44 (d) 所示。

(4) 做应急动力源。有的系统（如静压轴承供油系统），当泵损坏或停电不能正常供油，可能会发生事故；或有的液压系统要求供油突然中断时，执行元件应继续完成必要的动作（如液压缸活塞杆应缩回缸内）。因此应该在系统中增设蓄能器作应急动力源，以便在短时间内维持一定压力。

**2) 蓄能器的结构类型和选用**

蓄能器的结构类型主要有充气式、弹簧式和重力式三种。常用的是充气式蓄能器，它利用气体的压缩和膨胀来储存或释放压力能，根据蓄能器中气体和油液隔离方式的不同，充气式蓄能器又分为活塞式、气囊式和隔膜式三种。下面主要介绍常用的活塞式和气囊式两种蓄能器。

(1) 活塞式蓄能器。

图 5-45 所示为活塞式蓄能器的结构图。该蓄能器用缸筒 2 内的活塞 1 把气体和油液隔离，活塞可在缸筒内浮动，气体（一般为氮气）从充气阀 3 充入蓄能器上腔，蓄能器下腔油口 a 和系统相连，充入压力油。活塞式蓄能器结构简单、工作可靠、安装和维修方便、寿命长，但由于活塞的惯性和密封件与缸筒的摩擦力的影响，反应不够灵敏，缸筒加工和活塞密封性要求较高，常用来储存能量或用于中高压系统吸收压力脉动。

(2) 气囊式蓄能器。

图 5-46 所示为气囊式蓄能器的结构图。这种蓄能器是在壳体 2 内装入一个用耐油橡胶制成的气囊 3，囊内通过充气阀 1 充进一定压力的惰性气体。囊外储油，其压力油经壳体底部的限位阀 4 通入，限位阀还保护气囊在油液全部排出时不被挤出容器之外。气囊与充气阀一起压制而成，充气阀在蓄能器工作前用来为气囊充气，蓄能器工作时则始终关闭。此种蓄能器，油气完全隔离，气囊惯性小，反应灵敏，安装和维修方便，但气囊及壳体制造较困难，适用于储能和吸收压力冲击。气囊式蓄能器是液压系统中使用较多的一种蓄能器。

**3) 蓄能器的安装**

蓄能器安装时应注意以下几点：

(1) 蓄能器一般应垂直安装，油口向下。装在管路上的蓄能器，承受着油压的作用，须用支架或支撑板加以固定。

(2) 蓄能器与液压泵之间应设置单向阀，以防止液压泵停车或卸荷时，蓄能器内的压力油倒流回液压泵。蓄能器与管路系统之间应设置截止阀，供充气和检修时使用，还可以用于调整蓄能器的排出量。

(3) 吸收压力冲击或压力脉动时，蓄能器宜放在冲击源或脉动源旁；补油保压时，蓄能器宜放在尽可能接近执行元件装置处。

(4) 装在管路上的蓄能器，承受着油压作用，需用支架固定。

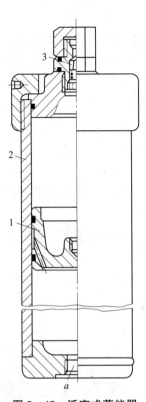
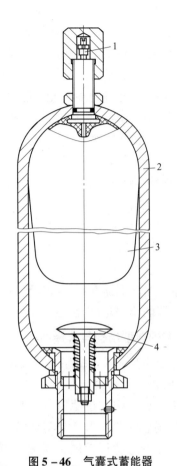

图 5-45 活塞式蓄能器
1—活塞；2—缸筒；3—充气阀

图 5-46 气囊式蓄能器
1—充气阀；2—壳体；3—气囊；4—限位阀

（5）充气式蓄能器中应使用惰性气体，允许的工作压力视蓄能器的结构形式而定。蓄能器是压力容器，使用时必须注意安全。搬动和装拆时应先将蓄能器内部的压缩气体排出。

**2. 过滤器**

**1）过滤器的功用和要求**

过滤器的功用是滤去油液中的杂质和沉淀物，保持油液的清洁，保证液压系统正常工作。对过滤器的要求如下：

（1）具有较高的过滤性能，使过滤精度满足系统的要求。过滤精度是以滤除杂质颗粒的大小来衡量的，滤除的杂质颗粒直径越小，则过滤精度越高。一般过滤器的过滤精度可分为四级：粗（$d \geqslant 0.1$ mm），普通（$d \geqslant 0.01$ mm），精（$d \geqslant 0.005$ mm），特精（$d \geqslant 0.001$ mm）。

（2）能在较长的时间内保持足够的通流能力，即通油性能要好。

（3）过滤材料要有一定的强度，不致因压力油的作用而损坏。

（4）滤芯抗腐蚀性能要好，能在规定的温度下持久地工作。

（5）滤芯的清洗或更换要方便。

**2）过滤器的主要性能指标**

过滤器的主要性能指标有过滤精度、压降特性、纳垢容量、工作压力和温度等。

(1) 过滤精度。

过滤精度表示过滤器对各种不同污染颗粒的滤除能力，常用绝对过滤精度和过滤比等指标来评定。

绝对过滤精度是指通过滤芯元件的坚硬球状颗粒的最大尺寸，它反映了过滤器滤芯的最大通孔尺寸。一般要求绝对过滤精度应小于元件间运动副间隙的一半。绝对过滤精度是选用过滤器时要考虑的最重要的性能指标。

过滤比是指油液经过滤器过滤前后某一尺寸的颗粒数之比。过滤比能确切地反映过滤器对不同尺寸颗粒污染物的过滤能力，测试方法简单，国际标准化组织已采纳它作为评定过滤器过滤精度的性能指标。

(2) 压降特性和纳垢容量。

压降特性主要是油液通过过滤器滤芯时所产生的压力损失。滤芯的精度越高，所产生的压力降越大。

纳垢容量是指过滤器在压力降达到规定值以前，可以滤除并容纳的污染物含量。纳垢容量越大，过滤器的使用寿命就越长。

### 3) 过滤器的典型结构与选择

常用的过滤器有网式、线隙式、纸芯式、烧结式和磁性式等多种。

(1) 网式过滤器。

图 5-47 所示为网式过滤器的结构图。它由上盖、下盖、细铜丝网和筒形骨架等组成。该过滤器是用细铜丝网作为过滤材料包在周围开有很多窗孔的塑料或金属筒形骨架上制成的。过滤精度由网孔大小和层数决定，一般滤去杂质颗粒 $d \geq 0.08 \sim 0.18$ mm，压力损失不超过 0.01 MPa。网式过滤器结构简单，通流能力大，压力损失小，清洗方便，但过滤精度低，多在系统的吸油路上作粗滤用。

(2) 线隙式过滤器。

图 5-48 所示为线隙式过滤器的结构图。线隙式过滤器的滤芯是用铜线或铝线缠绕在筒形骨架的外圆上制成的。利用线间的微小缝隙进行过滤。一般滤去杂颗粒 $d \geq 0.03 \sim 0.1$ mm，压力损失为 $0.03 \sim 0.06$ MPa。线隙式过滤器结构简单，通流能力大，但滤芯材料强度低，不易清洗。常用在回油低压管路或液压泵的吸油口处。

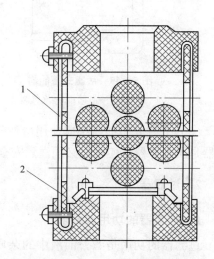

**图 5-47 网式过滤器**

1—筒形骨架；2—细铜丝网

(3) 纸芯式过滤器。

纸芯式过滤器的滤芯是由厚度为 $0.35 \sim 0.75$ mm 的平纹或波纹的酚醛树脂或木浆微孔滤纸构成的，滤芯构造如图 5-49 所示。为了增大过滤面积，纸芯常制成折叠形。油液从外进入纸芯后流出，它可滤去 $d \geq 0.01 \sim 0.02$ mm 的杂质颗粒，压力损失为 $0.01 \sim 0.04$ MPa。此种过滤器过滤效果好，但通流能力小，易堵塞且堵塞后难清洗，需要经常更换纸芯。适用于对油液要求较高的低压小流量系统。

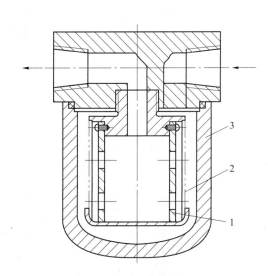

图 5-48 线隙式过滤器

1—芯架；2—线圈；3—壳体

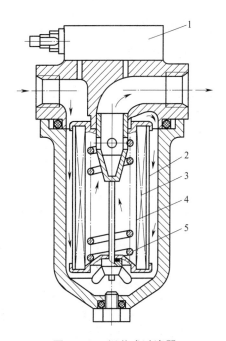

图 5-49 纸芯式过滤器

1—污染指示器；2—滤芯外层；3—滤芯中层；
4—滤芯里层；5—支承弹簧

（4）烧结式过滤器。

烧结式过滤器的滤芯是用颗粒状的青铜粉压制后烧结而成的，可做成杯状、管状、碟状等，靠滤芯颗粒之间的间隙滤油。图 5-50 所示为烧结式过滤器的结构。油液从左侧油孔进入，经杯状滤芯过滤后，从下面油孔流出。这种过滤器能滤去杂质颗粒 $d \geqslant 0.01 \sim 0.1$ mm，压力损失为 $0.03 \sim 0.2$ MPa。烧结式过滤器制造简单，强度高，耐腐蚀，耐高温，但烧结颗粒易脱落，堵塞后清洗困难。常用在排油或回油路上，是一种应用广泛的过滤器。

（5）磁性式过滤器。

这种过滤器的滤芯是由永久磁性材料制成，用以吸附油液中的铁屑、铁粉或带磁性的磨料。常与其他形式的滤芯一起制成复合式过滤器，特别适用于加工钢铁件的机床液压系统。

磁性式过滤器的图形符号见图 5-51。

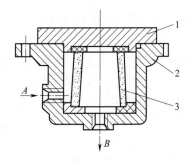

图 5-50 烧结式过滤器

1—端盖；2—壳体；3—滤芯

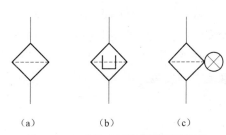

图 5-51 磁性式过滤器的图形符号

**4) 过滤器的安装**

过滤器在液压系统中的安装位置（图 5-52）主要有以下几种：

（1）安装在液压泵的吸油管道上。见图 5-52 过滤器 1。此种安装方式要求过滤器有较大的通流能力和较小的压力损失，防止大颗粒杂质进入泵内，以保护液压泵。一般安装网式过滤器。

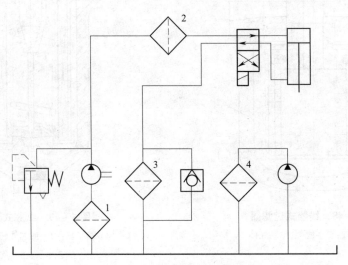

**图 5-52　过滤器的安装位置**
1，2，3，4—过滤器

（2）安装在液压泵的输油管道上。见图 5-52 过滤器 2。此种安装方式可以保护泵以外的其他液压元件，但过滤器应能承受油路上的工作压力和冲击压力，压力损失一般应小于 0.35 MPa。为了防止过滤器堵塞，一般与过滤器并联安全阀或安装堵塞指示装置。

（3）安装在系统的回油路上。见图 5-52 过滤器 3。过滤器安装在回油路上，可以滤去油液回油箱前侵入系统或系统生成的杂质。为防备过滤器堵塞，应并联一个安全阀。由于回油压力低，可采用滤芯强度较低的过滤器。

（4）安装在独立的过滤系统中。见图 5-52 过滤器 4。在大型液压系统中，可专设由液压泵和过滤器组成的独立过滤系统，不间断地清除系统中的杂质，以保证油液的清洁度。

（5）安装在重要元件之前。在重要元件的前面，根据需要可以安装单独的过滤精度高的过滤器，以确保这些元件的正常工作。

过滤器安装时，应注意使油液从滤芯的外部流入，经过滤芯过滤后，从滤芯里面流出，以使杂质积存在滤芯的外面，便于清洗。在使用过滤器时还应注意过滤器只能单向使用，即按规定的液流方向安装，不要将过滤器安装在液流方向变化的油路上。

**3. 油箱**

**1) 油箱的功用和要求**

油箱在液压系统中的功用是储存油液，散发油液中的热量，分离油液中的气体和沉淀油液中的污物等。

油箱应满足下列要求：

(1) 具有足够的容量，以满足系统对油量的要求。

(2) 能分离出油液中的空气和其他污物，并能散发出油液在工作过程中所产生的热量，使油温不超过允许值。

(3) 油箱的上部应有通气孔，以保证液压泵正常吸油。

(4) 便于油箱中元件和附件的安装和更换，以及便于装油和排油。

**2) 油箱的结构**

液压系统中油箱有总体式和分离式两种。总体式油箱是利用主机的内腔作为油箱。此种油箱结构紧凑，各处漏油易于回收，但增加了设计和制造的复杂性，检修不方便，散热性能差，易使主机发生热变形。分离式油箱是一个单独的与主机分开的装置，它布置灵活，维修保养方便，减少了油箱发热和液压源振动对主机工作精度的影响，便于设计成通用化、系列化的产品，因此应用广泛，特别在精密机械、组合机床和自动线上，都采用这种形式。

分离式油箱的结构如图 5-53 所示。通常油箱用 2.5~5 mm 钢板焊接而成。

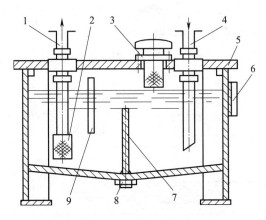

图 5-53 分离式油箱

1—吸油管；2—网式过滤器；3—空气过滤器；4—回油管；5—顶盖；
6—液位计；7，9—隔板；8—放油阀

### 4. 油管及管接头

油管及管接头是用来连接液压元件、保证液压油的循环和能量传递。因此应保证具有足够的强度、良好的密封性能、无泄漏、压力损失小、装拆方便等。管路选择不当，往往产生系统振动发热或压力损失过大等不良现象。因此，要正确地设计和选用油管和管接头。

**1) 油管**

液压系统中使用的油管种类很多，常用的有钢管、铜管、塑料管、尼龙管、橡胶管等。应该根据液压装置工作条件和压力大小来选择油管。

钢管：耐油、抗腐蚀较好，耐压、变形小。中、高压系统多选用 10 号、20 号冷拔无缝钢管。吸油、回油等低压管路，允许采用有缝钢管，但其最高工作压力应不大于1MPa。

紫铜管：柔软便于弯曲，但强度低，易使油液氧化，价格高，一般用于小直径的油管中。

橡胶软管：用于有相对运动部件间的连接。能吸收系统的冲击和振动。装配方便，但制造困难，成本高，常用刚性耐油橡胶麻线或棉线制成。

塑料管：价格便宜，不耐压，适宜作回油管或泄油管。

尼龙管：耐压2.5 MPa，可用于中低压系统。

油管安装时应避免过多的弯曲，布置位置要适当，必要时将油管加以固定，以免产生不必要的振动。另外，油管尽可能短而直，弯曲角度尽量小。

**2) 管接头**

管接头是油管与油管、油管与液压元件间的可拆卸的连接件。管接头的种类很多，具体规格品种可查阅有关手册。管接头与其他元件的连接螺纹采用国家标准米制锥螺纹和普通细牙螺纹。

液压系统中油管与管接头的常见连接方式如下：

（1）卡套式管接头。如图5-54所示，卡夸式管接头由管接头、卡套、压紧螺母等组成。旋紧螺母3时，卡套4被推进锥孔并产生变形，使其与接头体内锥面形成球面接触密封；同时，卡套的内刃口嵌入管子2的外壁，在外壁压出一个环形凹槽而密封。这种管接头密封性好、结构简单、体积小、重量轻，工作压力为6~40 MPa，应用较多。

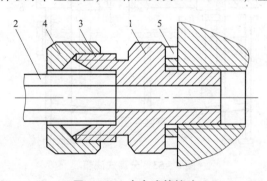

**图5-54　卡套式管接头**
1—接头体；2—管子；3—螺母；4—卡套；5—组合密封圈

（2）扩口式管接头。用于连接外径32 mm以下铜管、铝管和薄壁钢管，如图5-55所示。接管端部扩口70°~80°，用螺母把导套连同接管压紧在接头体上形成密封，它适用的工作压力在8 MPa以下。

（3）焊接式管接头。由接头体、螺母和连接管组成，如图5-56所示。连接时，要将管子与连接管焊在一起。连接管与接头体之间的密封有球面压紧和密封垫圈密封两种形式。这种管接头制造简单，工作可靠，拆装方便，工作压力可达32 MPa。

（4）扣压式管接头。由接头外套和接头芯组成，如图5-57所示。用来连接橡胶软管，装配时需剥离胶管3的外胶层，在专门设备上扣压而成。这种管接头结构紧凑，外径尺寸小，密封可靠。

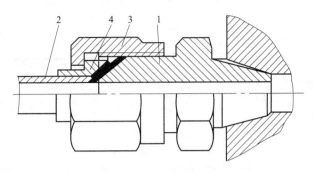

图 5-55 扩口式管接头

1—接头体；2—接管；3—螺母；4—导管

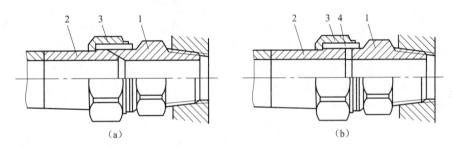

图 5-56 焊接式管接头

1—接头体；2—接管；3—螺母；4—密封圈

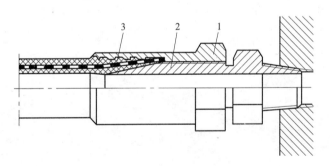

图 5-57 扣压式管接头

1—接头外套；2—接头芯；3—胶管

(5) 快换接头。快换接头的装拆无须工具，适用于需经常装拆处。图 5-58 所示为两个接头体连接时的工作位置，两单向阀 3、10 的前端定杆相互挤顶，迫使阀芯后退并压缩弹簧，使油路接通。需要断开油路时，可用力将外套 7 向左推，钢球 6（5~12 颗）即从接头体 9 的槽中退出，再拉出接头体 9，两单向阀分别在弹簧 2 和 11 的作用下将两个阀口关闭，油路即断开。同时外套 7 在弹簧 5 作用下复位。

液压系统的泄漏问题大部分出现在管路的接头上，所以对接头形式、管材、管路的设计以及管路的安装等都要认真对待，以免影响整个液压系统的使用质量。

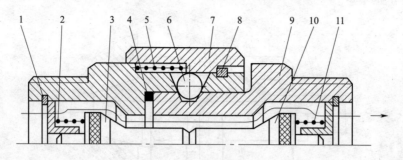

图 5-58 快换接头

1,8—卡环;2,5,11—弹簧;3,10—单向阀芯;4—密封圈;6—钢球;7—外套;9—接头体

# 任务三

## 汽车典型液压系统

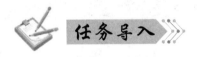

由于液压元件组合性强、液压与液力传动系统结构紧凑,能满足汽车整体结构和轻量化的要求,并根据汽车的运行状况进行控制,液压系统的应用使汽车各方面的性能都有了很大程度的提高,特别是电脑、机电液一体化的高新技术的应用使汽车工业的发展有了新的突破。那么,液压系统在汽车上的典型应用有哪些,它们又是如何工作的呢?

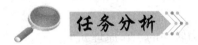

大家熟悉的汽车液压助力转向系统、汽车液压制动系统都是液压传动系统在汽车中的典型应用。前者通过在转向系统中设置液压动力装置,依靠动力部件增大驾驶员力量,从而有效地减轻了驾驶员的劳动强度,提高了行驶安全性;后者是利用液压油将驾驶员肌体的力通过制动踏板转换为液压力,再通过管路传至车轮制动器实现制动,使制动柔和,行驶平稳。

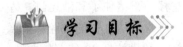

1. 掌握汽车液压助力转向系统工作原理;
2. 掌握汽车液压制动系统工作原理。

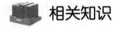

### (一)汽车液压助力转向系统

图 5-59 所示为没有任何助力的机械转向系统结构。随着前置前驱汽车的推广和宽低截面轮胎的使用,在转向过程中所需要克服的前轮阻力相应增加,仅依靠人力来实现转向就非常费力,因此,为了减轻驾驶员的劳动强度,并增加行驶的安全性,汽车开始采用助力转向,其中液压式助力转向系统由于结构紧凑、工作灵敏度较高而得到广泛应用,如图 5-60

所示的机械液压转向系统，在传统的机械转向系统的基础上增加了储油罐、液压泵、油管、液压控制阀（换向阀、溢流阀、安全阀等）等液压元件。

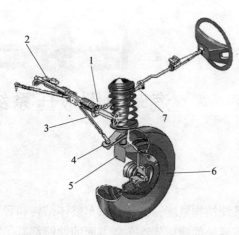 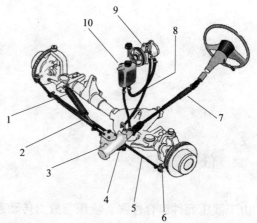

**图 5-59　没有助力装置的机械转向结构**
1—机械转向器；2—减震器；3—横拉杆；
4—转向节臂；5—转向节；6—转向轮；
7—转向轴

**图 5-60　机械液压助力转向结构**
1—减震器；2—直拉杆；3—整体式转向器；
4—转向摇臂；5—横拉杆；6—转向节臂；
7—转向轴；8—油管；9—油泵；10—油罐

机械液压助力转向系统示意图如图 5-61 所示，液压助力转向的工作原理如下：

当汽车保持直线行驶或等半径转弯时，方向盘 6 保持不动，转向器中的转向液压控制滑阀 15 在定位弹簧张力作用下保持中位，液压缸 7 的左右两腔均与回油管路接通，压力基本相同，活塞位置保持不变，对转向节臂没有作用力，不起助力作用。

当汽车向左转弯时，方向盘 6 左转，螺杆 8 也随之左转，螺母 9 由于通过转向节臂、直拉杆等与车轮相连，故开始时螺母 9 暂时不动。根据螺旋传动中运动件方向的判断方法可以判断螺杆左转的同时向左移动，从而使滑阀 15 相对阀体 14 向左移动，堵住了和液压缸 7 左腔相通的油路通道，此时从液压泵 2 来的液压油只能通过换向阀进入液压缸 7 的右腔，活塞向左移动，通过转向摇臂 10、直拉杆 18、转向节臂 19、梯形臂 17 和横拉杆 20 使车轮左转，实现助力转向。

同理，当汽车向右转弯时，方向盘 6 右转，螺杆右转的同时向右移动，从而使得滑阀 15 相对阀体 14 向右移动，此时从液压泵 2 来的液压油只能通过换向阀进入液压缸 7 的左腔，活塞向右移动，同样通过转向摇臂 10、直拉杆 18、转向节臂 19、梯形臂 17 和横拉杆 20 使车轮右转，实现助力转向。

在机械液压助力转向系中，油泵都是由发动机直接驱动的，若发动机转速升高使泵的转速升高，节流阀 4 上游的压力会增大，此时溢流阀 3 打开，泵出的油可通过溢流阀 3 回到油箱。若因负载增加导致节流阀 4 下游压力增大，则安全阀 5 打开限制系统压力的升高。

电子式液压助力转向的结构原理和机械式液压助力大体相同，只是液压泵的驱动方式不同，后者是通过发动机皮带驱动的，而前者采用的是由电力驱动的电子泵。

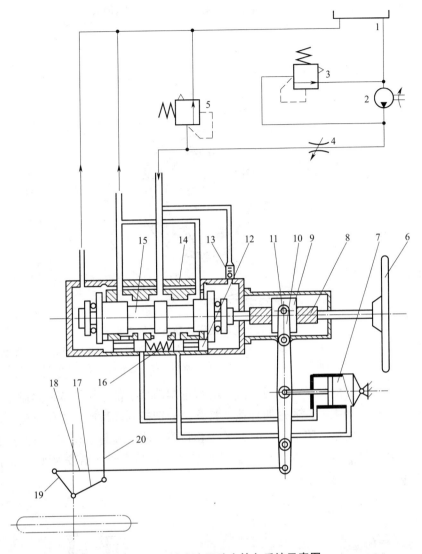

**图 5-61 机械式液压助力转向系统示意图**

1—油箱;2—液压泵;3—溢流阀;4—节流阀;5—安全阀;6—方向盘;7—液压缸;8—螺杆;9—螺母;
10—摇臂;11—摇臂轴;12—反作用柱塞;13—单向阀;14—阀体;15—滑阀;
16—回位弹簧;17—梯形臂;18—直拉杆;19—转向节臂;20—横拉杆

### (二) 汽车液压制动系统

汽车上一般制动系统的工作原理可以用图 5-62 所示的一种简单的液压制动系统示意图来说明。

如图 5-62 所示,汽车制动时,驾驶员踩下制动踏板 1,通过推杆 2 推动制动主缸 4 中的活塞 3 移动,使主缸中的油液在一定压力下经油管 5 流入制动轮缸 6 中。流入轮缸 6 中的油液推动活塞 7,活塞 7 推动制动蹄 10 绕支承销转动,制动蹄上端向两边分开,使摩擦片 9

压紧在制动鼓 8 的内圆面上发生摩擦，从而达到降低车速的目的。松开踏板，制动主缸中的活塞退回卸压，轮缸活塞在弹簧 13 的作用下松开制动蹄解除制动。

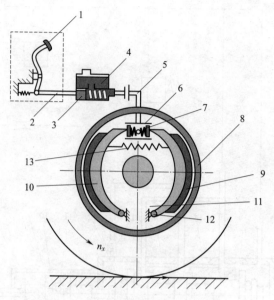

**图 5-62　汽车液压制动系统示意图**

1—制动踏板；2—推杆；3—制动主缸活塞；4—制动主缸；5—油管；6—制动轮缸；7—轮缸活塞；
8—制动鼓；9—摩擦片；10—制动蹄；11—制动底板；12—支承销；13—制动蹄复位弹簧

为了提高汽车行驶的安全性，现代汽车的行车制动系统都采用了双回路制动系统，即利用彼此独立的双腔制动主缸，通过两套独立管路，分别控制两桥或三桥的车轮制动器，其特点是若其中一套管路发生故障而失效时，另一套管路仍能继续起制动作用，从而提高了汽车制动的可靠性和行驶安全性。双管路的布置方案应用较为广泛的有交叉型（×）和一轴对一轴型（Ⅱ），如图 5-63 所示。

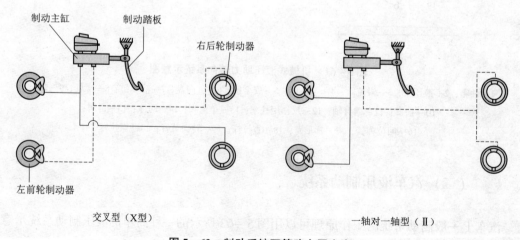

**图 5-63　制动系统双管路布置方案**

对应于双回路制动系，制动主缸常用串列双腔式主缸，如图 5-64 所示，主缸中的前后两个活塞 1 和 2 将主缸分为两个工作腔 10 和 12，每个工作腔都有各自的旁通孔、补偿孔以及出油口。

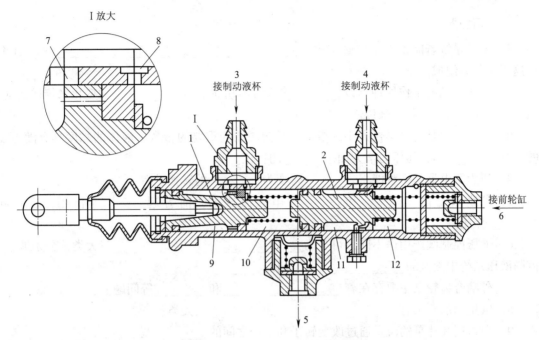

**图 5-64 串列双腔式制动主缸结构图**
1—后活塞；2—前活塞；3, 4—进油口（均接制动油液杯）；5—出油口（接后轮缸）；
6—出油口（接前轮缸）；7—旁通孔；8—补偿孔；9—后活塞蓄油腔；10—后活塞工作腔；
11—前活塞蓄油腔；12—前活塞工作腔

不制动时，推杆球头端与活塞之间保留有一定的间隙，以保证活塞在弹簧的作用下完全回复到最右端位置。同时，前、后活塞工作腔通过各自的补偿孔和制动油液杯相通。使系统任何部位的渗漏损失能及时从制动液杯得到补偿。

当踩下制动踏板时，踏板传动机构通过推杆推动后活塞 1 向前移动，直到皮碗掩盖住补偿孔 8 后，后活塞工作腔 10 液压升高。在后腔液压和后活塞复位弹簧力的作用下，推动前活塞 2 向前移动，前活塞工作腔 12 压力也随之升高。当继续下踩制动踏板时，前、后腔的液压继续升高，液压油经出油口 5 和 6 进入前后制动轮缸，使前、后轮制动器制动。解除踏板力后，制动踏板机构、主缸前后腔活塞和轮缸活塞，在各自的复位弹簧作用下复位，管路中的制动液借其压力推开回油阀门流回主缸，于是解除制动。

若与前工作腔连接的制动管路损坏漏油时，则在踩下制动踏板时只有后工作腔中能建立液压，前工作腔中无压力。此时在液压差作用下，前活塞迅速前移直到顶到主缸缸体上。此后，后工作腔中液压方能升高到制动所需的值。若与后工作腔连接的制动管路损坏漏油时，则在踩下制动踏板时，起先只是后活塞前移，而不能推动前活塞，因后缸工作腔中不能建立液压。但在后活塞直接顶触前缸活塞时，前缸活塞前移，使前缸工作腔建立必要的液压而制动。

由上述可见，双回路液压制动系统中任一回路失效时，主缸仍能工作，只是所需踏板行程加大，将导致汽车的制动距离增长，制动效能降低。

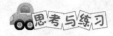

## 一、填空题

1. 液压系统若能正常工作必须由_____、_____、_____、_____和工作介质这五个部分组成。
2. 液压传动的工作原理是以_____作为工作介质，通过_____的变化来传递运动，通过油液内部的_____来传递动力。
3. _____是衡量黏性大小的指标，是液压油最重要的参数。液体的黏度具有随温度的升高而_____，随压力增大而_____的特性。
4. 压力继电器是一种能将_____转变为_____的转换装置。
5. 调速阀是由_____和_____串联而成的，前者起_____作用，后者起_____作用。
6. 液压控制阀按用途不同，可分为_____、_____和_____三大类，分别调节、控制液压系统中液流的_____、_____和_____。
7. 外啮合齿轮泵主要存在着_____、_____和_____等问题。
8. 常用的液压泵有_____、_____和_____三大类。
9. 单作用叶片泵的流量通过改变转子和定子之间的_____调节。
10. 轴向柱塞泵通过改变_____的倾角可改变其排量。
11. 在先导式溢流阀中，先导阀的作用是_____，主阀的作用是_____。
12. 溢流阀在液压系统中起调压溢流作用，当溢流阀进口压力低于调整压力时，阀口是_____的；溢流量为_____，当溢流阀进口压力等于或高于调整压力时，溢流阀阀口是_____的，溢流阀开始溢流。
13. 液压系统的压力大小取决于_____的大小，执行元件的运动速度取决于_____的大小。
14. 双作用式叶片泵的转子每转一转，吸油、压油各_____次，单作用式叶片泵的转子每转一转，吸油、压油各_____次。
15. _____的功用是不断净化油液；_____是用来储存油液的装置；液压系统的元件一般是利用_____和_____进行连接；当液压系统的原动机发生故障时可作为液压缸的应急油源。

## 二、选择题

1. 在静止油液中（　　）。
   A. 任意一点所受到的各个方向的压力不相等
   B. 油液的压力方向不一定垂直指向承压表面
   C. 油液的内部压力不能传递动力
   D. 当一处受到压力作用时，将通过油液将此压力传递到各点，且其值不变
2. 差动液压缸，若使其往返速度相等，则活塞面积应为活塞杆面积的（　　）。
   A. 1倍　　　　B. 2倍　　　　C. $\sqrt{2}$倍　　　　D. 4倍
3. 限制齿轮泵压力提高的主要因素是（　　）。

A. 流量脉动　　B. 困油现象　　C. 泄漏大　　D. 径向力不平衡

4. 液压系统的执行元件是（　　）。
   A. 电动机　　　　　　　　B. 液压泵
   C. 液压缸或液压马达　　　D. 液压阀

5. 液压系统中，液压泵属于（　　）。
   A. 动力部分　　B. 执行部分　　C. 控制部分　　D. 辅助部分

6. 液压传动的特点有（　　）。
   A. 可与其他传动方式联用，但不易实现远距离操纵和自动控制
   B. 可以在较大的速度范围内实现无级变速
   C. 能迅速转向、变速，传动准确
   D. 体积小、质量小，零部件能自润滑，且维护、保养和排放方便

7. 常用的电磁换向阀是控制油液的（　　）。
   A. 流量　　　　B. 压力　　　　C. 方向

8. 在液压系统中可用于安全保护的控制阀有（　　）。
   A. 单向阀　　B. 顺序阀　　C. 节流阀　　D. 溢流阀

9. 溢流阀（　　）。
   A. 常态下阀口是常开的　　　　B. 阀芯随系统压力的变动而移动
   C. 进出油口均有压力　　　　　D. 一般连接在液压缸的回油路上

10. 节流阀是控制油液的（　　）。
    A. 流量　　　　B. 压力　　　　C. 方向

11. 有两个调整压力分别为 5 MPa 和 10 MPa 的溢流阀并联在液压泵的出口，泵的出口压力为（　　）。
    A. 5 MPa　　　B. 10 MPa　　　C. 15 MPa　　　D. 20 MPa

12. 在泵—缸回油节流调速回路中，三位四通换向阀处于不同位置时，可使液压缸实现快进—工进—端点停留—快退的动作循环。试分析：在（　　）工况下，缸输出功率最小。
    A. 快进　　　B. 工进　　　C. 端点停留　　　D. 快退

13. 提高齿轮油泵工作压力的主要途径是减小齿轮油泵的轴向泄漏，引起齿轮油泵轴向泄漏的主要原因是（　　）。
    A. 齿轮啮合线处的间隙　　　　B. 泵体内壁（孔）与齿顶圆之间的间隙
    C. 传动轴与轴承之间的间隙　　D. 齿轮两侧面与端盖之间的间隙

14. 当系统的流量减小时，油缸的运动速度就（　　）。
    A. 变快　　　　B. 变慢　　　　C. 没有变化

15. 为了消除齿轮泵困油现象造成的危害，通常采用的措施是：（　　）。
    A. 增大齿轮两侧面与两端面之间的轴向间隙
    B. 在两端泵端盖上开卸荷槽
    C. 增大齿轮啮合线处的间隙
    D. 使齿轮啮合处的重叠系数小于1

### 三、判断题

1. 往复两个方向的运动均通过压力油作用实现的液压缸称为双作用缸。（　　）

2. 当液压缸的活塞杆固定时，其左腔通压力油，则液压缸向左运动。（　　）
3. 外啮合齿轮泵中，轮齿不断进入啮合的一侧油腔是压油腔。（　　）
4. 液压泵是执行装置。（　　）
5. 单作用叶片泵只要改变转子中心与定子中心间的偏心距和偏心方向，就能改变输出流量的大小和输油方向，成为双向变量液压泵。（　　）
6. 双作用叶片泵的转子每转一周，每个密封容积完成两次吸油和压油。（　　）
7. 液压传动是利用液体的压力能来传递动力的传动形式。（　　）
8. 液压传动可保证严格的传动比。（　　）
9. 液压传动装置本质上是一种能量转换装置。（　　）
10. 油液的黏度随温度而变化，低温时油液黏度增大，高温时黏度减小，油液变稀。（　　）

四、简答题

1. 单作用缸与双作用缸的特点是什么？单活塞杆液压缸和双活塞杆液压缸的特点是什么？
2. 液压传动系统由哪几部分组成？包括哪些元件？各部分作用什么？
3. 何谓换向阀的"位"和"通"？并举例说明。
4. 画出直动式溢流阀的图形符号，并说明溢流阀有哪几种用法。
5. 画出液控单向阀的图形符号，并根据图形符号简要说明其工作原理。
6. 如图所示三种形式的液压缸，活塞和活塞杆直径分别为 $D$、$d$，如进入液压缸的流量为 $q$，压力为 $p$，若不计压力损失和泄漏，试分别计算各缸产生的推力、运动速度大小和运动方向。

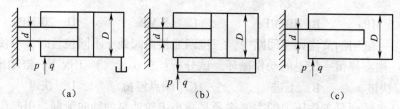

（a）　　　　　（b）　　　　　（c）

# 参考文献

[1] 崔振民，张让莘. 汽车机械基础［M］. 2版. 北京：高等教育出版社，2014.

[2] 陈家瑞. 汽车构造［M］. 5版. 北京：人民交通出版社，2006.

[3] 徐咏良. 汽车机械基础［M］. 北京：人民邮电出版社，2017.

[4] 兰青. 机械基础［M］. 2版. 北京：中国劳动社会保障出版社，2009.

[5] 李明惠. 汽车材料［M］. 北京：机械工业出版社，2002.

[6] 朱张校. 工程材料［M］. 北京：清华大学出版社，2002.

[7] 董玉平. 机械设计基础［M］. 北京：机械工业出版社，1999.

[8] 丁树模，姚如一. 液压传动［M］. 北京：机械工业出版社，1991.

[9] 王积伟. 液压传动［M］. 2版. 北京：机械工业出版社，2017.

[10] 黎启柏. 液压元件手册［M］. 北京：冶金工业出版社，2000.